STIMMEN ZUM BUCH

»Hast du jemals befürchtet, dass die Gnade Gottes zu gut sein könnte, um wahr zu sein? Ich kenne Paul jetzt seit ungefähr 20 Jahren. Er ist ein sehr aufrichtiger und demütiger Mensch. Das, was er schreibt, meint er auch so! Viele sind auf der Suche nach einer verlässlichen Wahrheit und die bringt Paul in *Das Evangelium in zehn Wörtern* ganz groß raus. Lies – und staune über die Güte Gottes!«

– **Rob Rufus**, Pastor der *City Church International*, Hongkong

»Dieses Buch ist schlicht und einfach fesselnd! Man bekommt einen 360-Grad-Panoramablick auf das Evangelium der Gnade. *Das Evangelium in zehn Wörtern* ist erstaunlich klar und praktisch und aus jeder Seite quillt die gute Nachricht förmlich heraus.«

– **Cornel Marais**, Gründer von *CharismaMinistries.org*
Autor von *So You Think Your Mind is Renewed?*

»Beim Lesen von Paul Ellis' Buch *Das Evangelium in zehn Wörtern* musste ich immer wieder anhalten, um die Tiefe und Freude der guten Nachricht einsinken zu lassen. Fast auf jeder Seite möchte man in Jubel ausbrechen! Spürbar steigen Liebe und Dankbarkeit zu Jesus Christus im Herzen auf, da Paul es auf einfache und doch tiefe Art und Weise versteht, dem Leser das am Kreuz vollbrachte Erlösungswerk vor Augen zu malen! Dieses Buch beinhaltet das Evangelium in Reinform! Aber lass dich warnen. Paul fordert dich heraus. Voller Gnade bricht er altbackene gesetzliche Schichten eventuell vorhandener falscher Evangelien ›gnadenlos‹ auf. Für mich war das Buch ein Festschmaus und ich kann es jedem empfehlen!«

– **Conrad Gille**, Leiter und Gründer von *Face to Face*, www.fatofa.org

»Pauls Buch ist ein absoluter Diamant. Die Gnade Gottes bricht sich darin und funkelt in den unterschiedlichsten Farben. Auf meiner eigenen Suche nach dem eigentlichen Inhalt des Evangeliums habe ich viele Bücher gelesen. *Das Evangelium in zehn Wörtern* ist das beste Buch von allen: Inspirierend, herausfordernd und absolut wohltuend. Das Evangelium wird darin zu einer so genialen Botschaft, dass es uns dazu bringt zu sagen: ›Es ist uns unmöglich, nicht davon zu reden.‹«

— **David Schäfer**, Gründer, Coach und Autor in Hamburg, www.organischegemeinde.de

»Wenn das Evangelium der Gnade Gottes in seiner reinen und einfachen Wahrheit dargestellt wird, befreit es das Herz und füllt uns neu mit der Offenbarung von Gottes überfließender Liebe. Paul Ellis ist es gelungen, die ewige Botschaft Gottes leicht lesbar, ermutigend und persönlich darzubieten – und das in nur zehn Wörtern.«

— **Mick Mooney**, Gestalter von *Searching for Grace* und Autor von *Gottes Grammatik*

»Es gibt nur wenige Menschen, die aus eigener Erfahrung über Gnade schreiben – Paul Ellis ist einer von ihnen. Paul hat die Gabe, schwer verständliche Prinzipien für Jedermann zugänglich zu machen und seine Schriften haben Tausende von Menschen auf der ganzen Welt beeinflusst. In *Das Evangelium in zehn Wörtern* befreit er uns Schicht um Schicht von diffuser und komplizierter Religion, um uns zu zeigen, wie gut die gute Nachricht tatsächlich ist. Voller Humor und Scharfsinn stopft er alle Schlupflöcher, die gesetzliche Menschen gewöhnlich nutzen, um das Evangelium der Gnade zu missbrauchen oder abzulehnen. Gott ist gut gelaunt – ohne Wenn und Aber!«

— **Andre van der Merwe**, Gründer von NewCovenantGrace.com Autor von *Grace, the Forbidden Gospel*

»Wenn dein Leben mit Gott anstrengend geworden ist, dann ist Pauls Buch *Das Evangelium in zehn Wörtern* genau das, was du brauchst. Jedes Kapitel liefert einen frohmachenden Blick auf das Evangelium von Jesus und – im Ernst! – der Leser wird erstaunt sein, was er herausfindet. So wie ein müder und abgekämpfter Wanderer überwältigt ist von einer Wiese, die sich plötzlich vor ihm auftut, erleben auch wir, dass der Kampf vorbei ist und dass wir nur noch staunen und tief durchatmen können. Das ist der unendliche Blick, den Paul uns bietet – die überwältigende gute Nachricht, die Gott für uns alle hat. Dieses Buch würde ich jedem empfehlen, der in Betracht zieht, sich mit Gott auf den Weg zu machen – egal ob er sich noch am Anfang der Reise befindet oder schon mittendrin.«

– **Ralph Harris**, Autor von *God's Astounding Opinion of You*

»Ich liebe *Das Evangelium in zehn Wörtern*. Diese Offenbarung wird nicht nur für den frischbekehrten Christen eine wunderbare Überraschung sein, sondern auch für alle, die dachten, sie hätten das Evangelium verstanden, dabei aber in traditionellem Denken feststecken. Mit Gnade und voller Freude tauscht Paul systematisch falsche Vorstellungen gegen die fundamentale Wirklichkeit der guten Nachricht aus, die Gott allen Menschen verkündet hat. Ich kann dieses Buch nur Jedem empfehlen!«

– **Jack Strawdick**, Pastor der *Fusion Church* in Neuseeland

»Ich kenne auf diesem Planeten nur eine Handvoll Menschen, die das Evangelium der Gnade nicht nur gut verständlich darstellen können, sondern auch so, dass es alle Glaubenden in die Lage versetzt, die übernatürliche Kraft Gottes anzunehmen und sich zu eigen zu machen. Paul ist einer von ihnen. Die Leidenschaft, mit der er für Christus brennt, steht in nichts der Reinheit nach, in der er Gottes Botschaft der Liebe darstellt. Lies dieses Buch – ob du nun meinst, das Evangelium verstanden zu haben oder nicht. Es wird dich verändern.«

– **Ryan Rhoades**, Gründer von *RevivalOrRiots.org*

»Ich lese Pauls Literatur nun schon seit einigen Jahren und wurde durch seine Offenbarung über das Evangelium ermutigt und gestärkt. *Das Evangelium in zehn Wörtern* wird dich darin bestärken, dass die Nachricht von einem Gott, der uns mehr liebt, als wir uns vorstellen können, und der uns mehr gegeben hat, als wir nutzen können, einfach nur gut ist. Dieses Buch wird dir helfen, einen Zugang zu Gottes Liebe und seiner völligen Versorgung in Christus zu bekommen.«

– **Wayne Duncan**, Pastor der *Coastlands Christian Church*, Südafrika

PAUL ELLIS
Das Evangelium in zehn Wörtern

PAUL ELLIS

Das Evangelium in zehn Wörtern

Originally published in English under the title *The Gospel in Ten Words*
Copyright © 2012 by Paul Ellis
Published by KingsPress, New Zealand.
All rights reserved. Visit www.kingspress.org for more informations.

Aus dem Englischen übersetzt von Bettina Krumm.

Die Deutsche Nationalbibliothek verzeichnet diese Publikation in der Deutschen Nationalbibliografie; detaillierte bibliografische Daten sind im Internet über http://dnb.d-nb.de abrufbar.

Bibelzitate, sofern nicht anders angegeben, wurden der Bibelübersetzung »Neues Leben«, Copyright © 2006, SCM R. Brockhaus im SCM-Verlag GmbH & Co. KG, Witten, entnommen. Alle Rechte vorbehalten.

Hervorhebungen einzelner Worte oder Passagen innerhalb von Bibelstellen wurden vom Autor vorgenommen.

ELB   Revidierte Elberfelder Bibel © 1985, 1991, 2006, SCM R. Brockhaus im SCM Verlag GmbH & Co. KG, Witten.

HFA   »Hoffnung für alle« ®, Copyright © 1983, 1996, 2002 by Biblia, Inc.™. Verwendet mit freundlicher Genehmigung des Brunnen Verlags Basel.

LUT   Lutherbibel, Revidierte Fassung von 1984, Copyright 1985 Deutsche Bibelgesellschaft Stuttgart.

NEÜ   Neue evangelistische Übersetzung. Copyright © Karl-Heinz Vanheiden.

NGÜ   Neue Genfer Übersetzung – Neues Testament und Psalmen, Copyright © 2011 Genfer Bibelgesellschaft. Wiedergegeben mit freundlicher Genehmigung. Alle Rechte vorbehalten.

NLB   Bibelübersetzung »Neues Leben«, Copyright © 2006, SCM R. Brockhaus im SCM-Verlag GmbH & Co. KG, Witten.

Umschlaggestaltung: spoon design, Olaf Johannson
Umschlagbild: Paul Ellis / Olaf Johannson
Illustrationen: Shutterstock.com
Lektorat: Gabriele Pässler, Sonja Braune, Gerald Wieser
Satz: Grace today Verlag
Digitaldruck: CPI – Clausen & Bosse, Leck
Printed in Germany
1. Auflage 2013

© 2013 Grace today Verlag, Schotten
ISBN 978-3-943597-45-5, Bestellnummer 371 745
Dieser Titel ist auch als eBook erschienen.

Nachdruck und Vervielfältigung, auch auszugsweise, nur mit Genehmigung des Verlages.

www.gracetoday.de

Dieses Buch ist für jeden.

INHALT

RAUS AUS DEM DSCHUNGEL 13

1 | GELIEBT 35

2 | VERGEBUNG 55

3 | GERETTET 77

4 | EINHEIT 97

5 | ANGENOMMEN 113

6 | HEILIG 133

7 | GERECHT 145

8 | GESTORBEN 161

9 | NEU 177

10 | KÖNIGLICH 195

DEIN EVANGELIUM AUF DEM PRÜFSTAND 217

ANMERKUNGEN 233

BIBELSTELLEN 242

HÄUFIG GESTELLTE FRAGEN 247

DANK 251

RAUS AUS DEM DSCHUNGEL

Als der Zweite Weltkrieg zu Ende war, machte sich bei den Menschen große Freude und Feierstimmung breit. Wie im Sprichwort wurden Schwerter zu Pflugscharen gemacht, Gefangene wurden befreit und Millionen Soldaten kehrten nach Hause zurück. Nur ein Mann, Leutnant der Kaiserlichen Japanischen Armee, Hiroo Onoda, wollte den Radiomeldungen über das Ende des Krieges keinen Glauben schenken. 29 Jahre lang versteckte sich Leutnant Onoda im philippinischen Dschungel und weigerte sich nach Hause zurückzukehren.

Die Behörden wussten, dass er immer noch da draußen war und versuchten, ihn mit der Nachricht zu erreichen. Doch Onoda tat die Flugblätter, die die Inselbewohner ihm zukommen ließen, als feindliche Propaganda ab. Er betrachtete die Briefe, Familienfotos und Zeitungen, die man aus Flugzeugen über ihm abwarf, nur als clevere Fallen.

1974 machte ein japanischer Student es sich zu seiner persönlichen Aufgabe, den Uneinsichtigen aufzuspüren. Er marschierte durch den Dschungel, fand den alten Soldaten und freundete sich mit ihm an, konnte ihn aber nicht überzeugen. Onada gab nicht auf.

Schließlich schickte die japanische Regierung Onodas früheren befehlshabenden Offizier in den Dschungel – mit dem Befehl, seine Gefechtsbereitschaft aufzugeben. Endlich von seiner Pflicht befreit, nahm Onoda die Patronen aus seinem Gewehr und gab die Waffe ab. Jetzt endlich war der Krieg auch für ihn zu Ende. Er kehrte nach Hause zurück, wo er als Held gefeiert wurde.[1]

Drei Jahrzehnte lang war Onoda Teil eines Krieges, der nur in seinem Kopf existierte, gegen einen imaginären Feind, dem er sowohl Furcht als auch Misstrauen entgegenbrachte. Genau dasselbe assoziieren viele Menschen mit Gott. In ihrem Kopf sind sie gegen Gott oder sie denken, dass Gott ihnen wegen ihrer Sünde die Pistole auf die Brust setzt. Sie haben noch nie davon gehört, dass es einen Waffenstillstand gibt, dass der Krieg gewonnen ist und jetzt der Friedefürst auf dem Thron sitzt. In Unkenntnis dieser guten Nachricht und voller Angst vor Gott halten sie sich im Dschungel der Religion oder gottferner Selbsttäuschung versteckt. Sie glauben Gott hasse sie und sein Zorn auf sie nehme zu. Sie sind sich nicht sicher, was Gott jetzt tut, aber sie erwarten, dass er eines Tages aufkreuzt und sie dann in der Hölle büßen müssen.

Warum ich dieses Buch geschrieben habe

Ich habe dieses Buch aus einem einfachen Grund geschrieben: Die meisten Menschen haben noch nie das Evangelium gehört. Woher ich das weiß? Weil sie unsicher sind, wer Gott ist und was er von ihnen denkt. Oder sie haben vielleicht die gute Nachricht gehört, aber glauben sie nicht; sie passt nicht in ihr Denkmuster. Also leben sie in einer Lüge und weigern sich nach Hause zu kommen.

Leider gilt das sowohl für Christen als auch für Nichtchristen.

Während meiner zehn Jahre als Pastor und vierzig Jahre als Kirchgänger habe ich auf der ganzen Welt Tausende von Christen getroffen. Jeder Einzelne von ihnen behauptete, er glaube an das Evangelium. Aber die Früchte ihres Lebens offenbaren oftmals eine ganz andere Geschichte. Statt die Ernte des Evangeliums des

Friedens einzubringen, durchpflügten sie den harten Boden ihrer Do-it-yourself-Religion. Anstatt mit Freude aus den Quellen des Heils zu schöpfen, brannten sie Ziegel in den Gruben des leistungsorientierten Gemeindetums.

Warum ich davon überzeugt bin, dass die meisten Menschen das Evangelium gar nicht kennen? Weil sie keine Freude haben. Ihr Mund ist nicht voller Lachen und sie singen nicht von den großen Taten Gottes, die er für sie getan hat. Um Shakespeares Worte sinngemäß zu zitieren – Freude ist das Wahre.

Und der Engel sprach zu ihnen: Fürchtet euch nicht! Denn siehe, ich verkündige euch große Freude, die dem ganzen Volk widerfahren soll. (Lukas 2,10 SLT)

Der Engel sagte, dass das Evangelium allen Menschen große Freude bringen würde. Alle, die das Evangelium annehmen, sollten die glücklichsten und fröhlichsten Menschen auf der Welt sein. Doch die meisten Christen sind weit davon entfernt, glücklich zu sein. Sie mögen nach außen hin ein fröhliches Gesicht zeigen, aber in ihrem Inneren sind sie ängstlich und unsicher; sie kämpfen gegen Schuld und Verdammnis. Voller Angst, einen leicht reizbaren Gott zu verärgern, versuchen sie das Richtige zu tun und dem Herrn zu gefallen. Aber da sie sich nie sicher sein können, ob sie auch wirklich genug getan haben, haben sie auch keinen Frieden. Andere rennen mit aller Kraft hinter der Gunst Gottes her, aber sie scheinen nie dort anzukommen. Sie studieren die Bibel, fasten, beten und tun alles, was man ihnen gesagt hat, aber die verheißenen Segnungen eines christlichen Lebens – Gottes Vergebung, Annahme, Versorgung und so weiter – scheinen immer außer Reichweite zu sein. Sie strampeln sich im Hamsterrad des christlichen Dienstes ab und kommen doch nirgendwo hin.

Eingeklemmt zwischen den Forderungen eines heiligen Gottes, der außer Vollkommenheit nichts gelten lässt, und der fehlerhaften Leistung ihres eigenen kaputten Lebens können Christen zu den neurotischsten Menschen auf dem ganzen Planeten gehören. Dem heutigen Hoch folgt morgen ein Tief – wie bei einem Jo-Jo. Am Sonntag geben sie noch Zeugnis und am Montag bekennen sie schon wieder ihre Sünden. Jedes Mal, wenn sie fallen, versprechen sie Jesus, dass sie sich beim nächsten Mal noch mehr anstrengen werden, aber ohne Erfolg. Sie fühlen sich wie Betrüger und fragen sich, was mit ihnen geschieht, wenn ihre Unzulänglichkeit am Ende doch ans Licht kommt.

Die bittere Quelle

Das Schlimme daran ist, dass die meisten Menschen in dieser Situation zwar wissen, dass etwas nicht stimmt, sie aber denken, sie seien selbst daran schuld. Und letztendlich hören sie auch ständig, dass sie sich nicht genügend anstrengen. Sie bekommen gesagt, sie sollten mehr beten, mehr geben, mehr fasten, mehr Frucht bringen und bei alledem auch noch ein bisschen mehr Begeisterung für das neueste Gemeindeprogramm zeigen. Manche Christen schwitzen beinahe Blut für Jesus und doch führt es nur dazu, dass ihnen alles zum Hals heraushängt.

Wenn das auf dich zutrifft, dann liegt das Problem nicht bei deinen Bemühungen oder Wünschen, sondern bei deinem Evangelium. Es ist verseucht. Du trinkst aus einer vergifteten Quelle und das macht dich krank.

Das Evangelium ist eine gute Nachricht. Denn das bedeutet das Wort »Evangelium« ja ursprünglich. Per Definition ist jedes Evangelium, das dir Angst macht vor einem zornigen und richtenden

Gott, gar kein Evangelium. Es ist nämlich keine gute Nachricht. Jedes Evangelium, das dich unsicher macht und ständig fragen lässt: *Bin ich angenommen? Wurde mir vergeben?*, ist keine gute Nachricht. Jedes Evangelium, das von dir fordert, dass du dich zu einem lebenslangen Heiligungskurs anmeldest und dir doch keine Garantie bietet, dass du es je schaffen wirst, ist keine gute Nachricht. Jedes Evangelium, das Krüppel zu religiösen Hochleistungen peitscht, ist gar kein Evangelium.

Warum sind so viele Christen freudlos und müde? Der Hauptgrund ist, dass sie nie das Evangelium gehört haben. Ich weiß, das ist schwer zu glauben, aber es ist wahr – so gut wie nirgends wird das Evangelium gepredigt. Nimm eine beliebige Gemeinde oder stell den christlichen Fernsehsender an und aller Wahrscheinlichkeit nach wirst du dort alles Mögliche zu hören bekommen, nur nicht das unverfälschte Evangelium des Reiches Gottes. Gib nicht den Predigern die Schuld. Viele von ihnen geben ihr Bestes, aber sie können auch nur das geben, was sie haben, und das predigen, was sie selbst gehört haben.

Ich weiß, wovon ich rede. Ich habe selbst viele Jahre lang eine Gemeinde geleitet und an jedem Ostern, Weihnachten und in allen evangelistischen Gottesdiensten predigte ich das Evangelium, ohne überhaupt zu wissen, was es ist. Ich predigte vielmehr das, was ich für das Evangelium hielt, aber in Wirklichkeit war es nur eine billige Fälschung. Meine Motive waren rein und ich hatte den echten Wunsch, die Verlorenen zu retten; aber ich war oft verwirrt, weil die wenigen Menschen, die ich zum Herrn führte, nicht viel fröhlicher waren – und ich verstand nicht, warum. Sie waren genauso ernsthafte Christen wie ich selbst, aber sie sprangen nicht vor Freude an die Decke. Vielleicht war der Engel diesbezüglich im Irrtum.

Heute ist mir klar, dass ich damals eine verwässerte Fassung des Evangeliums verkauft habe. Ich war wie der Notar, der im Erbfall unverhoffte Geschenke austeilt, nur um das Geld am Ende in Form von Steuern und Gebühren wieder einzustreichen. Ich verkaufte die Gnade Gottes auf Kredit. »Jetzt kaufen, später zahlen. Unterschreiben Sie heute, der erste Monat ist kostenlos. Aber wenn Sie erst einmal dabei sind, müssen wir über Ihre persönliche Verantwortung, Jüngerschaft und die wahren Kosten der Nachfolge Jesu sprechen.« Die Worte klangen richtig, aber die Theologie war falsch. Diese Liebe hatte einen Haken und diese Gnade trug ein Preisschild.

Was habe ich da nur für einen Wahnsinn gepredigt.

Was das Evangelium nicht ist

Was ist das Evangelium? Auf diese Frage kann man die unterschiedlichsten Antworten hören. »Das Evangelium ist das Wort Gottes – die Bibel.« »Es ist die Geschichte des Retters, wie sie von Matthäus, Markus, Lukas und Johannes berichtet wird.« »Es sind die fettgedruckten Worte Jesu.« »Es ist Gottes heiliges Gesetz.« »Es ist die Aufforderung von der Sünde umzukehren, damit wir nicht in die Hölle kommen.« »Es ist irgendwas, an das man glauben kann, was auch immer passiert.« Das sind verbreitete Auffassungen, aber keine davon ist das Evangelium.

Die Bibel drückt die Wahrheit des Evangeliums aus, aber sie ist nicht *das* Evangelium. Die Bibel enthält die gute Nachricht, aber sie enthält auch vieles, was keine gute Nachricht ist. Solange du den Unterschied nicht kennst, wird es für dich verwirrend sein, wenn du die Bibel liest.

Die Berichte von Matthäus, Markus, Lukas und Johannes werden Evangelien genannt, aber sie sind nicht *das* Evangelium. Zusammengenommen enthalten diese vier Bücher mehr als 60 000 Wörter, doch wie wir sehen werden, kann das Evangelium in nur einem einzigen Satz zusammengefasst werden. Sogar in nur einem einzigen Wort.

Auch die fettgedruckten Worte Jesu sind nicht das Evangelium. Alles, was Jesus sagte, war gut, aber nicht alles, was er sagte, war die gute Nachricht. Genauso wenig wie das alles für dich als Christ bestimmt war. Vor dem Kreuz predigte Jesus das Gesetz für alle, die unter dem Gesetz lebten. Wir sind nicht unter dem Gesetz, sondern unter der Gnade (Römer 6,14). Wir leben unter einem vollkommen anderen Bund als die Juden in den Tagen Jesu. Die Worte, die an sie gerichtet waren, sind nicht zwingend auch für dich gedacht.

Auch das Gesetz ist nicht das Evangelium. Das Gesetz ist gut und erfüllt seinen bestimmten Zweck, ist aber keine gute Nachricht, sondern eine schlechte. Der Zweck des Gesetzes ist, die Sünde zu offenbaren und die Selbstgerechten zu verdammen. Die schlechte Nachricht des Gesetzes bringt jeden Mund zum Schweigen und offenbart, dass wir einen Retter brauchen. Das Gesetz liefert die Diagnose, aber keine Lösung des Problems.

Die Aufforderung zur »Umkehr von Sünde« ist auch keine gute Nachricht. Sie ist noch nicht einmal irgendetwas Neues, sondern eine uralte, werke-orientierte Botschaft, die dich auf die Sünde fixiert und zur Innenschau veranlasst. Sie ist die Botschaft von Mose und Johannes dem Täufer. Sie ist die Botschaft eines Großteils des Alten Testaments. Sie ist nicht das Evangelium der Gnade, das wir in den Briefen des Neuen Testaments finden.

Die gute Nachricht wird auch nicht als Abwesenheit von schlechten Nachrichten definiert. Manche Evangelisten denken, dass es eine gute Methode sei, den Menschen Angst vor der Hölle einzujagen, um Jünger für Jesus zu gewinnen. Aber Angst ist eine schreckliche Grundlage für Beziehungen aller Art. Jesus hat kein Interesse an Zwangsverheiratung. Paulus war der größte Gemeindegründer in der Bibel, und er predigte das Evangelium, ohne das Wort Hölle auch nur ein einziges Mal zu erwähnen.

Und schließlich ist das Evangelium auch keine Frage des Glaubens. Es ist nichts, was auf magische Weise zum Leben erwacht, wenn du nur fest genug daran glaubst. Es ist nicht die Frucht unseres Wunschdenkens. Es ist auch keine Prophetie. Es ist nicht etwas, das sich erst in der Zukunft erfüllen wird.

Die gute Nachricht ist nicht das gute Buch, das gute Gesetz oder die Ansammlung von guten Worten eines guten Lehrers. Sie ist auch nicht ein guter Rat, oder eine gute Anweisung oder ein Haufen guter Wünsche. Die gute Nachricht ist eine echte Neuigkeit – die Verkündigung von der frohen Botschaft eines fröhlichen Gottes. Das Evangelium ist die uneingeschränkt gute Nachricht für heute.

Und jetzt zu der guten Nachricht

Das Evangelium ist die frohe und freudige Nachricht, dass Gott gut ist, dass er dich liebt und dass er freudig alles aufgibt, was er hat, um dich zu gewinnen. Entgegen dem landläufigen Glauben ist Gott nicht böse auf dich. Er hat noch nicht einmal schlechte Laune. Die gute Nachricht lautet, dass Gott fröhlich und bester Laune ist, dass er für dich ist und dass er für immer sein Leben mit dir teilen will.[2]

Jesus ist der Beweis dafür. Der Beleg für die Glaubwürdigkeit des Evangeliums sind Jesu Tod und seine Auferstehung. Am

Kreuz zeigte Gott, dass er uns liebte, obwohl wir noch Sünder waren, und dass er lieber sterben wollte, als ohne uns zu leben. Und durch die Auferstehung bewies er uns, dass nichts – noch nicht einmal der Tod – uns von der Liebe trennen kann, die wir in Jesus Christus haben. Durch unseren Stellvertreter Jesus hat sich der himmlische Vater mit uns eins gemacht und er hat uns versprochen, uns nie zu verlassen oder zu versäumen. Wir haben einen sicheren Stand, der nicht auf unseren leeren Versprechungen ihm gegenüber beruht, sondern auf seinen bedingungslosen und unverbrüchlichen Verheißungen an uns.

Und genau das ist es: Gott liebt dich und will mit dir zusammen sein. Es ist ganz einfach und doch ist es die größte Wahrheit im ganzen Universum. Wir werden die ganze Ewigkeit damit verbringen, auf unzählige verschiedene Arten die grenzenlosen Zeichen seiner unendlichen Liebe zu ergründen. Eigentlich wurden wir genau dafür geschaffen – seine göttliche Liebe zu empfangen und darauf zu reagieren. Das ist das grundlegende Gesetz unseres Daseins und der Grund, warum es uns überhaupt gibt. Das ist die beste Nachricht, die du je gehört hast.

Das Liebesgeschenk

Das Evangelium ist so einfach, dass wir es mit unserem erwachsenen Verstand fast nicht begreifen können. *Es kann doch nicht so gut sein. Da muss doch ein Haken dran sein.* Bevor ich die Einfachheit des Evangeliums verstand, war mein Verstand voll von dem Wort »aber«. *Gott liebt dich, aber ... Jesus starb für dich, aber ...* Nach meiner Auffassung hatten Gottes Geschenke immer ein verstecktes Preisschild. Sie haben aber keins! Sie können gar keins haben. Verstehst du? Gnade muss kostenlos sein, sonst ist es keine Gnade. Lass nicht zu, dass irgendjemand eine Bezahlung von dir verlangt für etwas, das Gott uns kostenlos gibt.

Das Evangelium, das Jesus predigte, beginnt folgendermaßen: »So sehr hat Gott … geliebt, dass er … gab …« Das Evangelium ist vor allem eine Liebeserklärung, die mit einem Geschenk einhergeht. Es ist die Ankündigung eines Liebesgeschenks und dieses Liebesgeschenk ist Jesus. Das ist genau der Punkt, an dem viele das Wesentliche nicht begreifen. Sie nehmen das größte Geschenk im ganzen Universum an und legen es in eine kleine Schublade mit der Aufschrift »meine Errettung«. Und dann schieben sie diese Schublade wieder in den Schrank ihrer Vergangenheit.

»Das Evangelium? Das ist doch was für Sünder. Ich habe es schon gehört. Ich bin schon errettet. Das brauche ich nicht mehr.«

Der Engel würde dir widersprechen. Der Engel sagte nämlich, das Evangelium sei für alle Menschen, für Heilige und Sünder gleichermaßen. Errettung ist eine der vielen Segnungen des Evangeliums, aber dieses Geschenk beinhaltet mehr als nur Errettung. Jesus ist nicht nur unser Retter, er ist *Gott mit uns*. Unser Verstand kann kaum etwas mit der Bedeutung dieser Offenbarung anfangen. *Gott ist mit uns.* Er ist nicht irgendwo da oben, sondern er ist hier unten. Er ist nicht gegen uns, sondern für uns. Wenn er uns doch bereits seinen Sohn gegeben hat, was kann er uns dann noch vorenthalten? Wow! Das ist Grand-Canyon-Theologie. Das ist das Evangelium, das dir den Atem raubt und dich vor Staunen sprachlos macht. *Er wird uns niemals versäumen noch verlassen.* Was für eine Erleichterung! Was für ein Friede! Das sind die grünen Auen am frischen Wasser. Das ist unser Zuhause. Das ist unser Ruheort.

Das Evangelium ist größer und besser als du denkst. Die Güte der guten Nachricht ist direkt proportional zu der Güte Gottes – und der Neuigkeitswert der guten Nachricht ist proportional zu dem Maß an Offenbarung, das wir über ihn haben. Weil Gott unendlich gut und unendlich groß ist und wir immer noch mehr von ihm entdecken können, bedeutet die gute Nachricht immer noch mehr, als wir jemals denken oder uns vorstellen könnten. Das Evangelium ist einfach, aber je näher man es betrachtet, umso größer und besser wird es. Am Ende raucht dir der Kopf und du bist sprachlos vor Dankbarkeit für die Freundlichkeit eines guten Gottes.

Spurgeons Nagel

Was ist das Evangelium? Es ist die Offenbarung der Liebe Gottes durch Jesus Christus. Egal was du brauchst, du findest deine Antwort allein bei Christus. Er ist die Liebe, die uns liebt und die Gnade, die uns hilft, wenn wir Hilfe nötig haben. Wenn du ein Sünder bist, der Erlösung braucht, schau auf Jesus. Wenn du ein Heiliger bist, der mit Sünde kämpft, schau auf Jesus. Wenn du von Armut geplagt bist, dann brauchst du keine Predigt über die sieben Schritte zum Wohlstand – dann brauchst du eine Offenbarung über Jesus, der um unseretwillen arm wurde, damit wir durch seine Armut reich würden (2. Korinther 8,9). Wenn du dich inmitten eines Sturms befindest und den Weg heraus nicht kennst, brauchst du eine Offenbarung des Einen, der den Sturm mit nur einem Wort stillte. Wenn du nach der Lösung für eines der vielen Probleme auf der Welt suchst, Jesus hat sie. Weil Jesus der Urheber des Lebens ist, ist er das erste und letzte Wort zu jedem beliebigen Thema.

Als ich als Pastor meinen Dienst begann, sah ich überall nur Bedürfnisse und ich schnitt meine Predigten darauf zu. Wenn Sünde das Problem war, predigte ich über Buße und warum man

Buße tun sollte. Dann predigte ich über Heiligkeit und wie man sie erlangt. Ich war ein Whac-A-Mole-Prediger[3]. Jedes Problem, das aus dem Boden schoss, rammte ich mit meiner Bibel wieder in Grund und Boden zurück. Dummerweise dachte ich, dass meine homiletischen Fähigkeiten in Kombination mit meinem tiefen Bibelverständnis alle Probleme lösen könnten. Aber in Wirklichkeit waren sie ein Rezept für kraftlose Predigten, fleischliches Christentum und langweilige Gemeinde (Wenn du damals mit dabei warst, dann vergib mir!).

Dann entdeckte ich eine tiefe Wahrheit. Man kann die Bibel von Anfang bis Ende kennen und doch nicht wissen, was das Evangelium ist. Wenn du das geschriebene Wort Gottes nicht durch die Brille des Lebendigen Wortes liest, dann stehst du am Ende mit einem falschen Evangelium und mit lebloser Religion da. Als es mir wie Schuppen von den Augen fiel, war ich erst mal unter Schock – *wie konnte ich nur daran vorbeigelebt haben?* – und wurde dann von Freude überwältigt – *Gott, du bist ja noch besser, als ich dachte!* Ich begann, auf jeder einzelnen Seite meiner Bibel Jesus zu sehen. *Es geht nur um ihn!* Ich verbrannte alle meine Predigtentwürfe und begann von vorne. Ich begann Jesus zu predigen und sonst nichts. In dieser Hinsicht eiferte ich Spurgeon nach, der schon 1891 sagte:

> *Manchmal wundere ich mich, dass ihr meines Predigens nicht müde werdet, denn ich tue nichts anderes, als immer wieder auf denselben Nagel einzuhämmern. Ich habe ihn bis zum Kopf hineingeschlagen und bin auf die andere Seite hinübergegangen, um ihn zu vernieten; aber ich bin immer noch nicht mit ihm fertig. Jahr um Jahr heißt es bei mir: »Nichts als Jesus! Nichts als Jesus!« Oh, ihr großen Heiligen, wenn ihr dem entwachsen seid, dass ihr den Glauben eines*

Sünders an den Herrn Jesus braucht, dann seid ihr euren Sünden entwachsen, aber ihr seid damit auch eurer Gnade entwachsen und eure Heiligkeit hat euch zugrunde gerichtet.[4]

Ich war schon vierunddreißig Jahre errettet, als ich endlich anfing, das Evangelium in seiner ganzen freimachenden Herrlichkeit zu sehen. Ich war auf dem besten Weg, ein zugrunde gerichteter Christ zu werden, der in seinen eigenen Erwartungen und den Erwartungen anderer gefangen war. Doch die Fenster meiner Seele öffneten sich und ich atmete befreit die frische Luft des Himmels. Nie wieder gehe ich in diesen Käfig zurück.

Freiheit für alle

Das Evangelium ist eine gute Nachricht für die Gefangenen, ganz gleich ob sie errettet sind oder nicht. Wenn du die ganze Last des Jochs der Sünde oder der schnaufenden und keuchenden Frömmigkeit spürst, das Evangelium macht dich frei. Einfach so. Im Evangelium ist solch eine Kraft, die man sich nicht vorstellen kann. Ich habe erlebt, wie in einem Augenblick jahrzehntealte Lasten zerbrachen und uralte Wunden geheilt wurden. Ich habe erlebt, wie tote Sünder zu neuem Leben erwacht sind und klapprige Heilige neue Beine bekommen haben. Der Heilige Geist wartet nur darauf, dass wir zur Gnade »Ja« sagen, denn dann kommt auf einen Schlag die Freiheit und wir sind nicht mehr die Alten.

Im Gegensatz zur toten menschlichen Religion ist das lebendige Evangelium der Gnade völlig übernatürlich.

Aber jetzt kommt der wichtige Teil. Das Einzige, das dich davon abhalten kann in Gottes Gnade und Liebe zu leben, ist deine eigene Skepsis und dein Unglaube. Ich spreche hier nicht von

Atheismus; der Unglaube zeigt sich in viel feineren Abstufungen. In der Gemeinde manifestiert sich der Unglaube in der glaubenslosen Sprache von Schuld und Verbindlichkeit. Man bittet Gott, etwas zu tun, das er bereits getan hat. Man versucht sich selbst als Jesus auszugeben. Man bringt Opfer, um die man nicht gebeten wurde.

Aber so nimmt man kein Geschenk entgegen.

Das Evangelium ist wahr, ob du es glaubst oder nicht; aber es wird dir nichts nützen, solange du es nicht glaubst. Niemand wird dich zwingen, den Dschungel zu verlassen. Es gibt nur eine einzige Bedingung, um Gottes Geschenk der Gnade zu erhalten – nämlich dass wir es haben wollen. Der Sünder muss seine Waffen fallen lassen und der Heilige muss aufhören seine Opfer zu bringen, damit beide mit leeren Händen und einem Herzen voller Glauben an den Tisch von Gottes Segnungen kommen können.

Das Einzige, was die überragenden Reichtümer der Gnade Gottes außer Kraft setzen kann, ist unser Unglaube. Der Unglaube betet so: »Gott, bitte tu dies und das und jenes.« Der Glaube jedoch blickt auf das am Kreuz vollbrachte Erlösungswerk Christi und sagt: »Herr, du hast schon alles getan.« Der Unglaube sagt: »Herr, schau nur, was ich für dich getan, aufgebaut, was ich dir gebracht habe« –, aber der Glaube empfängt – »Danke für alles, was du für uns getan hast.« Der Unglaube müht sich ab und erreicht gar nichts; der Glaube versteht, dass wir durch die Gnade Gottes alles kostenlos erhalten. Der Unglaube versucht alles, aber der Glaube vertraut.

Jakes Geschichte

Als ich diesen Prolog schrieb, erreichte mich eine Nachricht von einem jungen Mann, den ich hier Jake nennen will. Jake schrieb mir, dass er Gott liebe und eine Beziehung zu ihm haben wolle; aber er wisse nicht, was er tun müsse, um errettet zu werden. Er sagte, er hätte von einigen religiösen Menschen gehört, Gott würde von uns erwarten, dass wir ein sündloses Leben führen. Und dass er es nicht gutheißen würde, wenn wir mit unseren Freunden zum Tanzen gehen oder ähnliche Dinge tun.

Vielleicht denkst du jetzt: »So ein Quatsch, Tanzen ist doch keine Sünde.« Ich weiß, dass das lachhaft ist. Aber übersieh nicht, was dahintersteckt. Christsein ist keine Liste von Ge- und Verboten. Christsein ist Christus. Es geht nicht darum, ob das Tanzen auf deiner Liste jetzt unter »erlaubt« oder »verboten« steht. Es geht vielmehr darum, ob du überhaupt so eine Liste hast. Regelorientierte Menschen sind damit beschäftigt, das Gute zu tun und das Böse zu lassen, aber das ist fleischliche Religion. Sie essen vom falschen Baum. Christsein ist keine Prüfung, sondern ein Ruhen.

Jake hört hier also auf die schlechte Nachricht der Religion, die ihm sagt, er müsse zuerst alles selbst auf die Reihe bringen und sein Verhalten ändern, bevor Gott ihn annehmen würde. Eigentlich ist es eine teuflische Sitte, einem Sünder den Zugang zum Thron der Gnade in Rechnung zu stellen. Aber ich bin zu voreilig.

Was mich wirklich traf, war Jakes Aussage, diese schlechte Nachricht »höre ich schon mein ganzes Leben lang«. Jake hörte sich an, als hätte er in der Gemeinde so manches erlebt und als würde er den Herrn wirklich lieben, aber keiner hatte ihm je die gute Nachricht verkündet.

Findest du es nicht auch seltsam, dass es trotz all der vielen Gemeinden weltweit und flächendeckendem christlichen Fernsehen Millionen – wenn nicht sogar Milliarden – von Menschen gibt, die wie Jake noch nie das Evangelium gehört haben? Tag für Tag höre ich von solchen Menschen.

Da bisher niemand Jake das Evangelium verkündet hatte, war es mein persönliches Vorrecht, ihm selbst die frohe Botschaft zu bringen. In wenigen kurzen Sätzen erklärte ich ihm, dass Gott ihn liebt und dass es nichts gibt, was er tun könnte, damit Gott ihn mehr lieben würde als er es bereits tut. Ich erklärte ihm, dass es ihn nicht rettet, wenn er zum Gottesdienst geht und nicht sündigt, und dass Gott nur eins gefällt, nämlich der Glaube an seinen Sohn Jesus. »Wenn du errettet werden willst, dann musst du glauben, dass Jesus der ist, der er zu sein behauptete. Du musst glauben, dass er dich liebt, für dich starb und jetzt für dich lebt.« Dann ermutigte ich Jake, selbst mit Gott zu reden und ihn zu bitten, ihm seine Liebe zu offenbaren. Innerhalb einer Stunde erhielt ich bereits eine Antwort:

> *Wow, das ist echt eine gute Nachricht. Ich würde sogar sagen, das ist eine großartige Nachricht! Vielen lieben Dank. Ich hatte keine Ahnung, dass es dabei nur um Jesus geht.*

Zwei Tage später schrieb mir Jake wieder, um mir mitzuteilen, dass er jetzt errettet sei. Er habe mit Gott gesprochen und Gott würde ihm sehr viel helfen. Das nenne ich jetzt mal müheloses Evangelisieren. Ich habe einfach nur die gute Nachricht weitergegeben, der Heilige Geist brachte Offenbarung und Jake wurde frei.

Und kein einziger Maulwurf bekam eins übergebraten.

Das kurze und krasse Evangelium

Die größten Prediger der Geschichte haben immer ein einfaches Evangelium verkündet, das mit wenig Worten, aber mit viel Kraft einherging.

Paulus brachte das Königreich des Himmels in die heidnische Stadt Korinth, indem er ein Evangelium predigte, das aus nur vier Wörtern bestand – »Jesus Christus, den Gekreuzigten« –, und das Ganze unterstützt von der Kraft des Heiligen Geistes.

Petrus brauchte nur sechzehn Wörter, um seinen jüdischen Brüdern die gute Nachricht zu bringen: »Gott hat diesen Jesus, den ihr gekreuzigt habt, sowohl zum Herrn als auch zum Christus gemacht.« Dreitausend Menschen glaubten und wurden an diesem Tag errettet.

Johannes brauchte nur acht Wörter, um das Ende des alten Bundes und den Anbruch des neuen zu verkünden: »Gnade und Wahrheit ist durch Jesus Christus geworden.«

Und Jesus brauchte nur neun Wörter, um sich selbst als das Ende all unseres Suchens zu offenbaren: »Ich bin der Weg, die Wahrheit und das Leben.«[5]

Wie du siehst, gibt es viele verschiedene Möglichkeiten, dasselbe auszudrücken. Solange du die Liebe Gottes in der Gestalt Jesu offenbarst – wer er ist, was er getan hat und warum –, solange predigst du das Evangelium.

Das sollte nicht kompliziert sein. Das Evangelium ist so einfach, dass ein Kind es verstehen kann. Du musst kein Griechisch können, um es zu begreifen. Du musst auch nicht studieren oder die Bibelschule besuchen, um alles zu durchschauen.

Eine meiner beliebtesten Fassungen des Evangeliums ist dieses Juwel aus elf Wörtern, das wahrscheinlich Johannes Calvin zu-

RAUS AUS DEM DSCHUNGEL | 29

zuschreiben ist: »Der Gottessohn wurde zum Menschensohn, damit die Menschensöhne Gottessöhne werden können.« Kurz und schön.

Oder wie findest du das noch kürzere Evangelium von Anna Bartlett Warner: »*Jesus liebt mich ganz gewiss, denn die Bibel sagt mir dies.*«[6] Dieses Evangelium kennt schon mein dreijähriger Sohn.

Und dieses Evangelium singen wir an Weihnachten:

Heil dem Gott in Knechtsgestalt!
Ewigkeit sprang in die Zeit,
kehrte bei uns Menschen ein,
uns »Immanuel« zu sein ...

Seine Krone legt er ab,
reißt die Menschheit aus dem Grab.
Eine neue Welt entspringt
durch ein kleines schwaches Kind.[7]

Diese Zeilen stammen aus *Hark! The Herald Angels Sing,* einem 270 Jahre alten Lied von Charles Wesley. Das beweist, dass die besten Fassungen des Evangeliums auch die Zeit überdauern. Sie bleiben hängen, weil sie unsere tiefsten Bedürfnisse ansprechen und uns an unser wahres Zuhause erinnern.

Natürlich muss man kein begabter Liederschreiber oder Prediger sein, um ein kurzes Evangelium zu formulieren. Vor einiger Zeit forderte ich die Leser meines Blogs *Escape to Reality*[8] auf, die gute Nachricht in so wenig Wörter wie möglich zu fassen.[9]

Steve aus Sydney lieferte die folgende Fassung: »Empfange Christus, dann wirst du so rein sein wie er, so frei sein wie er und Gott dem Vater so nahe sein wie er.«

Phil aus Alabama gab uns sein Evangelium aus zehn Wörtern: »Jesus liebt dich und Gott ist nicht böse auf dich.«
Daniel aus Massachusetts lieferte mir folgende Fassung: »Komm! Die Trennwand der Sünde ist weg. Ich liebe dich.«
Und Miriam aus Nebraska formulierte es so: »Für immer in Gottes Familie durch sein Werk und seine Kraft.«
Manche sagen, dass zurzeit ein Tsunami der Gnade über die Welt hinwegrollt. Eines der Zeichen dieser Gnadenerweckung ist die zunehmende Betonung auf dem kurzen und einfachen Evangelium, das Jesus offenbarte und das die Schreiber des Neuen Testaments verkündigt haben.

Das Evangelium der Gnade ist vollkommen anders als die auf Regeln beruhende Religion, die viele von uns kennen. Religion ist kompliziert, aber Gnade ist einfach. Religion ist verschwommen, aber Gnade ist glasklar. Religion ist kritisch und nutzlos, aber die Gnade Gottes trägt dich siegreich auch durch die heftigsten Herausforderungen des Lebens. Religion bereitet dir Kopfschmerzen und hängt dir bald zum Hals raus, aber Gnade gibt den Müden Kraft und den Toten Leben. Religion will den Freien im Zaum halten, aber Gnade befreit den Gefangenen und den Unterdrückten.

Es ist meine feste Überzeugung, dass die Predigten über andere Themen immer mehr verschwinden werden – wie der Schnee von gestern –, je mehr die Menschen schließlich die Schönheit und den Reichtum des unverfälschten Evangeliums zu schätzen lernen. Die Kraft Gottes wird nur im Evangelium offenbart und wir sind berufen, genau das zu predigen und nicht weniger.

Bilder einer Ausstellung

Wenn das Evangelium kurz ist, warum habe ich dann ein ganzes Buch darüber geschrieben? Aus demselben Grund, aus dem Bergarbeiter tiefe Löcher in den Berg graben – im Inneren sind Schätze verborgen. Das Evangelium öffnet uns nicht nur eine Tür zum Herrschaftsbereich des Königs, es öffnet uns auch die Empfangshalle, die Außenanlagen und das ganze Reich seiner Pracht.

Das Evangelium enthält viele Segnungen, aber in diesem Buch schauen wir uns nur zehn davon an. Diese zehn Segnungen sollten nicht als Ebenen oder Schritte oder Ähnliches angesehen werden. Sieh sie lieber als Perlen an einer Kette oder Bilder einer Ausstellung. Sie sind wie unterschiedliche Melodievariationen über das Thema Jesus. Diese zehn Offenbarungen der Gnade beschreiben das Leben eines jeden Christen, ohne Ausnahme. Vereint mit Christus bist du geliebt, hast Vergebung, bist gerettet, angenommen, bist eins mit Gott, heilig, gerecht, der Sünde tot, neu und königlich.

Als ich das Buch beendete, fragte ein Freund mich zu dem Titel: »Ist dir klar, dass der Begriff *zehn Wörter* ein anderer Ausdruck für die zehn Gebote ist?« Nein, das war mir nicht klar und diese Frage versetzte mich für einen Augenblick in Panik. *Oh nein. Die Leute werden denken, dass dieses Buch auf dem Gesetz beruht. Das steht einem Prediger der Gnade eher schlecht zu Gesicht!*

Ich fragte mich, ob ich mit der Wahl des Titels einen Fehler begangen hatte, aber mein Freund widersprach mir. »Das ist doch gut und bestimmt kein Zufall.« Er hatte Recht. Gott weiß, dass ich Listen mag und ich bin mir sicher, dass er mir die Idee für das Buch und für den Titel gegeben hat. Also entschied ich mich dafür, den Titel so stehen zu lassen.

Die Bestätigung kam noch am selben Abend. Camilla und ich schauten uns eine Episode von *The West Wing* an. Präsident Bartlett war auf der Suche nach einem kurzen, prägnanten Zitat. Aus dem Oval Office erscholl die Stimme seines Generalstabschefs: »Zehn Wörter, zehn Wörter! Wir suchen immer noch nach zehn Wörtern!« Nicht neun, nicht elf, sondern zehn Wörter. Als würde mein Lieblingspräsident mir sagen: »Toller Titel!«

So ist es also *Das Evangelium in zehn Wörtern* – nicht neun, nicht elf, sondern zehn. Du hast die zehn Gesetzesworte Gottes gehört; empfange jetzt die zehn Gnadenworte Gottes für dich.

Trotzdem ist der Titel des Buches ein wenig irreführend. Du brauchst keine zehn Wörter, um das Evangelium zu begreifen, du brauchst nur eins – und das ist Jesus. Das Evangelium ist nicht *Jesus-plus-du* oder *Jesus-plus-irgendeine-Lehre-die-gerade-»in«*-ist. Nur Jesus. Nur in seinem Namen können wir Vergebung, Annahme, Heiligkeit und all die anderen Offenbarungen der Gnade erhalten, über die ich in diesem Buch schreibe. Vergiss das nie. (Am Ende des Buches frage ich dich noch einmal, um sicherzugehen, dass du es nicht vergessen hast.)

Bevor wir die Galerie seiner Gnade betreten, sollten wir uns noch einmal an den Leutnant der japanischen Armee Onoda erinnern. Als er sich endlich überzeugen ließ, dass der Krieg im Pazifik zu Ende war, wurde er ein anderer Mensch. Er hörte auf, die philippinischen Bauern zu terrorisieren und gründete eine Stiftung, die an ihre Kinder großzügige Stipendien vergab. Später kehrte er auf die Philippinen zurück, um den Menschen dafür zu danken, dass sie ihn unterstützt und während seiner selbstauferlegten Isolation am Leben erhalten hatten.[10]

Genauso wie Leutnant Onoda ein anderer Mensch wurde, nachdem er die gute Nachricht vom Ende des Krieges akzeptiert hatte, wirst auch du verändert sein, wenn du am Ende des Buches ankommst. Das Evangelium verändert uns. Es befreit uns von uns selbst und versetzt uns in die Lage, die zu sein, die wir sein sollten. Und das, ohne uns Anweisungen zu erteilen oder uns zu sagen, was wir tun sollen, sondern nur indem es das wahre Wesen Gottes enthüllt. Ich verspreche dir, dass du für immer verändert sein wirst, wenn du den wahren Gott kennenlernst, der hinter dem Evangelium steht.

Ich bete, dass der Heilige Geist dich beim Lesen dieses Buches sanft aus deinem persönlichen Dschungel herausführt und du anfängst, völlig losgelöst in den weiten Gefilden der erstaunlichen Gnade Gottes zu tanzen. Völlig gleichgültig, ob du ein junger Sünder bist wie Jake oder ein alter Heiliger wie ich – ich hoffe, dass du, wenn du auf diesen Seiten der Gnade Gottes begegnest, Jesus persönlich gegenübertrittst.

Jesus selbst ist die gute Nachricht!

1
GELIEBT

*Denn Gott hat die Welt so sehr geliebt,
dass er seinen einzigen Sohn hingab, ...*
(Johannes 3,16)

So, mein Schatz, was hast du denn heute im Kindergottesdienst gelernt?« Wir waren nach dem Gottesdienst auf dem Weg nach Hause und die Frage galt meiner sechsjährigen Tochter.

»Wir haben die zehn Gebote durchgenommen.«

»Dann sag mir doch mal – liebt Gott dich mehr, wenn du die zehn Gebote hältst?«

Schweigen auf dem Rücksitz. Meine Tochter witterte eine Falle.

»Äh, ja?«, sagte sie zögernd.

»Nein«, war meine Antwort. »Gott liebt dich, wenn du gut bist und Gott liebt dich, wenn du böse bist. Er liebt dich immer. So wie ich«, fügte ich mit einem Lächeln hinzu.

Wie die meisten Eltern liebe auch ich meine Kinder unabhängig von ihrem Verhalten. Selbst wenn mein kleines Mädchen groß werden und alle zehn Gebote brechen würde, wäre sie immer noch mein kleines Mädchen und ich würde sie heiß und innig lieben. Und doch denken viele, dass Gott nicht so liebevoll ist wie wir. Man hat ihnen beigebracht, Gott habe seinen Ärger nicht im Griff und das bremse seine Liebe aus.»Klar, Gott liebt dich, aber er ist auch böse auf dich. Also pass gut auf, was du tust.« Genauso selten wie man Predigten über das reine Evangelium hört, genauso selten hört man Predigten über die Liebe Gottes ohne Haken und Bedingungen. Gottes Liebe sei zwar bedingungslos – allerdings gebe es da gewisse Bedingungen.

Wie kommen wir nur auf die Idee, wir würden unsere Kinder mehr lieben als Gott uns liebt?

Liebe – höher als die Berge

Gott ist nicht böse auf dich. Er liebt dich mit ewiger Liebe. Auch wenn Berge weichen und Hügel hinfallen, seine unerschöpfliche Liebe für dich hört nicht auf (Jesaja 54,10).

Aber du fragst dich vielleicht, was es mit all den Versen über Gottes Zorn auf sich hat.

Meinst du die, in denen steht, dass sein Zorn nur einen Augenblick währt, aber seine Liebe ewig ist?[11] Ich liebe diese Stellen. Sie sind ein starker Trost für mich.

Gott war zornig über deine Sünde, ungefähr so, wie ich mich über die Krankheiten meiner Kinder aufrege, aber vor 2000 Jahren hat er deine Sünde ein für alle Mal aus der Welt geschafft. Am Kreuz wurde der, der von keiner Sünde wusste, für uns zur Sünde gemacht und die Sünde wurde in ihm verdammt (Römer 8,3). Als Jesus die Sünde der Welt in sich aufnahm, trank er den Kelch des Zornes Gottes leer. Seine Gnade ist größer als deine Sünde.

Das Kreuz ist ein Bild für den verrauchten Zorn und die stürmische Liebe Gottes. Das Kreuz ist der Schrei Gottes:»Lass meine Kinder ziehen!« Wir können das kaum fassen. Wir haben nichts getan, um seine Gunst zu verdienen. Schon von Anfang an haben wir seine Angebote ausgeschlagen und unsere Liebe an einen Sklaventreiber verkauft. Und als Gottes Sohn auftauchte, um uns zu helfen, brachten wir ihn um. Aber am Kreuz kaufte die wahre Liebe uns frei.

Gott dagegen beweist uns seine große Liebe dadurch, dass er Christus sandte, damit dieser für uns sterben sollte, als wir noch Sünder waren. (Römer 5,8)

Gott zeigte uns seine große Liebe, als wir noch Sünder waren. Er wartete gar nicht erst darauf, dass wir uns reinigen oder umkehren oder einen Neuanfang machen würden. Als wir noch im Schmutz unserer Sünde und Selbstgerechtigkeit unterwegs waren, kam er und umarmte uns.

Kann man solch eine unermüdliche Liebe relativieren? Kann man sagen: »Gott liebt dich zwar, aber ...«? Es gibt kein Aber. Die Liebe Gottes beruht nicht auf Aber. Sie ist so maßlos und unfassbar weit, dass unser Verstand sie nicht begreifen kann. Wir können sie nicht verstehen, weil menschliche Liebe und göttliche Liebe sich in keinster Weise ähnlich sind.

Irdische, menschliche Liebe ist eine Reaktion auf Liebenswürdigkeit, aber göttliche Liebe ist spontan und entspringt aus sich selbst. Gott liebt uns nicht, weil wir so liebenswert sind, sondern weil er selbst Liebe ist. Es ist sein Wesen, uns zu lieben. Da Gott immer in Übereinstimmung mit seinem Wesen handelt, sollte auch sein Zorn – so wie alles andere, was er tut – als Ausdruck seiner Liebe betrachtet werden. Warum tut Gott, was er tut? Weil er Liebe ist und uns liebt. In allem ist Liebe sein Motiv.

Unverdorbene Liebe

Menschliche Liebe trägt die Spuren des Sündenfalls, doch Gottes Liebe ist unverdorben, unerschöpflich und bedingungslos. Durch den Propheten Jeremia versichert er uns:

Ich habe nie aufgehört dich zu lieben und ich werde nie damit aufhören. Rechne mit Liebe, Liebe und nochmals Liebe. (Jeremia 31,3b The Message)

Gottes Liebe ist nicht wie die vergängliche Liebe der Menschen. Sie erträgt alles, verliert nie den Glauben, bewahrt stets die Hoffnung und bleibt bestehen, was auch immer geschieht (1. Korinther 13,7). Seine Liebe wird sich nie erschöpfen und sie stirbt nie. Menschliche Liebe ist unstet, doch Gottes Liebe ist beständig. Sie ist das Fundament des Universums und der Grund dafür, dass du da bist. Es ist keine Übertreibung, wenn ich sage, dass Gott dich mit der glühenden Intensität von tausend Sonnen liebt. Schau dir den Nachthimmel an. Diese Sterne hat er dort hingesetzt, um dich mit seiner verschwenderischen Liebe zu beeindrucken. Gott hat dich ins Dasein geliebt und er liebte dich, als du noch ein Sünder warst. Er sehnt sich von ganzem Herzen danach, dass du seine Liebe kennenlernst und dich bis in alle Ewigkeit daran erfreust.

Berühren dich diese Worte? Kommt Sonne in dein Herz, wenn du über seine Liebe nachdenkst? Viele Menschen verstehen es, aber irgendwie nur so ein bisschen. Für sie ist die Liebe Gottes wie das Wetter auf Alpha Centauri. »Ja, ich bin mir sicher, es ist unglaublich, ich bekomme nur einfach nichts davon mit.« Für sie ist die Liebe Gottes wie die Liebe eines Königs für seine Untertanen – formell, kühl und reserviert.

Sie kennen Gottes Liebe nicht – wie Hiob:

Auch dich rettet Gott aus dem Rachen der Not. Anstelle der Enge schenkt er dir einen weiten Raum – Behaglichkeit an einem reich gedeckten Tisch. (Hiob 36,16)

Hiob war ein frommer und anständiger Mensch, aber er glaubte auch voller Angst an sein Karma. Er machte es sich zur Gewohnheit, sich durch seine ständigen Opfer geistliche Sicherheit zu erkaufen – in der Hoffnung, dass seine guten Taten die schlechten Taten seiner Familie ausgleichen würden. Wenn alles gut lief, hielt Hiob es sich selbst zugute. »Meine guten Taten müssen sich ja schließlich auszahlen.« Aber als die Dinge völlig aus dem Ruder liefen, verstand er die Welt nicht mehr: »Womit habe ich all das verdient?«

Hiob war so sehr auf sich selbst und seine Verdienste fixiert, dass er blind war für die Liebe Gottes. Wenn Hiob und seine Opfer ein Bild für Religion und Aberglauben sind, dann ist sein Freund Elihu der Mensch, der das Evangelium predigt: »Steh still und betrachte, was Gott Wunderbares tut!« (Hiob 37,14). Sieh die Sterne. Hör das Donnergrollen. Wandere durch die Wälder und blicke von der Erhabenheit der Berge hinunter ins Tal. Das Universum verkündet die Güte Gottes und dass er für dich sorgt.

Auf unserer Seite von Golgatha gibt es kein größeres Wunder als das Kreuz. Hiobs Opferreligion sagt, dass du dies und jenes tun musst, um Gottes Liebe zu verdienen, doch das Kreuz macht diesen ganzen Unsinn mit einem Streich zunichte. Das Kreuz verkündet, dass Gott gut ist und dass er für dich sorgt. Das Kreuz ist das Heilmittel für alle Zweifel, die du an der Liebe Gottes haben könntest.

Dem Hiob von heute würde Elihu vielleicht sagen:

GELIEBT | 39

Steh still und betrachte das Wunder des Kreuzes. Siehst du nicht, wie sehr Gott um dich wirbt? Er will dich aus deinen Problemen herausholen und in Sicherheit bringen, heraus aus der erbärmlichen Hungersnot an seinen reich gedeckten Tisch. Das ist nicht die Belohnung für deine Opfer, sondern die gute Nachricht seiner Gnade und Gunst.

Liebe, die sich herunter beugt

Religiöse Typen werden nervös, wenn das Evangelium der Gnade auf den Tisch kommt. Sie haben Sorge, dass diese »neueste Modeerscheinung«, diese »neue Lehre« die Menschen an gefährliche Orte führt. Nun, wenn die Liebe Gottes wirklich ein gefährlicher Ort ist, dann gibt es keinen besseren Ort, an dem wir sein könnten, denn genau dorthin wird die Gnade dich bringen.

Gott ist Liebe; und Liebe, die sich herunter beugt, nennt sich Gnade. Das Evangelium der Gnade ist in Wirklichkeit das Evangelium seiner Liebe. Von unserer Seite sieht Gottes Liebe aus wie Gnade. Gnade ist Liebe, die zu uns herunter kommt.

Vielleicht hilft ein kleines Beispiel. Ich liebe meine Kinder von ganzem Herzen, aber für sie lebe ich in einer anderen Welt. Die Dinge, die ich gerne mag, übersteigen ihr Verständnis. Wenn sie also meine Liebe kennenlernen sollen, gibt es zwei Möglichkeiten: Entweder müssen sie zu mir hoch kommen oder ich muss zu ihnen hinunter kommen. Da ich ihr Vater bin, ergreife ich die Initiative. Ich begebe mich auf ihr Niveau. Ich entscheide mich, mich mit ihnen auf ihrer Ebene zu beschäftigen: Ich gehe auf den Boden und ringe mit ihnen; ich lese ihnen Geschichten vor, die ich selbst nie lesen würde; ich spiele mit ihnen, kitzle sie und schiebe ihr Dreirad, bis ich nicht mehr kann. Das ist Liebe in Aktion. Alle Eltern kennen das.

Genauso liebt Gott uns. Er liebt uns wie ein Vater. Das ist die höchste Offenbarung von Jesus, der die Gnade in Person ist. Gott kam herunter, damit wir nach oben kommen können. Jesus wurde wie wir, damit wir würden wie er – heil, gesund, gesegnet und völlig geborgen in der Liebe seines Vaters.

In dem schönsten Gleichnis, das je erzählt wurde, sagt Jesus, dass Gott wie ein Vater ist. Und zwar wie ein Vater, der auf deine Rückkehr wartet, der dir entgegenrennt, wenn er dich kommen sieht, der dir um den Hals fällt und dich mit Küssen überhäuft. Vielleicht kommst du mit einer einstudierten Rede, mit deinen guten Absichten und dem Wunsch zu dienen, aber er ist an all dem überhaupt nicht interessiert. Er will nur dich.

Liebe sieht aus wie Gnade. Wenn du Gottes Gnade empfängst, empfängst du auch seine Liebe. Da gibt es keinen Unterschied. Das bedeutet, wenn du keine Zeit für Gnade hast – weil du dich vielleicht anstrengst, um dem Herrn mit deinen Opfern zu gefallen –, dann hast du auch keine Zeit für Liebe. Wenn du Gnade ablehnst, dann lehnst du auch Liebe ab.

Wenn du lernst in der Liebe Gottes zu leben, dann lernst du damit auch in seiner Gnade zu leben. Das bedeutet, nicht Hiob nachzueifern, sondern Jesus. Es bedeutet, nicht mehr zu versuchen, Gott mit Opfern zu beeindrucken, sondern von seinem Opfer beeindruckt zu sein.

Gott wird nie verlangen, dass du dich verbiegst, um seine Liebe zu verdienen. Er liebt dich nicht mehr, wenn du Erfolg hast, und er liebt dich nicht weniger, wenn du versagst. Ob du Millionen Menschen zu Christus führst oder keinen einzigen, Gott liebt dich genau gleich. Gott liebte dich schon, als du noch in deiner Sünde tot warst und er hat nach deiner Errettung nicht aufgehört dich zu lieben. Seine Liebe währt ewig.¹²

Das Evangelium der Gnade ist keine neue Lehre und auch keine vorübergehende Modeerscheinung. Es ist so alt und ewig wie die Liebe Gottes selbst.

Das Gesetz liebt dich nicht

So viel zu Hiob; aber was ist mit Mose? Im alten Bund liebte man Gott, weil man musste; es war ein Gesetz. Aber so funktioniert Liebe nicht. Sie lässt sich nicht per Gesetz verordnen, und genau das sollte das Gebot zeigen. Es wurde nicht gegeben, um unter Lieblosen Liebe hervorzubringen, sondern um zu offenbaren, dass wir jemanden brauchen, der uns liebt.

Schon von Anfang an wollte Gott eine Beziehung zu uns, doch wir wollten lieber Regeln haben. Gott sagte den Israeliten, er wolle sie als sein geliebtes Volk haben, aber sie waren nicht daran interessiert. Ihre Einstellung war vielmehr: »Sag uns einfach, was wir tun sollen, dann tun wir's.«

Warum wollen manche lieber die klaren Regeln einer Religion haben als die irritierende Freiheit einer Beziehung? Weil sie nicht wissen, dass sie Gottes geliebte Kinder sind. Sie haben Angst und brauchen die Regeln, weil sie daraus die Sicherheit und Identität beziehen, die wir alle brauchen. Der religiöse Geist gibt dieser Angst nach und sagt: »Tu dies und lass jenes, dann ist Gott vielleicht zufrieden mit dir.« Diese Botschaft wird dann verkauft unter Titeln wie: »Vier Punkte, wie wir Gott gefallen können« oder »Sieben Schritte, um Gott zu nahen«, aber in Wirklichkeit wird hier Kindesmissbrauch betrieben. Es bedeutet nämlich, der

Zuneigung – die uns bereits gehört, weil wir Söhne und Töchter sind – ein Preisschild aufzukleben.

Wenn uns Regeln lieber sind, ist das ein sicheres Zeichen dafür, dass wir nicht in der Liebe Gottes gegründet sind. Denk an die Pharisäer; sie liebten Regeln über alles. Sie predigten religiöse Pflichten und waren eifrige Missionare, denen kein Weg zu weit war, um einen einzelnen Menschen zu bekehren. Und doch sagte Jesus zu ihnen: »Ich weiß, dass ihr Gottes Liebe nicht in euch habt« (Johannes 5,42). Deswegen dürfen wir nie zuhören, wenn die Religion uns Lügen über die Liebe erzählt. Religion kann dir nichts geben, das sie selbst nicht besitzt.

Eine der größten Tragödien der Geschichte ist, dass die Israeliten Regeln lieber wollten als eine Beziehung. Doch heute wiederholt sich diese Entscheidung Tag für Tag mit jedem ernsthaften Menschen, der denkt, er müsse die Gebote halten, um geliebt, gerettet oder gesegnet zu werden. Obwohl der Bund des Gesetzes bereits vor 2000 Jahren den Bach runterging, hat ein solcher Mensch diese Botschaft immer noch nicht richtig verstanden. Er versucht immer noch Gott zu lieben, weil er denkt, er müsste es. Anstatt sich im Licht von Gottes Liebe zu sonnen, versucht er sein eigenes Licht zu produzieren. Leider funktioniert das nicht. Denn das wäre als würde der Mond versuchen, eine Sonne zu sein.

Liebe in Ephesus

Ich muss an die Epheser denken, die ihre erste Liebe verließen. Die Christen in Ephesus hatten Glauben und sie hatten Werke. Und ich bin mir sicher, wenn man sie gefragt hätte, hätten sie kühn verkündet, wie sehr *sie* Christus liebten. Doch Paulus betete, dass sie die Liebe *Christi* erkennen würden (Epheser 13,14-19). Siehst du, dass es da einen Unterschied gibt? Unsere Liebe geht nach oben, aber viel wichtiger ist die Liebe, die zu uns herunter kommt. Wir lieben, weil er uns zuerst geliebt hat, und er liebte uns, weil er Liebe ist. Liebe ist zuerst ein Substantiv und erst dann ein Verb.

Wenn du die Liebe Gottes kennenlernst, wenn dir klar wird, wer dich da liebt und wie sehr ihm dein Wohl am Herzen liegt, dann bekommst du Zuversicht. Dein Glaube erhält einen Schub und du fängst an, Gottes Liebe an die Menschen um dich herum weiterzugeben. Das Leben wird zu einem übernatürlichen Abenteuer. Aber wenn du seine Liebe aus den Augen verlierst, dann schrumpft dein Glaube. Dann wirst du zu dem, was Paulus rein »menschlich« nennt (1. Korinther 3,4 ELB). Wenn das geschieht, dann wird alles, was Liebe zur Voraussetzung hat – Ehe, Elternschaft, die Arbeit mit Menschen – zur lästigen Pflicht.

So etwas war mit den Ephesern passiert. Sie haben sich so stark in ihrer Gemeinde engagiert, dass sie ihre erste Liebe aus dem Blick verloren haben. Jesus musste kommen und sie zurechtweisen (Offenbarung 2,1-7). Wer ist unsere erste Liebe? Jesus! Er ist das Licht. Er ist die Quelle. Er ist die Sonne, die über alle Schatten erhaben ist.

Die Epheser waren bekannt für ihre Werke, doch im Grunde genommen sagte Jesus zu ihnen: »Hört damit auf. Denkt daran, wie tief ihr gefallen seid, und tut das, was ihr am Anfang getan habt.« Was haben sie denn am Anfang getan? Wahrscheinlich nicht viel. Ich habe zehn Jahre lang eine Gemeinde geleitet und anfangs taten wir nicht viel. Wir hatten keine Programme, die uns auf Trab hielten, keine Teams, die geleitet, keine Leiter, die ausgebildet, keine Kämpfe, die ausgefochten, keine Website, die gepflegt und keine Vision, die umgesetzt werden musste. Was machten wir nur mit unserer ganzen freien Zeit? Wir lebten als Geliebte, wir liebten Gott, wir liebten einander und wir suchten nach

Möglichkeiten, unsere Nächsten zu lieben. Gut, mein Verständnis von der Gnade Gottes war noch etwas unklar, aber wir wussten, wie man zu den Füßen Jesu sitzt und seine Liebe genießt. Als die Gemeinde später anfing zu wachsen, waren wir immer mehr eingespannt, manchmal so sehr, dass wir völlig abgelenkt waren. Aber am Anfang waren wir Maria ähnlicher als Martha. Maria hatte den guten Teil erwählt, den Schlüssel zu einem erfolgreichen Leben. Doch Martha nicht. Sie war beschäftigt. Maria wählte das Einzige, was wir brauchen – von Jesus die Liebe zu empfangen, die aussieht wie Gnade.

Die meisten von uns kennen die Geschichte von Maria und Martha in Lukas 10. Aber wir wissen nicht, wie die Geschichte weiterging. Mir gefällt der Gedanke, dass Maria in ihrem weiteren Leben Großes vollbrachte. Kinder, die in liebevollen Familien groß werden, haben tendenziell mehr Erfolg als andere. Deshalb würde ich wetten, dass Maria wahre Heldentaten vollbrachte. Vielleicht hat sie erfolgreich Kinder großgezogen oder eine Gemeinde gegründet oder wurde sieben Mal hintereinander zum Bürgermeister gewählt. Keine Ahnung. Aber die Wahrscheinlichkeit, dass sie Erfolg hatte, ist sehr hoch. Gottes Sohn war in ihr Wohnzimmer gekommen, hatte ihr in die Augen gesehen und sie einfach geliebt. Wie hätte sie da versagen können?

Folgt in allem Gottes Beispiel, denn ihr seid seine geliebten Kinder. (Epheser 5,1)

Auch Paulus wusste ein oder zwei Dinge über die Liebe Gottes. Er verstand, dass es außerhalb von Gottes Liebe keinen Erfolg gibt. »Wenn ich einen Glauben hätte, der Berge versetzen könnte, aber keine Liebe hätte, so wäre ich nichts« (1. Korinther 13,2). Ja, es gibt tatsächlich ein Werk, das getan und eine Ernte, die eingebracht werden muss. Aber wir tun das alles nicht, um Gottes Zuneigung oder Anerkennung zu verdienen. Wir tun es, weil wir seine innig geliebten Kinder sind und weil wir das wollen, was unserem Papa auch wichtig ist.

Besser als Leben

Als ich in Asien lebte, war ich mit vielen armen Missionaren befreundet. Viele von denen, die äußerst erfolgreich waren, hatten eine Geschichte wie diese:

> *Ich war mit meinem Latein am Ende, ich wusste einfach nicht mehr weiter. In meiner Verzweiflung bat ich Gott um seine Versorgung. Stattdessen überflutete er meine Seele mit seiner unermesslichen Liebe. Ich hörte, wie er sagte:* »*Ich liebe dich*«, *und von einem Augenblick auf den anderen veränderte sich alles. Plötzlich wurde alles andere unwichtig. Die unbezahlten Rechnungen wurden belanglos. Die Probleme, die wie ein Amboss über meinem Kopf hingen, wurden unbedeutend. Eine gewaltige Offenbarung hatte mich freigemacht.* **Mein Vater im Himmel liebt mich!** *Wie kann ich denn da noch scheitern? Es spielte nun keine Rolle mehr, ob ich lebte oder starb. Ich wusste, dass mein Papa für mich war.*

Hast du jemals inmitten einer Krise die Liebe Gottes erfahren? Das ist ein unvergleichliches Erlebnis. Sie fordert dich auf, mit ihr auf den Wellen der Unsicherheit zu tanzen und dem Sturm deiner Umstände zu spotten.

Hast du jemals mitten in einer Entscheidung die Liebe Gottes erlebt? Sie bringt dich zum Grinsen, weil du weißt, dass du nur gewinnen kannst, wie auch immer du dich entscheidest. Auch wenn es eine folgenschwere Entscheidung ist. Ich weiß, im Natürlichen ergibt das keinen Sinn. Aber wer will schon im Natürlichen leben? Ich lebe doch viel lieber in dem überlegenen Reich seiner Liebe. Wie lockt Gott uns weg von den Klauen der Verzweiflung? Er lässt uns von dem grenzenlosen Ozean seiner Liebe trinken, er führt uns auf die sonnenbeschienenen Auen seiner Gnade und bereitet im Angesicht unserer Feinde einen Tisch vor uns, der beladen ist mit seinen Segnungen. Gott kümmert sich ausnahmslos um jedes unserer Probleme, indem er uns eine größere Offenbarung von sich selbst und seiner Liebe gibt. An uns liegt es zu entscheiden, ob wir weiter in der niedrigeren Realität unserer Umstände oder in der höheren Realität seiner Liebe leben wollen. Diese Wahl ist Unterschied zwischen Erfolg und Versagen.

Marias Entscheidung und Paulus' Entscheidung und die Entscheidung eines jeden erfolgreichen Sohns und einer jeden erfolgreichen Tochter Gottes ist die Entscheidung, als jemand zu leben, der geliebt ist. Es bedeutet zu sagen: »Welt, du kannst mich nicht unter Druck setzen. Du kannst mich nicht beeindrucken, weder mit Zuckerbrot noch mit der Peitsche. Die Liebe Gottes ist mein Antrieb und wenn ich spüre, wie sehr er sich über mich freut, Mannomann, dann kann mich nichts aufhalten!«

Eine Offenbarung von Gottes überschwänglicher Liebe ist bahnbrechend. Sie erweckt eine tote Ehe zum Leben, sie heilt eine zerbrochene Familie und katapultiert deinen Dienst in Dimensionen, die keine-Ahnung-wohin-führen-aber-das-ist-auch-ganz-egal-weil-das-nur-Papas-Sache-ist-und-ich-mich-einfach-nur-wahnsinnig-freue-dass-ich-mitdarf.

Liebe ist nicht nur das erste Kapitel in einem Buch über das Evangelium; Liebe ist Leben. Eigentlich ist die Liebe Gottes sogar besser als Leben. Wenn ich mich entscheiden müsste zwischen meinem Leben und dieser Liebe, dann würde ich jedes Mal seine Liebe wählen, denn nur in seiner Liebe ist wahres Leben.

Trauerpfützlers Lebenswahrheit

Kürzlich stellte ich mir die Frage: »Was ist das Wichtigste, das meine Kinder von mir lernen sollen?« In anderen Worten: Was ist meine zentrale Lebenswahrheit? Deine eigene Lebenswahrheit ist die Antwort auf diese Frage nach dem Wichtigsten, das du weitergeben kannst. Was ist die wichtigste Lektion, die ich selbst in meinem Leben gelernt habe? Deine Lebenswahrheit ist das, woran du festhältst, wenn nichts anderes mehr Bestand hat. Sie ist das Rückgrat, das dich stützt und der Kiel, der dich im Fahrwasser hält. Sie ist der Funke in deiner Phantasie, der Antrieb in deiner Maschine und der Friede in deinem Schlaf.

Vielleicht hast du dir darüber noch nie Gedanken gemacht. Dann schau dir Trauerpfützler den Moorwackler an. Trauerpfützler ist eine meiner Lieblingsfiguren aus *Die Chroniken von Narnia*. Er ist düster, niedergeschlagen und bekanntermaßen pessimistisch, aber ein treuer Freund in der Not. Wenn du *Der silberne Sessel* von C. S. Lewis gelesen hast, dann weißt du, was ich meine.

Gegen Ende der Geschichte befinden sich Trauerpfützler und seine Freunde Jill und Eustachius in Gefangenschaft in der dunklen Unterwelt, dem Unterland. Eine böse Zauberin versucht sie davon zu überzeugen, dass die Welt, nach der sie suchen, gar nicht existiert. Mit Musik und Düften spinnt sie ein Lügennetz und behauptet, Narnia sei nur eine Phantasiewelt und sein König Aslan nur ein törichter Traum. Jill und Eustachius beginnen unter ihrem Einfluss zu wanken, aber der unerschütterliche Trauerpfützler bricht den Bann mit einer mutigen Erklärung:

Angenommen, wir haben all diese Dinge wirklich geträumt oder sie uns ausgedacht ... Angenommen, dieser schwarze Abgrund Eures Königreichs ist tatsächlich die einzige Welt. Nun, sie kommt mir recht armselig vor ... Und deshalb werde ich mich an diese Phantasiewelt halten. Ich bin auf Aslans Seite, selbst wenn es keinen Aslan gibt. Ich werde so gut wie möglich wie ein Narniane leben, selbst wenn es kein Narnia gibt.[13]

Trauerpfützlers Lebenswahrheit war, dass Aslan und Narnia realer sind als die Welt, die er mit seinen natürlichen Augen sehen konnte. Er handelte gemäß seiner Überzeugung und widerlegte die Lügen der Hexe, trampelte ihr übelriechendes Feuer aus und rettete die Situation.

Trauerpfützler zeigt uns, dass deine zentrale Lebenswahrheit ein unauslöschliches Licht in einer finsteren Welt ist. Sie ist eine unzerbrechliche Brücke zwischen dem Hier und Jetzt und dem Ort, an den du gehörst. Wäre Trauerpfützler sich seiner Sache nicht so sicher gewesen, wäre alles verloren gewesen. Es ist unwahrscheinlich, dass er und seine Freunde dann dem Reich von Unterland hätten entkommen können.

Also, was ist deine zentrale Lebenswahrheit? Was ist deine tiefste Überzeugung?

Auf meinen Reisen bin ich Menschen begegnet, die die unterschiedlichsten Überzeugungen zu ihrer wichtigsten Wahrheit gemacht haben. Die einen sagten: »Gehorsam. Das Wichtigste ist,

GELIEBT | 49

dass wir in jedem Fall Gott gehorchen.« Die anderen sagten: »Es ist alles eine Sache der Einstellung. Das Wichtigste ist, dass du dich bemühst; Gott kennt schließlich dein Herz.« Wieder andere sagten, es seien Opfer – »Gib alles für Gott; er hat dir bereits so viel gegeben« – oder Frucht: »Erweise dich als sein Jünger.«

Mit diesen Überzeugungen habe ich nur ein Problem: Sie stützen sich alle auf *mich* – auf meinen Gehorsam, meine Einstellung, meine Frucht – aber mein Glaube an mich selbst ist einfach nicht so stark. Ich verlasse mich lieber auf jemand anderen, so wie Trauerpfützler. Meinen Rücken stärkt ein Anderer.

Also, was dann ist meine zentrale Wahrheit? Dass Gott uns unfehlbar liebt. Für mich ist das einfach der Wahnsinn. Jede andere Form von Liebe, die wir auf dieser Welt erfahren können, ist *fehlbar* – sie ist zerbrechlich und verletzlich, kann enttäuscht werden und am Ende stirbt sie. Aber Gottes Liebe versagt *nie, niemals*. Wirklich niemals. Nicht einmal der Tod kann seine Liebe aufhalten. Warum glaube ich überhaupt an Auferstehung? Weil Gott sagt, dass er uns mit ewiger Liebe liebt.[14] Ewig bedeutet ewig. Denn wenn Gott dich nicht von den Toten auferweckt und dich weiter liebt, ist er ein Lügner. Gott ist aber kein Lügner. Seine Liebe für dich wird niemals weniger werden oder sterben. Krebs kann dich nicht von seiner Liebe fernhalten. Auch nicht Depressionen, AIDS oder Alkoholabhängigkeit. Weder der Teufel noch alle seine Dämonen können dich von Gottes Liebe trennen. Weder Tod noch Leben. Nur eines kann zwischen dich und seine Liebe geraten – nämlich wenn du dich weigerst sie anzunehmen. Das Einzige, das dich von der Liebe Gottes trennen kann, bist du selbst.

Die Liebe des Vaters erkennen

Denk an den verlorenen Sohn. Sein Vater liebte ihn am Anfang der Geschichte genauso sehr wie am Ende. Seine Liebe war ohne jeglichen Schatten und ohne Veränderung. Aber der verschwenderische Sohn *erkannte* die Liebe seines Vaters erst dann, als der ihn umarmte. Ich bin mir sicher, der Vater wollte seinen Sohn jeden Tag umarmen, aber der Sohn war daran nicht interessiert – zumindest anfangs nicht. Auch der ältere Bruder kannte die Liebe seines Vaters nicht. Seine zentrale Lebenswahrheit stützte sich auf seinen Gehorsam: »All die Jahre habe ich schwer für dich gearbeitet und dir nicht ein einziges Mal widersprochen, wenn du mir etwas aufgetragen hast.« Wenn der jüngere Bruder ein Rebell war, dann war der ältere ein Religiöser, der alles richtig machen wollte. Aber keiner der beiden kannte die Liebe seines Vaters. Keiner von beiden ließ sich von seinem Vater und seiner unbändigen Liebe in die Arme schließen.

Die Liebe Gottes ist bahnbrechend, aber sie wird dich erst verändern, wenn du sie in deinem Herzen erkennst. Die Wahrheit allein macht dich noch nicht frei; erst wenn du sie erkennst und glaubst, macht sie dich frei. Du musst zulassen, dass Gott dich so liebt, wie er es will. Du musst zulassen, dass er auf dich fällt wie an Pfingsten. Pfingsten war in erster Linie nicht eine Begegnung mit Gottes Kraft, sondern eine Begegnung mit seiner mächtigen, verändernden Liebe. Die Apostel wurden mit dem Heiligen Geist der Liebe erfüllt.[15]

Gottes Liebe verändert uns. Sie macht Sünder zu Heiligen und Hassende zu Liebenden. Sieh dir Paulus an. Als er die Liebe in Person traf, wurde er ein anderer Mensch. Wie der Jünger, »den Jesus liebte«, erlebte Paulus eine Liebe, die so persönlich und innig war, dass er Jesus als denjenigen beschrieb, »der *mich* geliebt und sich selbst für *mich* geopfert hat« (Galater 2,20). Was ist mit dir? Kannst du auch wie Paulus sagen »Gott liebt *mich*«? Kennst du seine Liebe? Siehst du Gott eher als einen distanzierten König oder als deinen liebenden Papa? Wenn du ihn anschaust, lächelt er dir dann zu oder schaut er dich schräg an?

Als ich anfing dieses Buch zu schreiben, versprach ich mir selbst, dass ich mich an das Evangelium halten würde – dass ich es einfach verkündige und dann weitergehe. Aber hier muss ich doch einen Augenblick innehalten und den Prediger spielen. Erlaube mir, dir eine wichtige Frage zu stellen. Weißt du, dass Gott dich liebt? Bist du überzeugt, dass er dich liebt, wenn du gut bist und wenn du böse bist, wenn es dir gut geht und wenn es dir schlecht geht, wenn du Erfolg hast und wenn du versagst? Glaubst du, dass er dich liebt in guten und in schlechten Zeiten, in Gesundheit und Krankheit, und dass der Tod euch niemals scheiden kann? Vielleicht hast du Hiob dem Opfer-Bringer nachgeeifert in einem vergeblichen Versuch, die Liebe und Gunst Gottes zu verdienen, oder Mose dem Gesetzeshalter. Wenn ja, dann denk an die Worte von Elihu und Jesus: »Hör damit auf.« Hör auf, dich auf deine Opfer und guten Werke zu verlassen und betrachte die Wunder Gottes, die in Christus und seinem Erlösungswerk offenbart wurden. Schau auf das Kreuz, sieh die leidenschaftliche und unbändige Liebe Gottes in Aktion. Zweifle niemals daran, dass er dich mit unablässiger, niemals endender Liebe liebt – *ja, dich!* Seine Liebe zu dir ist stärker als das Band zwischen einer stillenden Mutter und ihrem Säugling (Jesaja 49,15). Du bist sein innig geliebtes Kind. Also hör auf dich anzustrengen und begib dich in seine liebenden Arme. Mach ihn zu deinem Ruheplatz und bleib in seiner Liebe.

Das Evangelium der Liebe

Das Evangelium der Liebe erklärt, dass Gottes Liebe größer ist als deine Sünde und dass du nichts tun kannst, um sie zu verdienen. Du kannst sie nur durch Glauben empfangen.

Die Religion des Fleisches will dich glauben machen, dass Gott mit verschränkten Armen vor dir steht, aber Gnade verkündet, dass seine Arme immer offen sind. Religion sagt, dass Gott zornig ist und dich vielleicht sogar hasst, doch Gnade proklamiert, dass er immer gut gelaunt ist und sich über dich freut. Religion sagt dir, dass du erst alles auf die Reihe bringen und dich reinigen musst, bevor du nach Hause kommen kannst, doch Gnade ruft: »Komm jetzt, so wie du bist!«

Es hat immer nur einen Ort gegeben, an dem wir die bedingungslose Liebe finden, die wir alle so sehr brauchen, und dieser Ort wird uns in der guten Nachricht offenbart. Das Evangelium ist keine Aufforderung an dich, Gott mit deiner Liebe zu beeindrucken. Das Evangelium ist die leidenschaftliche und unsterbliche Liebeserklärung deines Vaters an dich. Alles am Evangelium – seine Vergebung, Annahme und Gerechtigkeit – ist gut und wahr, weil dein Vater im Himmel dich liebt. Das hat er schon immer getan und das wird er immer tun. Gott verändert sich nie.

2

VERGEBUNG

Ich schreibe euch, meine Kinder, weil eure
Sünden in Jesu Namen vergeben sind.
(1. Johannes 2,12 NLB)

Über Vergebung werden mir mehr Fragen gestellt als zu jedem anderen Thema. »Hat Gott mir wirklich vergeben? Was ist, wenn ich sündige und nicht Buße tue? Was ist, wenn ich rückfällig werde?« Vergebung scheint für viele Menschen ein blinder Fleck zu sein. Wir bekommen es einfach nicht in unseren Kopf, dass Gott uns vollständig und ein für alle Mal vergeben hat. »Das klingt zu gut, um wahr zu sein. Man bekommt doch nichts geschenkt. Das kostet bestimmt etwas.« Ja, das stimmt – aber den Preis hat Jesus bezahlt.

Die Gnade Gottes hat viele Ausdrucksmöglichkeiten, doch Vergebung ist eine der größten. Wenn du Vergebung nicht verstehst, dann verstehst du auch Gnade nicht. Eine Art, Gnade beiseite zu schieben, ist demnach, Vergebung nicht als Geschenk zu betrachten. Und leider tun das auch viele. Sie denken, sie müssten bestimmte Dinge tun, bevor Gott ihnen vergeben kann. Sie stützen sich dabei auf etwas, das Jesus gesagt hat und auf etwas, das Johannes gesagt hat.

Schlechte Nachrichten als gute Nachrichten ausgeben

Jesus sagte: »Wenn ihr euch aber weigert, anderen zu vergeben, wird euer Vater euch auch nicht vergeben« (Matthäus 6,15). Das ist keine gute Nachricht. Das ist eine schlechte Nachricht, die uns das Herz in die Hose rutschen lässt, denn sie knüpft Gottes Vergebung an unsere eigene. Das ist nicht Gnade, das ist Gesetz. Das ist Wie-du-mir-so-ich-dir. Quid pro quo. Du musst etwas geben, um etwas dafür zu bekommen.

Warum predigte der Herr der Gnade das Gesetz? Weil manche Menschen das Geschenk der Gnade erst dann schätzen lernen, wenn das Gesetz sein verdammendes Werk tun durfte. Manche Menschen müssen erst die schlechten Nachrichten hören, damit sie die gute Nachricht wertschätzen.

Jesus sagte, er kam, um das Gesetz zu erfüllen, und am Kreuz hat er genau das getan. Als er für die Sünde der Welt bezahlte, vergab er allen, die gegen ihn gesündigt hatten. Siehst du den Zusammenhang? *Die* Voraussetzung für Vergebung, die Jesus in der Bergpredigt verkündigte, erfüllte er selbst – am Kreuz. Jetzt ist Christus das Ende des Gesetzes für alle, die an ihn glauben (Römer 10,4).

Vielleicht hast du schon mal gehört, Gott würde dir nicht vergeben, wenn du Unversöhnlichkeit in deinem Herzen hegst. Unter dem Gesetz, das Jesus predigte, stimmte das auch. Aber der Bund, in dem wir das Gesetz halten mussten, wurde am Kreuz erfüllt. Wer behauptet, man müsse erst vergeben, damit man selbst Vergebung erlangt, ist sich nicht im Klaren über das vollbrachte Erlösungswerk von Golgatha. Diese Menschen machen dich auf die Bibelstellen aufmerksam, in denen steht, dass Vergebung an Bedingungen geknüpft ist. Und sie ignorieren die anderen, in denen das genaue Gegenteil steht.

Unsere Theologie muss sich schon auf die gesamte Bibel gründen, aber das bedeutet doch nicht, dass wir alles unkritisch lesen und dann das Beste hoffen sollen. Das wäre, als würden wir an den Medikamentenschrank gehen und jede Pille schlucken, die uns in die Finger kommt. Eine Theologie, die sich auf die gesamte Bibel gründet, bedeutet, dass du das geschriebene Wort Gottes aus der Perspektive des Wortes des Lebens liest. Dass du also alles, was du liest, durch Christus und sein am Kreuz vollbrachtes Erlösungswerk filterst.

Schau dir die untenstehende Abbildung an. Dann wirst du das durchgängige Muster erkennen – vor dem Kreuz wurde Vergebung gepredigt, die an Bedingungen geknüpft war, und nach dem Kreuz bedingungslose Vergebung. Vor dem Kreuz predigte Jesus, dass Vergebung ein Gesetz ist, das man einhalten muss; nach dem Kreuz sagte er, dass Vergebung ein Geschenk ist, das wir empfangen sollen (Apostelgeschichte 26,18). Das Kreuz hat tatsächlich alles verändert.

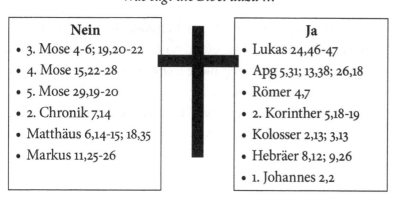

Bedingungslose Vergebung?
Was sagt die Bibel dazu ...

Nein	Ja
• 3. Mose 4-6; 19,20-22	• Lukas 24,46-47
• 4. Mose 15,22-28	• Apg 5,31; 13,38; 26,18
• 5. Mose 29,19-20	• Römer 4,7
• 2. Chronik 7,14	• 2. Korinther 5,18-19
• Matthäus 6,14-15; 18,35	• Kolosser 2,13; 3,13
• Markus 11,25-26	• Hebräer 8,12; 9,26
	• 1. Johannes 2,2

VERGEBUNG | 57

Substantive des neuen Bundes

Von dem Tag an, als Jesus von den Toten auferstand, verkündigte Jesus eine andere Botschaft als die gesetzesbasierten Predigten, die er vor der Kreuzigung gehalten hatte. Erinnere dich daran, dass Jesus vor dem Kreuz Vergebung predigte, die an Bedingungen geknüpft war – vergib, damit dir selbst vergeben wird. Aber nach dem Kreuz predigte er Folgendes:

*So steht es geschrieben, und so musste der Christus leiden und am dritten Tag aus den Toten auferstehen, und in seinem Namen soll **Buße und Vergebung** der Sünden verkündigt werden unter allen Völkern, beginnend in Jerusalem.*

(Lukas 24,46-47 SLT)

Nimm dir einen Moment Zeit, um diese Stelle in deiner eigenen Bibel nachzulesen. Was steht dort? Steht dort »Buße *zur* Vergebung« oder »Buße *und* Vergebung«? Das ist ein großer Unterschied. Johannes predigte die Buße zur Vergebung: Dass dir vergeben wird, ist abhängig davon, ob du von deiner Sünde umkehrst. Ein Verb für ein anderes Verb.

Aber hier sagt Jesus etwas ganz anderes. Er verwendet keine Verben für Buße und Vergebung, sondern Substantive.[16] Er sagt: »Von nun an ist Vergebung nicht mehr etwas, das Gott tut, sondern etwas, das er *getan hat*.«

Das wird deutlich, wenn wir den Vers noch mal in der englischen King-James-Bibel lesen:

… und in seinem Namen soll Buße und Sündenerlass verkündigt werden unter allen Völkern, beginnend in Jerusalem. (Lukas 24,47, Übertragung aus der KJV*)*

Stattgefundene Vergebung nennt man Sündenerlass. Wann wurden unsere Sünden erlassen? Am Kreuz. Während des letzten Abendmahls sagte das Lamm Gottes, es würde mit seinem Tod die Sünden der Welt wegnehmen:

Denn das ist mein Blut, das des neuen Bundes, das für viele vergossen wird zur Vergebung der Sünden.
(Matthäus 26,28 SLT*)*

Wo wurde das Blut des Herrn vergossen? Am Kreuz. Wo wurden alle deine Sünden vergeben? Am Kreuz.

Die Sache mit der *Sache*

Im neuen Bund ist Vergebung ein Substantiv und kein Verb. Sie ist ein Geschenk und kein Werk. Sie ist etwas, das Gott gibt, und nicht etwas, das Gott tut. (Er hat es bereits getan.) Das ist für uns vielleicht schwer zu verstehen, denn die Welt funktioniert ganz anders. Wenn du gegen jemanden sündigst, belastet das deine Beziehung zu dieser Person. So eine *Sache* kommt zwischen euch. Zur Versöhnung musst du diese *Sache* aus der Welt schaffen. Jesus sagte, wenn du deine Opfergabe zum Altar bringst, und du dich erinnerst, dass dein Bruder eine *Sache* gegen dich hat, dann geh und schaff diese *Sache* aus der Welt (s. Matthäus 5,23). Wenn dein Bruder sieben Mal am Tag gegen dich sündigt und sieben Mal sagt: »Ich tue Buße«, dann vergib ihm. Schick diese *Sache* fort« (s. Lukas 17,4).

Das alles wissen und verstehen wir. Aber – Gott ist nicht wie wir. Er wartet nicht darauf, dass du handelst, bevor er deine *Sache* aus der Welt schafft. Diese *Sache*, die zwischen euch stand – deine Sünde –, hat er am Kreuz aus der Welt geschafft. Da Gott nicht durch Raum oder Zeit begrenzt ist, musste er nicht erst darauf warten, dass du anfängst zu sündigen, um dann deine Sünde zu vergeben. Er hat dir bereits vergeben. Er hat dir vergeben, noch bevor du deine Sünde bekannt hast, bevor du Buße getan hast, sogar bevor du geboren wurdest.

Vergeben heißt von seiner wörtlichen Bedeutung her »etwas fortsenden« oder »wegschicken«. Über deine Sünde wurde nicht einfach nur hinweggesehen und sie wurde auch nicht einfach nur zugedeckt; sie wurde von dir entfernt, so weit der Osten vom Westen ist. Wenn du dich auf die Suche nach deinen Sünden begeben würdest, würdest du sie nicht finden. Sie sind weg.

Tatsache jedoch ist, dass er nur einmal in die Welt kam – jetzt, am Ende der Zeiten –, um uns durch das Opfer seines eigenen Leibes von der Sünde zu befreien. (Hebräer 9,26b NGÜ)

Am Kreuz wurden die Sünden der Welt fortgeschickt. Genau darum sagte der auferstandene Herr, dass wir Vergebung als ein bereits abgeschlossenes Geschäft verkünden sollen – und nicht als eine Gunst, die erst noch verdient werden muss.

Kein Wunder, dass das die Jünger umhaute, als sie es hörten. Erstens steht Jesus mitten unter ihnen, der eigentlich tot sein sollte. Zweitens predigt er etwas, das das totale Gegenteil von dem zu sein scheint, was er früher einmal in der Bergpredigt gesagt hatte.

Als der alte Bund erfüllt und der neue bereits im Anmarsch war, musste Jesus seinen Jüngern etwas nachhelfen, damit sie Schritt halten konnten. Er öffnete ihnen das Verständnis, damit sie die Schrift verstehen konnten (Lukas 24,44-45). Er erklärte, wie das Gesetz des Mose, die Propheten und die Psalmen alle in ihm ihre Erfüllung fanden.

Nach ihrer Begegnung mit dem auferstandenen Herrn begannen die Jünger den alten Bund mit neuen Augen zu sehen. Jetzt wurde ihnen klar, dass Tieropfer und das Befolgen des Gesetzes Sünden niemals wegnehmen konnten. Diese Dinge hatten nur deshalb einen Wert, weil sie auf Jesus hinwiesen. Sie begannen auch zu verstehen, wie die prophetischen Sehnsüchte von Jesaja und Jeremia sowie die radikal auf Gnade beruhenden Psalmen von David, Asaph und den Söhnen Korachs einen Tag ankündigten, der jetzt anbrach, nämlich das neue Zeitalter der Gnade.[17]

Am Kreuz wurde das Gesetz erfüllt, die Gnade wurde offenbart und Verben wurden zu Substantiven. Die Vergebung ist jetzt nicht mehr abhängig davon, ob wir die Schritte A, B und C erfüllen. Vergebung wurde zu einem Geschenk, für das das Lamm mit seinem Blut bezahlt hat. Wie passend, dass die Mitglieder des Hohen Rates die Ersten waren, die diese neue Botschaft von der bedingungslosen Vergebung hören sollten – dieselben Männer, die Jesus verurteilt hatten um genau das Blut zu vergießen, das den Preis für diese Vergebung bezahlen sollte.

Gott hat ihn erhöht und ihm den Ehrenplatz an seiner rechten Seite gegeben; er hat ihn zum Herrscher und Retter gemacht, um Israel zur Umkehr zu führen und die Sünden des Volkes zu vergeben. (Apostelgeschichte 5,31 NGÜ)

Mit anderen Worten: *Umkehr ist ein Geschenk! Vergebung ist ein Geschenk!*

Als die alten Männer des Hohen Rates diese Worte hörten, wurden sie fuchsteufelswild. Bedingungslose Vergebung und auferstandene Retter hatten in ihrer Theologie keinen Platz. Ihre Religion stützte sich darauf, etwas für Gott zu tun, und nicht darauf, dass Gott etwas für sie tat. Für das religiöse Denken klingt Gnade wie Gotteslästerung.[18]

Die alten Männer ließen die Apostel auspeitschen und befahlen ihnen, nicht mehr von Jesus zu erzählen. Natürlich haben die Apostel das ignoriert und Jahre später, als Paulus sich bei ihnen einreihte, begann auch er die neue Botschaft der bedingungslosen Liebe zu predigen.

> *Brüder, hört mir zu! In diesem Mann, Jesus, findet ihr Vergebung für eure Sünden. (Apostelgeschichte 13,38)*

Kein Haken, keine Bedingungen, kein »Tut Buße, ihr Otternbrut«. Nur die gute Nachricht, klipp und klar.

Aber was ist mit Johannes?

Das Ganze bringt uns zu Johannes, der sagte:

> *Doch wenn wir ihm unsere Sünden bekennen, ist er treu und gerecht, dass er uns vergibt und uns von allem Bösen reinigt. (1. Johannes 1,9)*

Das klingt dann nun doch so, als wäre Vergebung an Bedingungen geknüpft, als müssten wir unsere Sünden überdenken und für sie Verantwortung übernehmen, damit sie uns vergeben werden – und doch wurde das hier bereits nach dem Kreuz geschrieben. Als wäre versehentlich ein Teil des Alten Testaments in das Neue hineingerutscht. Was dachte Johannes sich dabei? Hatte er es verschlafen, als der auferstandene Herr Vergebung als ein vollbrachtes Werk proklamierte? Wie lassen sich Johannes und Jesus miteinander vereinbaren?

Normalerweise verstehen wir Johannes so, dass wir dem kostenlosen Geschenk der Gnade ein kleines Preisschild aufkleben. »Wenn du diese Kleinigkeit tust (deine Sünden anerkennst), wird ein guter und gnädiger Gott etwas Großes für dich tun (deine Sünden vergeben).« Es klingt, als würden wir ein gutes Geschäft machen, aber das ist nicht wahr. Angesichts des ungeheuren Preises, den Christus für deine Vergebung bezahlt hat, gehört sich das einfach nicht. Ich will es dir erklären.

Wenn ich dir eine Villa schenken würde, ohne dafür etwas von dir zu verlangen, und du sagen würdest: »Bitte, lass es mich mit einem Bauchnabelfussel bezahlen, dann sind wir quitt«, dann wäre ich beleidigt. Wenn du dann auch noch herumgehen und anderen erzählen würdest: »Gebt Paul eure Bauchnabelfusseln, er schenkt euch eine Villa dafür!« würde ich mir mit der Hand vor die Stirn schlagen. Und dann würde ich meine Tür verbarrikadieren vor den Horden, die mir mit ihren Bauchnabelfusseln die Bude stürmen wollten.

Es ist lächerlich zu denken, wir könnten Gott dafür bezahlen, dass er uns vergibt. Und doch betreiben viele ernsthafte Christen eine Bauchnabel(fussel)schau, um ihre noch nicht bekannten Sünden zu entdecken, weil sie denken, Gott sei ein Sünden-Sammler und tausche Gnade gegen Sünden. Hörst du, wie die hundert Millionen Engel sich mit ihrer Hand vor die Stirn schlagen?

Der Schöpfer ist keine Marionette, die man mit Geld und Verdiensten bestechen kann. Er ist der Allmächtige, der von alters her ist, der auf dem Thron in der Höhe sitzt. In seiner Weisheit und Gnade schaffte er am Kreuz deine Sünden ein für alle Mal aus der Welt.

Johannes sagte: »Er ist treu, dass er uns unsere Sünden vergibt.« Aus der himmlischen Perspektive klingt das seltsam. Gott *wird* dir nicht vergeben, denn er *hat* dir bereits vergeben. Gott richtet dieselbe Sünde nicht zwei Mal und am Kreuz hat er bereits alle Sünde gerichtet. Folglich rechnet er den Menschen ihre Sünden nicht mehr an. War sich Johannes nicht klar darüber, was Gnade ist? Doch, denn im weiteren Verlauf erklärt er, dass wir in seinem Namen Vergebung haben (1. Johannes 2,12). Vergebung beruht auf Gottes Werk, nicht auf unserem.

Warum also sagt Johannes, dass Gott uns vergeben *wird*, als wäre das etwas, das er noch gar nicht getan hat? Warum klingt es hier, als würde er das Alte Testament zitieren? Weil er tatsächlich das Alte Testament zitiert. Er drückt eine alttestamentliche Bibelstelle mit seinen eigenen Worten aus, um eine Idee des Neuen Testaments zu erklären. Sieh dir die beiden folgenden Abschnitte einmal nebeneinander an und schau, ob sie sich ähneln:

*Ich sagte: »Ich will dem Herrn meine Auflehnung **bekennen**.« Und du hast mir **vergeben** und meine Schuld weggenommen!* (Psalm 32,5b)	*Doch wenn wir ihm unsere Sünden **bekennen**, ist er treu und gerecht, dass er uns **vergibt** und uns von allem Bösen reinigt.* (1. Johannes 1,9)

Sündenbekenntnis im neuen Bund

Johannes predigt kein altes Gesetz (»Bekenne, dann wird dir vergeben«) – er verwendet nur eine alte und allseits bekannte Sprache um etwas auszudrücken, das für seine Leser im ersten Jahrhundert neu und seltsam war. In dieser Hinsicht ist er wie Paulus, der in Römer 4,7-8 den gleichen Psalm zitiert. Paulus zitiert Psalm 32 um zu zeigen, dass wir durch Glauben gesegnet sind und nicht durch Werke; Johannes zitiert Psalm 32 um zu zeigen, dass wir nicht gesegnet sein können, es sei denn durch Glauben. Denn das meint Johannes mit »bekennen«. Das griechische Wort für »bekennen« bedeutet nicht, dass wir in alttestamentlicher Manier in uns gehen und unsere Sünden bedenken sollen, sondern es bedeutet, dass wir dasselbe sagen wie jemand anderes und mit ihm übereinstimmen.[19] Es bedeutet also, wir sollen mit dem übereinstimmen, was Gott gesagt hat. Das ist der Kern des Glaubens.

Gott hat deine Sünden aus der Welt geschafft, ob du das nun glaubst oder nicht. Aber wenn du es nicht glaubst, dann wird dir seine Vergebung auch nichts nützen. Und du wirst es nicht glauben, wenn du Woche um Woche Predigten darüber hörst, wie sündig du bist und wie deine Sünden sich himmelhoch auftürmen. Wenn man dir ständig sagt, du sollst dein Herz auf Sünde, Bitterkeit oder Unversöhnlichkeit überprüfen, dann wird es dir nicht leicht fallen zu glauben, dass dir deine Sünden in Jesu Namen vollkommen vergeben worden sind. Du wirst empfänglich sein für diese Art der auf Werke beruhenden Nabelschau-Predigten, die sagen, dass du deine Fehler gestehen und anderen Menschen vergeben musst, um selbst Vergebung zu erlangen.

Von Gottes Seite aus ist Vergebung eine beschlossene Sache. Er braucht keine weiteren Sündopfer mehr. Von unserer Seite aus kann Sünde allerdings tatsächlich ein ernsthaftes Problem sein. Aber warum musst du dann das Geschenk der Vergebung annehmen, wenn die Vergebung doch bereits stattgefunden hat? Aus demselben Grund, aus dem du auch die Gnade Gottes empfangen musst, die allen Menschen erschienen ist – sie wird dich verändern. Sie befreit dich von Schuld und Verdammnis und aus deiner Gefangenschaft in der Sünde.

Vielleicht hilft dir ein Beispiel: Sagen wir mal, ich tue dir etwas richtig Böses an. Vielleicht überfahre ich absichtlich deine Katze oder ich verbreite schlimme Lügen über dich. Doch aus der Güte deines Herzens heraus entscheidest du dich, mir zu vergeben. *Welche Gnade!* Das habe ich nicht verdient. Deine Vergebung beruht ausschließlich auf deinem freundlichen Charakter. Wenn ich dir jetzt aber weiterhin Böses antue, dann hat deine Vergebung in mir nichts bewirkt. Von deiner Seite aus ist alles in Ordnung – du hast nichts gegen mich, weil du mir alles vergeben hast –, aber von meiner Seite aus bin ich immer noch der gleiche katzenmordende, tratschende Sünder, der ich schon immer war.

Oder vielleicht habe ich wegen meiner Untaten ein schlechtes Gewissen, aber ich kann mir selbst nicht vergeben. *Ich hab ja so schreckliche Dinge getan!* Was ist die Lösung? Nicht, dich um Vergebung zu bitten – denn du hast mir ja bereits vergeben. Sondern die Gnade anzunehmen, die du mir bereits angeboten hast. Von deiner Seite aus ist mir bereits vergeben, aber was mich anbelangt, so will ich deine Vergebung entweder nicht oder ich weiß nicht, dass ich sie schon habe. Deine Vergebung bewirkt bei mir keine Veränderung, weil ich sie nicht angenommen habe.

Verstehst du? Die Gnade Gottes muss angenommen werden, damit sie in uns etwas bewirkt. Wenn du nicht glaubst, dass Jesus dich errettet hat, dann hast du keinen Retter. Wenn du nicht glaubst, dass die Sünden der ganzen Welt am Kreuz völlig ausgelöscht worden sind, dann wirst du Probleme damit haben, Gottes Vergebung hier und heute zu erleben.

Aus diesem Blickwinkel haben Johannes' Worte tatsächlich Hand und Fuß – stimme mit Gott überein, dann erhältst du Vergebung. In dem Augenblick, in dem du deinen Glauben auf Christus und sein vollbrachtes Erlösungswerk setzt, wird seine Vergebung – die schon die ganze Zeit da war – für dich real. In ihm haben wir die Vergebung der Sünden (Epheser 1,7). Du kannst in Christus nicht ohne Vergebung bleiben – genauso wenig wie du im Meer trocken bleiben kannst.

Wie können wir es vermasseln?

Es gibt zwei Möglichkeiten, das falsch zu verstehen: 1. Den Menschen zu erzählen, sie müssten etwas tun, bevor Gott ihnen vergibt – das nennt sich Gesetz und ist ein Gnadenkiller. Oder 2. Den Sündern zu sagen, dass weil ihnen vergeben wurde, sie auch errettet wären – das nennt sich Universalismus und ist tödlich für den Glauben. Leider lassen manche den einen Irrtum hinter sich, nur um sich gleich darauf kopfüber in den nächsten zu stürzen. Ich sage es hier ganz deutlich: Vergebung ist nicht gleich Errettung. Obwohl Christus die Sünden der Welt ans Kreuz getragen hat, ist nicht jeder errettet.

Vergebung ist eine Manifestation von Gnade. Gnade wurde gegeben. Gnade liegt auf dem Tisch. Aber nicht jeder nimmt sie sich auch. Errettung ist nicht die Abwesenheit von Sünde; Errettung besteht im Annehmen der Gnade Gottes.[20]

Manche haben mich gefragt:»Wenn wir Vergebung als Teil des vollbrachten Erlösungswerkes Christi predigen, besteht dann nicht die Gefahr, unter den Verlorenen Gleichgültigkeit und Interesselosigkeit zu fördern?« Ja, diese Gefahr besteht, aber sie ist weit größer, wenn wir keine Vergebung predigen.

Das Gegenteil von Vergebung oder Schuldenerlass ist das Aufrechterhalten von Sünde (Johannes 20,23). Obwohl am Kreuz die Sünden der Welt weggenommen wurden, bleiben viele Menschen durch ihre Verletzungen und durch Unversöhnlichkeit an die Sünde gebunden. Sie können die Sünden der Menschen, die sie verletzt haben, nicht loslassen. Andere können ihre eigenen Sünden nicht loslassen und sich selbst nicht vergeben. Sie schlagen da, wo sie es vermasselt haben, ihr Zelt auf; die Fotoalben ihres Verstandes sind voll mit früheren Verletzungen. Wer von der Sünde verletzt wurde, mag sich der Religion zuwenden, damit sie ihm Trost spendet; aber Religion ohne Gnade macht alles nur noch schlimmer.

Erst heute Morgen habe ich von einem jungen Mann gehört, dessen Freund sich umgebracht hat. Er konnte die Schuldgefühle nicht mehr ertragen, die die Religion ihm auferlegt hatte. Das ist äußerst tragisch, aber es sollte uns nicht überraschen. Die Bibel zeigt uns immer wieder, dass jede aus Regeln bestehende Religion am Ende all denjenigen den Tod bringt, die versuchen danach zu leben.[21] Gnadenlose Religion bringt die Menschen um.

Das Einzige, das Menschen aus dem Griff der Sünde befreien kann, ist eine Offenbarung der Gnade Gottes. Darum ist es äußerst wichtig, dass wir Jesus und dem Beispiel der Apostel folgen und das Geschenk der Vergebung verkünden. Für manche Menschen geht es buchstäblich um Leben und Tod. Sie sterben, weil sie keine Vergebung haben. Die gute Nachricht ist, dass Vergebung mächtig ist. Sie heilt, stellt wieder her, befreit und versöhnt. Vergebung rettet Leben.

Das Letzte, was diese Welt braucht, ist noch ein Sünden-Sammler auf der Kanzel. Stattdessen müssen die Menschen unbedingt die gute Nachricht hören. Man muss ihnen sagen, dass ihre Sünden vergeben sind, und das zu tun ist unsere Verantwortung. Eigentlich ist das unser Vorrecht – nämlich das Evangelium zu verkündigen.

Der Dienst der Versöhnung verkündet den Menschen nicht, ein eingeschnappter Gott warte darauf, dass wir mit einem Strauß Reue-Blumen und einer Schachtel Beicht-Pralinen sein beleidigtes Ego beschwichtigen. Der Dienst der Versöhnung ist die Begeisterung darüber, die glückliche, fröhliche Botschaft zu verkündigen – dass Gott sie liebt, dass er ihnen sein Gesicht zugewandt hat und ihnen keine Vorhaltungen macht.

Wer sind wir?

In 1. Johannes 1,9 gibt es zwei Stolperfallen. Die erste kommt daher, dass wir das Wort »bekennen« falsch verstehen, die zweite von Johannes' verschwenderischem Umgang mit dem Wörtchen »wir«. Johannes sagt, *wir* müssen bekennen und *wir* müssen von aller Ungerechtigkeit gereinigt werden. Aber wer ist *wir*? Wir? Sie? Wir alle? *Wer denn nun?*

Lies 1. Johannes 1,9 im Zusammenhang und du wirst feststellen, dass Johannes an Menschen schreibt, die die Wahrheit nicht in sich haben, die in der Finsternis wandeln und die von aller Sünde gereinigt werden müssen. Da ein Kind Gottes per Definition jemand ist, der die Wahrheit in sich hat, im Licht wandelt und von aller Sünde gereinigt wurde, kann sich Johannes hier nur auf Ungläubige beziehen. Wir können uns sogar doppelt sicher sein, dass Johannes hier nicht an Gläubige schreibt, denn er sagt, er schreibe, damit »*ihr* Gemeinschaft mit *uns* und dem Vater habt.« *Ihr* bedeutet nicht *uns*. *Ihr* müsst mit dem Leben Gottes verbunden werden, das in Jesus ist, und das von *uns* – dem Leib Christi – verkündigt wird.²²

Aber mit diesen teilweise Ungläubigen gibt es ein Problem: Sie erkennen nicht, dass sie Gnade brauchen. Sie sind der Meinung, sie seien ohne Sünde. Mit anderen Worten, sie sind im Endstadium der Selbstgerechtigkeit und sehen sich selbst nicht als Sünder, die einen Retter brauchen. Wir können besser verstehen, was Johannes diesen Menschen sagt, wenn wir uns zuerst eine kleine Geschichte anhören.

Harte Liebe für Säufer und Sünder

Brennan Manning erzählt eine Geschichte von einem neuen Patienten in einer Reha-Klinik für Alkoholiker. Dieser Patient, Max, machte auf die Gruppe den Eindruck eines gesunden und ehrwürdigen Mitbürgers. Als Max von dem Therapeuten über seine Trinkgewohnheiten ausgefragt wurde, beschrieb er sein Verhalten so, als hätte er keine Probleme mit Alkohol. Der Therapeut war davon nicht überzeugt. »Sie sind ein Lügner!«, rief er. »Sie saufen wie ein Loch.« Max grinste und weigerte sich, klein beizugeben. Er war überzeugt, dass sein Trinkverhalten im Rahmen war. Er brauchte sich nicht zu schämen.

Der Therapeut griff zum Telefonhörer und rief den Barkeeper von Max' Stammkneipe an. Es stellte sich heraus, dass Max erheblich mehr trank, als er vorgab. Max geriet außer sich vor Wut. Er verfluchte den Barkeeper und spuckte auf den Teppich. Endlich erlangte Max seine Fassung wieder und meinte dann, er sei zu Recht wütend geworden. Selbst Jesus hätte ja die Beherrschung verloren.

Der Therapeut setzte ihm weiter zu. »Warst du jemals unfreundlich zu einem deiner Kinder?« Max erinnerte sich tatsächlich an eine Unannehmlichkeit mit seiner neunjährigen Tochter, aber nicht mehr an die Einzelheiten. Der Therapeut rief Max' Frau an und sie erzählte ihm die Geschichte.

Max war mit seiner Tochter ein Weihnachtsgeschenk kaufen gegangen und hatte auf dem Weg nach Hause bei einer Kneipe angehalten, um etwas zu trinken. Er sperrte seine Tochter ins Auto und versprach ihr, gleich wieder da zu sein. Es war sehr kalt an jenem Tag, also ließ er den Motor laufen. Um Mitternacht kam Max betrunken herausgetorkelt. Der Motor war ausgegangen und die Autofenster waren zugefroren. Seine Tochter hatte schwere Erfrierungen. Die Ärzte mussten ihr sogar zwei ihrer Finger amputieren. Sie sagten, sie würde für den Rest ihres Lebens taub bleiben.

Als Max mit dem Grauen seiner eigenen Sünde konfrontiert wurde, bekam seine Maske selbstgefertigter Ehrbarkeit Risse und er brach zusammen. Hysterisch schluchzend lag er am Boden. Der Therapeut setzte seinen Fuß gegen Max' Brustkorb und rollte ihn damit auf den Rücken. »Sie unsäglicher Dreck!«, brüllte der Therapeut. »Verschwinden Sie, sonst muss ich mich übergeben. Ich mache keine Reha für Lügner!«[23]

Manning will hier deutlich machen, dass man im Umgang mit lügenden Alkoholikern harte Liebe braucht. »Um den Gefangenen zu befreien, muss man die Gefangenschaft beim Namen nennen.« Bevor man Max helfen konnte, musste er erst einmal einsehen, dass er Hilfe brauchte.

Dasselbe gilt auch für Sünder. Wenn du nicht glaubst, dass Sünde ein ernsthaftes Problem ist, dann wirst du auch die Gnade Gottes nicht zu schätzen wissen. Seine Vergebung wird dir gleichgültig sein und du wirst Gnade als Freibrief zum Sündigen missbrauchen.

Es ist nicht schwer, in der Gemeinde solche »anständigen« Sünder zu finden. Wie Max kommen sie mit ihrer Maske geheuchelter Frömmigkeit herein und ziehen eine gute Show ab. Sie leiten Hauskreise und arbeiten fleißig ehrenamtlich mit. Sie haben eine tolle Geschichte zu erzählen und machen einen guten Eindruck. Aber in ihrem Inneren sind sie voller Totengebeine.

Der Therapeut Johannes ließ sich nicht vom äußeren Schein täuschen. Im Bewusstsein, dass sein Brief ein weitaus größeres Publikum ansprechen würde, sprach er klar und deutlich zu allen Mäxen dieser Welt:

Deshalb lügen wir, wenn wir sagen, dass wir mit Gott Gemeinschaft haben, aber weiter in der Finsternis leben. Wenn wir das tun, leben wir nicht in der Wahrheit ... Wenn wir sagen, wir seien ohne Schuld, betrügen wir uns selbst und die Wahrheit ist nicht in uns. (1. Johannes 1,6+8)

Mit anderen Worten: »Ihr Sünder, die ihr von euch denkt, ihr wärt die tollsten Typen, und nicht glaubt, dass ihr rettungsbedürftige Sünder seid, ihr seid unsäglicher Dreck! Verschwindet, sonst muss ich mich übergeben. Ich leite keine Gemeinde für Lügner!«[24]

Ich wiederhole noch einmal: Johannes spricht hier nicht zu den Kindern Gottes. Am Anfang des nächsten Kapitels verändert sich sein Tonfall völlig, wenn er die Christen als »meine lieben Kinder« (NGÜ) bezeichnet. In diesem Abschnitt stellt Johannes religiöse Exzentriker zur Rede, die die Gemeinde mit ihrer gnaden- und kreuzlosen Irrlehre unterwandert haben. Welche Botschaft hat Johannes für diese Betrüger und Schwindler?

Hör auf, Gott einen Lügner zu schimpfen und komm mit ihm überein – bekenne! –, dass du ein Sünder bist, der Vergebung braucht. Tu das, dann wird Gott treu und gerecht sein und dir deine Sünden vergeben. Und zwar nicht nur die Sünden, die du heute begangen hast, sondern auch die Sünden von gestern und die Sünden von morgen. Er wird dich wirklich von jeder Ungerechtigkeit reinigen.

Wie kann sich Johannes da so sicher sein? Weil Gott es in gewisser Hinsicht bereits getan hat.

Das Mittel gegen Verdammnis

Vielleicht kämpfst du gegen Sünde und bist vollgepackt mit ganzen Lkw-Ladungen von Schuldgefühlen. Vielleicht trägst du Scham wie einen Mantel mit dir herum. Die Lösung für dein Problem steht auf einem Berg – schon seit 2000 Jahren. Am Kreuz wurde Jesus zur Sühne für die Sünden der ganzen Welt (1. Johannes 2,2).

Sühne ist ein gewaltiges Wort – doch es bedeutet nur, dass Jesus Gottes Zorn über die Sünde abwendete, die in mir und in dir war, indem er unsere Sünde mit ans Kreuz nahm.

Sünde ist wie ein Blitzableiter: sie zieht den Zorn Gottes an. Im ganzen Alten Testament kam es immer wieder vor, dass irgendeine arme Seele oder ein ganzes Geschlecht, deren Sünde nicht mehr ignoriert werden konnte, vom Blitz des Gerichts getroffen wurde. Aber am Kreuz nahm Jesus die Sünde der Welt auf sich und richtete sie mit einem einzigen mächtigen Schlag. Er bezahlte den äußersten Preis, damit wir in völliger Vergebung und Freiheit leben können.

Deine Sünden wurden aus der Welt geschafft. Sie wurden ausgelöscht, beseitigt, gestrichen und getilgt. Sie wurden förmlich vom Blitz getroffen und sind dabei verkohlt. Das sollte dich glücklich machen:

Glücklich ist der, dessen Ungehorsam vergeben und dessen Schuld zugedeckt ist. Glücklich ist der, dem der Herr die Sünden nicht mehr anrechnet. (Römer 4,7-8)

Und doch sind viele nicht glücklich. Sie sind schuldgeplagt und unfähig, sich selbst oder anderen zu vergeben, weil sie den Blitzableiter des Kreuzes nicht sehen können. Sie haben noch nicht die überwältigende Nachricht gehört, dass das Opfer Jesu die einmalige und endgültige Lösung für ihre Sünde ist. Stattdessen werden sie dazu verleitet zu glauben, Gott sei zornig auf sie, er führe Buch und sammle Beweismaterial gegen sie. Man hat ihnen, statt der echten Vergebung von Golgatha, eine billige Vergebungsfälschung angedreht, die geradewegs vom Berg Sinai kommt.

Wenn Gottes Liebe bedingungslos ist, dann muss auch seine Vergebung bedingungslos sein. Und das ist sie auch! Seine Vergebung wird nicht in Rationen ausgeteilt, die im direkten Verhältnis zu unseren Werken der Buße oder unseres Sündenbekennens stehen. Sie wird über uns ausgeschüttet gemäß dem Reichtum seiner Gnade (Epheser 1,7). Du musst dir nur Jesus anschauen, dann weißt du, dass das stimmt.

Während seiner Zeit auf der Erde ging Jesus umher und vergab Menschen, die weder ihre Sünden bekannten noch Buße taten – und als er am Kreuz hing, vergab er denen, die ihn dorthin gehängt hatten. Der Sohn Gottes tat das alles, damit wir uns ein Bild davon machen können, wie echte Vergebung aussieht. Vergebung sieht aus wie Liebe.

Du musst Gottes Vergebung genauso behandeln wie seine Liebe – als Geschenk, das von A bis Z aus Glauben empfangen wird. Du musst dich nicht selbst geißeln um sie zu bekommen; du musst nur ans Kreuz schauen und sagen: »Danke, Jesus.«

»Aber kann ich seine Vergebung denn nicht verlieren, wenn ich weiter sündige? Was ist denn mit der Sünde, die ich heute Morgen begangen habe?« Auch diese Sünde wurde wie alle anderen am Kreuz aus der Welt geschafft. Sie wurde nicht als schwarzer Fleck neben deinem Namen festgehalten, denn Gott lastet uns unsere Sünde nicht an.[25] Buchführung ist typisch menschlich, aber nicht typisch für Gott. Gott ist Liebe und die Liebe rechnet das Böse nicht zu. Wenn du ihn zu deiner Sünde von heute Morgen befragen würdest, würde er sagen: »Welche Sünde? Ich habe mir nichts dazu aufgeschrieben. Hör auf, danach zu suchen, und schau auf Jesus.«

Wenn du mit Schuld und Verdammnis zu kämpfen hast, dann achte auf die Worte Jesu und rufe über dir seine Vergebung aus. Schau dich im Spiegel an und bekenne, dass wahr ist, was die Bibel über dich sagt.

Ich bin erlöst durch des Lammes Blut. Ich bin erlöst durch des Lammes Blut. Ich bin erlöst durch des Lammes Blut, Jesus mein Herr, starb mir zugut, denn er wusch meine Sünden weg. Ich bin erlöst.[26]

Dann nimm diese schuldbewussten und verdammenden Gedanken und lass sie sich beugen vor dem, der deine Sünden wegnahm und sein Blut vergoss, um dir ewige Vergebung zu erkaufen.

Das Evangelium der Vergebung

Die Worte von Jesus und Johannes wurden aus dem Zusammenhang gerissen und verdreht. Und dann wurden sie benutzt, um Verwirrung zu stiften und Unsicherheit zu verbreiten. Im fruchtlosen Bemühen um ein Geschenk haben wir unsere Zeit verschwendet und versucht, unsere Sünden durch die Kraft des Fleisches in den Griff zu bekommen. Anstatt mit der guten Nachricht der Gnade auf die Straßen und Gassen hinauszugehen, haben wir uns abgesondert, um unsere Herzen zu prüfen und uns um uns selbst zu drehen. Aus der Perspektive des Teufels war das ein phänomenal erfolgreiches Ablenkungsmanöver.

Wenn wir der Vergebung hinterherrennen, ist das, als wollten wir Luft kaufen. Luft kostet nichts! Gott hat uns bereits so viel Luft gegeben, wie wir je brauchen werden. Wir müssen sie nur einatmen. Genauso ist es mit der Vergebung. Um Vergebung müssen wir uns nicht bemühen, wir müssen sie nur haben – und in Christus haben wir sie.

Das Evangelium ist keine Einladung zum In-sich-gehen und Fehlerfinden. Das Evangelium ist die nachdrückliche Erklärung, dass du durch das Blut des Lammes vollständige und ewige Vergebung hast.

3
GERETTET

Nur durch die Gnade Gottes
seid ihr gerettet worden.
(Epheser 2,5)

Das Wort »gerettet« hat auf Menschen eine merkwürdige Wirkung. So mancher stößt sich daran. Ich habe schon Kirchgänger erlebt, die mich zurechtwiesen, weil ich zufällig erwähnte, dass einige errettet sind und andere nicht. Offensichtlich ist es politisch nicht korrekt, das zu sagen. Andere finden das Wort wenig aussagekräftig und glauben, »wir sind doch alle errettet« oder »keiner von uns ist schon gerettet« oder »wir sind schon errettet und Errettung ist ein ständiger Prozess«. Wieder andere behandeln das Wort als eine Aufforderung sich sozusagen im Rettungsboot zu verstecken und nichts zu tun, obwohl der Rest der Welt den Bach runtergeht. »Danke, Gott, ich bin gerettet. Jetzt setze ich mich ganz dicht neben dich, bis Jesus wiederkommt.«

Jeder Christ denkt, dass er das Evangelium der Errettung kennt. »Klar, ich war verloren und jetzt bin ich gerettet.« Egal wie man Errettung definiert, für die meisten Christen ist es eine klare Sache, dass sie auf Gnade beruht. »Ich bin gerettet allein durch Gnade. Meine Werke haben dazu nichts beigesteuert.« Diese groben Pinselstriche ergeben ein nettes Bild. Aber der Teufel steckt im Detail.

Ich fange mal mit einer sehr direkten Frage an: Bist du errettet? In diesem Zeitalter der politischen Korrektheit finden manche diese Frage beleidigend, weil sie zu einer Trennung zwischen den Richtigen (den Geretteten) und den Falschen (den Nicht-Geretteten) führt. Sicherlich ist es gnadenlos, solche Trennlinien zu ziehen, und keiner mag es, wenn man ihm sagt, er sei auf der falschen Seite – oder schlimmer noch, er sei von der falschen Sorte Mensch. Aber die traurige Tatsache ist, dass die Welt ein Hospiz ist, ein Heim für Sterbenskranke. Es macht keinen Unterschied, wie gut oder moralisch einwandfrei du bist, das Endergebnis ist für alle gleich. Alle können die Herrlichkeit Gottes nicht erlangen und der Lohn der Sünde ist der Tod.[27] In gewisser Weise gehören wir alle zu der falschen Sorte Mensch. Aber die gute Nachricht lautet, dass das nicht mehr sein muss. Die Sünde hat nicht mehr das letzte Wort über unsere Situation.

Das Evangelium ist die fröhliche und freudige Botschaft, dass in diesem Hospiz ein Retter arbeitet, der den Sterbenskranken ewiges Leben gibt. Seine Heilungsquote liegt bei 100 % und er wird voller Freude jeden behandeln, der sich behandeln lassen will. Wo liegt der Haken? Es gibt keinen. Die Behandlung ist völlig kostenlos; sie kostet dich keinen Cent.[28] Und das Beste ist, dass dieser Retter sein Handwerk so gut versteht, dass er die schlimmsten, kränksten und hoffnungslosesten Fälle auf der Station wiederbeleben kann. Keiner ist so gut wie er.

Schäme dich also niemals, vor anderen Menschen unseren Herrn zu bezeugen. Und schäme dich auch nicht für mich, obwohl ich für Christus im Gefängnis bin. Sei vielmehr durch die Kraft, die Gott dir gibt, bereit, gemeinsam mit mir für die Verbreitung der guten Botschaft zu leiden. Gott hat uns erlöst und berufen ... (2. Timotheus 1,8-9)

Es hat schon immer Widerstand gegen das Evangelium der Rettung gegeben, aber Leben zu retten ist keine Schande. Paulus sagte zu Timotheus: »Gott hat uns erlöst.« Mit anderen Worten heißt das, dass bei uns alles klar ist, aber bei den anderen nicht. Sie sind nicht gerettet, nicht erlöst. Sie haben es noch nicht gehört. Sie müssen es unbedingt hören. Also, hilf mir, Timotheus, und schäme dich niemals, den Menschen die gute Nachricht von Dr. Jesus zu erzählen.

Das rettende Evangelium

Paulus war ein hochgebildeter Mann, der sich normalerweise in sehr gehobenen Kreisen bewegte. Aber als er begann, das Evangelium der Rettung zu predigen, war seine Botschaft für die Juden eine Beleidigung und für die Heiden eine Torheit. Sie war zu simpel für sie. Sie konnten einfach nicht begreifen, dass ein Mensch, der aus dem Himmel kam, starb und wieder auferstand, um uns von dem Fluch der Sünde und des Todes zu erretten. Doch trotz des heftigen Widerstands, der ihm manchmal entgegenschlug, war Paulus entschlossen. Er änderte seine Melodie nie. Er blieb beim Evangelium, weil es die einzige Botschaft war, die die Sterbenden retten konnte.

Denn ich schäme mich nicht für die gute Botschaft von Christus. Diese Botschaft ist die Kraft Gottes, die jeden rettet, der glaubt – die Juden zuerst, aber auch alle anderen Menschen. (Römer 1,16)

Paulus blieb dabei, dass es nur ein Evangelium gibt, das Menschen retten kann und das war sein Evangelium. Es ist »*das* Evangelium …, durch das ihr auch gerettet werdet« (1. Korinther 15,1-2 SLT). Er sagte, andere Botschaften seien verdrehte Evangelien und keine gute Nachricht. Wer sie predigte, könne in der Hölle landen, denn genau dahin würde ihr falsches Evangelium sie bringen.[29]

Paulus wollte niemanden wirklich in die Hölle verdammen und er hatte kein Interesse daran, die Menschen in zwei Gruppen einzuteilen. »Nun gibt es nicht mehr Juden oder Nichtjuden, Sklaven oder Freie, Männer oder Frauen. Denn ihr seid alle gleich – ihr seid eins in Jesus Christus« (Galater 3,28). Aber er verstand, dass die Menschen sich selbst abgrenzen, je nach Reaktion auf die Wahrheit.

Die Wahrheit ist von Natur aus trennend. Jesus ist die Wahrheit in Person und er sagte, dass er gekommen sei, »um den Sohn gegen seinen Vater aufzubringen, die Tochter gegen ihre Mutter und die Schwiegertochter gegen ihre Schwiegermutter. Eure erbittertsten Feinde werdet ihr in der eigenen Familie finden« (Matthäus 10,35-36). Nicht dass Jesus gekommen wäre, um Familien zu spalten; er kam, um sie zu retten. Aber nicht jeder will gerettet werden. Manchmal wollen Väter etwas anderes als ihre Söhne. Das Evangelium ist die Kraft Gottes zur Rettung für jeden, der glaubt, aber nicht jeder glaubt. Auch wenn es seltsam scheinen mag, nicht jeder vertraut dem Arzt mit der hundertprozentigen Heilungsquote:

Ich versichere euch: Wer an mich glaubt, hat schon das ewige Leben. (Johannes 6,47)

Bist du gerettet? Das hängt nur von deiner Reaktion auf den Retter ab und ob du seiner Gnade vertraust.

Weil Gott so gnädig ist, hat er euch durch den Glauben gerettet. Und das ist nicht euer eigenes Verdienst; es ist ein Geschenk Gottes. (Epheser 2,8)

Die Gnade Gottes ist wertlos, wenn du ihr keinen Glauben schenkst (Hebräer 4,3). Gnade kann alle erretten, aber verschmähte Gnade rettet keinen. Dr. Jesus zwingt den Unwilligen keine Rettung auf. So ist es mit jedem anderen Geschenk auch, man muss es haben wollen, um es zu empfangen.

Glaube ist also notwendig, aber man sollte ihn auch nicht überbewerten. Christen neigen manchmal dazu, sich Sorgen zu machen, sie hätten nicht genug Glauben – als wäre der Glaube etwas, das sie selbst produzieren müssten. Das stimmt aber nicht. Jesus ist der Ursprung des Glaubens. Unser Glaube wird geweckt, wenn wir sehen und hören, wer Jesus ist und was er getan hat (Römer 10,17). Eine Offenbarung von Gottes bedingungsloser Liebe drängt uns, ihm zu glauben.

Glaube bedeutet nicht, dass wir es machen. Aber Glaube zwingt Gott auch nicht zum Handeln, als wäre er ein Flaschengeist. Was ist Glaube? Glaube ist einfach eine positive Reaktion auf etwas, das Gott gesagt oder getan hat. Und was hat Gott getan? Er hat Jesus von den Toten auferweckt und damit bewiesen, dass alle Ansprüche, die die Sünde auf unser Leben hatte, völlig erfüllt wurden und Jesus wirklich die Erstlingsfrucht des neuen Lebens ist.

Der Schlüssel zu alldem ist die Auferstehung. Die Auferstehung ist der Beweis, dass Jesus der ist, der er zu sein behauptet, und dass er das tun kann, was er sagt. Die Auferstehung beweist, dass der Retter die Macht des Todes gebrochen hat und allen neues Leben geben kann, die es haben wollen. Ein toter Retter rettet niemanden.

Glaube bedeutet einfach, dass wir Jesus vertrauen. Wenn du nicht glaubst, dass Jesus der auferstandene Herr ist, dann wird dir die Tatsache seiner Auferstehung nichts nützen. Wie denn auch?

Ist jeder gerettet?

Heutzutage wird nur zu oft gelehrt, am Kreuz sei die ganze Welt gerettet worden und Jesus sei nicht stellvertretend für die Menschheit, sondern als die Menschheit selbst gestorben. Wer diese Botschaft predigt, fragt typischerweise: »Jesus kam, um die Welt zu retten – sollte er etwa versagt haben?«

Ich bin sicher, Jesus hat alles erfüllt, wozu er gekommen ist, und doch ist nicht jeder errettet. Wenn das nämlich der Fall wäre, warum hätten die Apostel dann noch ihr Leben aufs Spiel gesetzt um zu predigen, dass *wir gerettet werden müssen*? Warum haben sie dann Briefe geschrieben, in denen es darum geht, dass Gott *möchte, dass wir gerettet werden* und dass er den Menschen überall befiehlt, umzukehren und an den Namen seines Sohnes zu glauben, *um gerettet zu werden*? Und warum sollte der auferstandene Herr uns dann den Auftrag gegeben haben, der gesamten Schöpfung die gute Nachricht zu predigen, damit jeder, der glaubt, *gerettet wird*?[30]

Die heilbringende Gnade Gottes ist allen Menschen erschienen (Titus 2,11), aber nicht alle nehmen sie auch an. Folglich sind auch nicht alle gerettet. Jesus sagte: »Ja, ich bin das Tor. Wer durch mich hineingeht, wird gerettet werden ...« (Johannes 10,9). An den Retter zu glauben ist die Voraussetzung für unsere Rettung (Apostelgeschichte 16,31). Es ist nichts falsch daran, Christen zu sagen, dass sie gerettet sind – und es ist auch nicht verkehrt, den Nichtchristen zu sagen, dass sie gerettet werden können. Christen brauchen die Gewissheit und Nichtchristen müssen die gute Nachricht hören.

Als junger Christ hatte ich keine Heilsgewissheit. Voller Zweifel übergab ich Jesus immer wieder mein Leben, über einen Zeitraum von etwa drei Jahren hinweg. Mein Problem war, dass ich glaubte, meine Rettung würde auf meinen Werken beruhen. Das ist eine untragbare Last. *Was ist, wenn ich etwas falsch gemacht habe? Von diesem einen Gebet soll so viel abhängen – wie kann ich sicher sein, dass ich alles richtig gemacht habe? Das ist unmöglich. Also mache ich es besser noch mal.* Ich hätte jemanden gebraucht, der mir die gute Nachricht von *seiner* Rettung erzählt. »Wer den Namen des Herrn anruft, wird gerettet werden.«[31]

Wenn du ihn angerufen hast, bist du gerettet. Ruhe darin.

Aus der Gnade gefallen

Die meisten Christen sind vernünftig genug, das Evangelium von der Rettung anzunehmen. Sie haben genug über Gnade gehört, um zu wissen, dass sie sie brauchen, um gerettet zu werden. Sie sehen Jesus in dem großen Bild der Rettung. Aber der Teufel steckt im Detail, und das wird nur zu oft übersehen.

Diese Details gehen normalerweise aus dem Mund von Evangelisten hervor, die versuchen, das außergewöhnliche Geschenk der Gnade zu einem niedrigen Preis zu verkaufen. »Du musst nur von deinen bösen Wegen umkehren … nur deine Sünden bekennen … nur diese Kleinigkeit für Jesus tun.« Auf den ersten Blick scheint alles so vernünftig. Wer würde nicht umkehren oder seine Sünden bekennen oder auf einer Gänseblümchenwiese Rad schlagen wollen, wenn er von der Macht einer so großen Zuneigung gepackt wird? Versteh mich nicht falsch; ich bin nicht dagegen. Aber wenn man sagt, dass man diese Dinge tun muss, um gerettet zu werden, bewegt man sich auf dem dünnen Eis des Teufels. Schau mal, was als Nächstes kommt!

Jeder, der auf die Einladung des Evangelisten reagiert, erhält eine nur unwesentlich längere Liste von Dingen, die er zu tun hat: »Als Christ musst du jetzt deine Bibel lesen und jeden Tag beten, Mitglied einer Gemeinde werden und anderen von Jesus erzählen.« Der Neubekehrte ist eifrig, er möchte dem Herrn gefallen. Also liest er seine Bibel – und was findet er dort? Noch mehr Dinge, die er tun, und Regeln, die er befolgen soll. In seiner neuen Gemeinde besucht er das Treffen für neue Mitglieder – und was bekommt er dort? Noch mehr Regeln und noch mehr Erwartungen.

Du wirst es nicht glauben, aber es hört nie auf.

Es dauert nicht lange und aus der kurzen Liste wird eine lange und plötzlich ist es Schwerstarbeit Jesus nachzufolgen. Je mehr er über das Christsein lernt, je mehr findet er heraus, was er noch alles tun muss:

Hier sind drei Schlüssel, wie du der Versuchung widerstehst, fünf Schritte, um die Sünde zu besiegen und acht weitere, um im Sieg zu leben. Vergiss nicht, nach den geistlichen Tugenden zu trachten, geh zum Frühgebet und zur Mitternachtsmesse. Bitte unterstütze diese achtzehn Ziele, sie sind es wert, nimm an unserer neuesten Schulung teil und wenn du schon dabei bist, was hältst du davon, uns freitags und sonntags in der Jugendgruppe zu helfen? Samstags erwarten wir, dass du uns beim Gemeindeputz hilfst und wir hoffen, dass du auch deinen Urlaub opferst, um beim Neubau unseres Gemeindezentrums mitzuhelfen.

Dem Neubekehrten wurde erzählt, dass Jesus ihn freimachen würde, aber er fühlt sich überhaupt nicht frei. Er fühlt sich wie eine Arbeiterameise, die für das Wohl der ganzen Kolonie schuftet.

Um die Arbeiterameise motiviert zu halten, liefern die höheren Tiere einen nicht enden wollenden Strom von begeisterndem Zuspruch: »Lieber möchte ich Torhüter im Haus meines Gottes sein, als in den Häusern der Bösen zu wohnen.« Um zusätzliche Aktivität herauszuschinden, schwingen sie auch schon mal die Peitsche der Schuldgefühle: »Sieh mal, wie viel Jesus für dich getan hat. Und was tust du für ihn?« Ganz gleich, welche Sache sie voranbringen wollen, sie manipulieren Gefühle, geben vor, an Gottes Stelle zu sprechen und beschämen alle, die die Leistung nicht erbringen.

Und wenn die Arbeiterameise am Ende unter der nicht gottgewollten Last der Werke zusammenbricht, schießen sie sie ab und schleudern ihren geschundenen Körper aus dem Ameisenhaufen. »Wer nicht arbeitet, soll auch nicht essen.« Die Gnade stirbt und der Teufel trägt den Sieg davon.

Es ist eine Lüge, dass du deine Rettung durch Werke beweisen musst – dass Glaube ohne eigene Anstrengung tot ist. Wenn du diese Lüge schluckst, dann bist du genauso schlimm aus der Gnade gefallen wie die Galater. Aus der Gnade zu fallen bedeutet nicht, in Sünde zu fallen oder nicht mehr zum Reich Gottes zu gehören.[32] Aus der Gnade gefallen bedeutet, dass du dich anstrengst statt zu vertrauen. Anstatt in Jesu Werk zu ruhen, versuchst du mit deinen eigenen Werken zu punkten. Gleichgültig, ob du dich anstrengst, gerecht zu sein oder heilig oder was auch immer, es funktioniert einfach nicht. Gnade kann man nicht verdienen. Gott vergibt keine Punkte.

Im Glauben bleiben

Das Evangelium deiner Rettung wurde mit dem wertvollsten Gut der Welt unterschrieben, dem Blut des Lammes. Jesus hat für deine Erlösung einen hohen Preis bezahlt. Was ist das Problem, wenn man dich bittet, etwas für Jesus zu tun? Dass du dich auf deine Werke verlässt, anstatt in dem zu ruhen, was Jesus getan hat. »Ich habe mich von der Sünde abgewendet, darum muss ich ja errettet sein. Ich gehe dem Bösen aus dem Weg und tue Gutes, darum muss ich *wirklich* gerettet sein.« Nein, nein und nochmals nein! Das ist alttestamentliches Denken. Das bedeutet, den Glauben an das, was Jesus getan hat, mit dem zu vermischen, was du getan hast. Gnade bleibt außen vor. Jesus hat nicht nur das meiste getan; er hat alles getan. Verlass dich auf ihn allein.

Er rettete uns, nicht wegen unserer guten Taten, sondern aufgrund seiner Barmherzigkeit. (Titus 3,5a)

Jesus ist der Anfänger *und* der Vollender. Er macht nicht nur den Anfang mit dir; er bringt auch zu Ende, was er begonnen hat. Das ist der Grund, warum altbewährte Christen das Evangelium genauso nötig haben wie junge Sünder. Gnade ist für jeden da. Gnade rettet dich am Anfang und sie bringt dich durch bis zum Ende. Genau daran musste man die Christen von Kolossä erinnern:

Wie ihr nun Christus Jesus als euren Herrn angenommen habt, so lebt auch mit ihm und seid ihm gehorsam. Senkt eure Wurzeln tief in seinen Boden und schöpft aus ihm, dann werdet ihr im Glauben wachsen und in der Wahrheit, in der ihr unterwiesen wurdet, standfest werden. Und dann wird euer Leben überfließen von Dankbarkeit für alles, was er getan hat. (Kolosser 2,6-7)

Wie hast du Jesus angenommen? Durch Glauben. Wie solltest du mit ihm weiterleben? Durch Glauben. Vom Anfang bis zum Ende geht es nur um den Glauben an seine Gnade, die für alles genug ist.

Doch nun hat er euch wieder zu seinen Freunden gemacht. Durch seinen Tod am Kreuz in menschlicher Gestalt hat er euch mit sich versöhnt, um euch wieder in die Gegenwart Gottes zurückzuholen und euch heilig und makellos vor sich hinzustellen. Ihr müsst allerdings an dieser Wahrheit festhalten und euren Glauben bewahren. Weicht nicht von der Hoffnung ab, die euch geschenkt wurde, als ihr die Botschaft von Jesus Christus gehört habt. (Kolosser 1,22-23a)

Das klingt wie eine Bedingung, als wärst du gerettet, solange wie du »den Glauben bewahrst«. Das klingt, als könntest du deine Rettung verlieren. Doch wir werden im nächsten Kapitel sehen, dass das absolut unmöglich ist. Als du wiedergeboren wurdest, wurdest du etwas Neues; du wurdest in Christus hineinversetzt. Wenn wir untreu sind, bleibt er treu, denn er kann sich selbst nicht verleugnen (2. Timotheus 2,13). Wenn du einmal geboren bist, kannst du nicht wieder ungeboren werden.

Hier im Kolosserbrief spricht Paulus davon, dass wir aus der Gnade fallen und unter den Einfluss von fleischlicher Religion zurückkommen können. Er nennt das auch »irgendwelche Gedankengebäude und hochtrabenden Unsinn, die nicht von Christus kommen [und] nur auf menschlichem Denken beruhen und den bösen Mächten dieser Welt entspringen« (Kolosser 2,8). Er spricht von jeder Lehre, die mehr den Glauben an sich selbst fördert als den Glauben an Christus. Es ist doch nicht Gott, der es sich anders überlegt, sondern wir überlegen es uns anders. Wir können vom Vertrauen zum Anstrengen gelangen, vom Ruhen zum Abmühen. Wenn das geschieht, bleibt Gott so gnädig wie eh und je, aber wir erleben seine Gnade nicht mehr. Wir sind abgelenkt und, was uns anbelangt, von der Gnade abgeschnitten. Wir beginnen, unsere Identität anzuzweifeln, und hören auf, uns wie die Person zu verhalten, die wir wirklich sind.

Wie können wir verhindern, dass wir aus der Gnade fallen? Wie können wir im Glauben weiterleben? Wir dürfen nicht von der Hoffnung abweichen, die uns geschenkt wurde, als wir die Botschaft von Jesus Christus gehört haben. Wir müssen aufpassen, dass wir nicht von den falschen Hoffnungen verführt werden, die gnadenlose Religion uns anbietet.

Religion wird dir erzählen, dass du unvollkommen bist und dir etwas fehlt und dass du etwas tun musst, um zu bekommen, was du nicht hast. Aber das Evangelium, das Paulus predigte, lautet: »Ihr seid zur Fülle gebracht in ihm« (Kolosser 2,10 SLT). In Christus fehlt es dir an nichts. Religion sagt dir, dass Gott dir deine Sünden vielleicht vergibt, wenn du deine Karten richtig ausspielst und dich benimmst. Aber das Evangelium verkündet: »Er hat uns [bereits] alle unsere Schuld vergeben« (Kolosser 2,13). Religion sagt uns, dass Gott uns in Gnade begegnet, wenn wir gut sind, und durchs Gesetz, wenn wir sündigen. Aber das Evangelium sagt: »Er hat die Liste der Anklagen gegen uns gelöscht; er hat die Anklageschrift genommen und vernichtet, indem er sie ans Kreuz genagelt hat« (Kolosser 2,14). Gott begegnet uns nicht nur manchmal auf der Grundlage von Gnade, sondern immer. Er ändert sich nie.

Das himmlische Evangelium ist unendlich besser als jegliche irdische Religion. Menschengemachte Religion führt nur dazu, dass du an dich selbst glaubst, und das wäre dein sicheres Todesurteil. Aber die gute Nachricht der Gnade entfacht das Vertrauen in den Herrn, der bereits gesiegt hat und deswegen nicht scheitern kann. Warum sind Menschen, die das erkennen, so unendlich dankbar? Nicht weil sie gelernt haben, für Kleinigkeiten dankbar zu sein, für das Gras oder den Sonnenschein. Sondern weil Jesus so unschlagbar gut darin ist, uns zu retten:

Deshalb kann er auch für immer alle retten, die durch ihn zu Gott kommen. Er lebt ewig und wird vor Gott für sie eintreten. (Hebräer 7,25)

Jesus ist unser großer Erlöser und einziger Retter. Er stillt den Sturm und fordert uns auf, mit ihm auf den Wellen zu tanzen. Und das bringt uns schließlich zu den Rettungsbooten.

Versenkt die Rettungsboote

Das Rettungsboot-Evangelium ist die Vorstellung, dass es bei Errettung nur darum geht, nicht in die Hölle, sondern in den Himmel zu kommen. Doch das Problem bei diesem Evangelium ist, dass es ganze Generationen von Christen auf die Ersatzbank verbannte – es brachte ihnen bei, die Erde sei nur das Wartezimmer für die Ewigkeit.

Weil Christen mit einer Rettungsboot-Mentalität Angst haben, zurückgelassen zu werden, sind sie aus dem Spiel ausgestiegen. Sie wollen mit dieser schmutzigen Welt nichts mehr zu tun haben – aus Furcht, sich am Ende doch noch in ihr zu verstricken. »Vergiss die Kunst, vergiss die Politik, vergiss die Wissenschaft. Diese Welt ist sowieso dazu bestimmt, verbrannt zu werden, also was soll's.«

Rettungsboot-Christen sind passive Christen. Doch ihre Passivität ist in Wirklichkeit Unglaube und hat zur Folge, dass sie regelmäßig von den Lebensumständen plattgewalzt werden. Wenn das geschieht, bestärkt sie das nur in ihrem Glauben vom »sinkenden Schiff«, das man so schnell wie möglich verlassen sollte.[33]

Wenn wir ein Evangelium verkaufen, das die Rettung auf *später* verschiebt, berauben wir die Menschen der Vorteile einer *jetzigen* Rettung. Das Wort *sozo*, das in der Bibel meistens mit »retten« übersetzt wird, bedeutet wörtlich befreien, schützen, heilen, bewahren und heil machen.[34] Es umfasst nicht nur Rettung in der Ewigkeit, sondern Heilung, Befreiung und Wohlergehen heute.

Als Gott die Erde erschuf, war alles gut. Es gab keine Krankheit, Unterdrückung oder Armut. Dieses ganze üble Zeug kam erst später, als Folge der Sünde. Wenn das Opfer des Retters das Mittel ist, das ein für alle Mal gegen Sünde wirkt, dann ist seine Rettung sicher das Mittel für all die Folgen der Sünde, denn ansonsten wäre sein Erlösungswerk nicht vollbracht.

Während seiner Zeit auf der Erde offenbarte Jesus das Evangelium des Heils durch Zeichen und Wunder. Als er die Kranken heilte, *sozo*-te er sie, er machte sie heil. Gerettet werden heißt wörtlich heil gemacht werden. Jesus sagte, dass alle, die ihm nachfolgen, dasselbe tun würden wie er. Das sagte er nicht, um uns unter Druck zu bringen – denk daran, wir sind unter der Gnade – sondern um dich und mich zu einem Leben in Fülle zu rufen, das uns rechtmäßig zusteht. Wir, die wir gerettet sind für die Ewigkeit, wurden im Hospiz zurückgelassen, um den Kranken und Sterbenden seine Heilskraft zu erweisen. Rettung ist nicht für das ferne Jenseits gedacht, sondern für jetzt. Heute ist der Tag des Heils; jetzt ist die angenehme Zeit.

Darum, meine Geliebten, wie ihr allezeit gehorsam gewesen seid, nicht allein in meiner Gegenwart, sondern jetzt noch viel mehr in meiner Abwesenheit, verwirklicht eure Rettung mit Furcht und Zittern; denn Gott ist es, der in euch sowohl das Wollen als auch das Vollbringen wirkt nach seinem Wohlgefallen. (Philipper 2,12-13 SLT)

Als du das erste Mal deinen Glauben auf Jesus gesetzt hast, bist du vom Tod zum Leben hindurchgedrungen. Das ewige Leben gehört dir bereits und du bist eins mit dem Herrn. Aber in diesem Leben treffen wir auf viele Herausforderungen. Verwirklicht eure Rettung – das bedeutet: Empfangt durch Glauben die Gnade, die ihr für jeden Tag braucht. Gott hat dir die Gabe der Rettung bereits gegeben – sie ist in dir –; jetzt mach sie für dich zu einer Wirklichkeit. Nimm diese Gabe und verändere mit ihr deine Umstände. Lerne auf das zu reagieren, was Gott gesagt und getan hat, anstatt nur auf ärztliche Diagnosen, Rechnungen und Probleme am Arbeitsplatz zu reagieren. Das bedeutet es, im Geist zu leben. Das heißt es, im Glauben zu wandeln und nicht im Schauen. Das heißt es, seiner Gnade zu vertrauen, die jeden Mangel, den du hast, ausfüllt.

Furcht und Zittern

Warum ermutigt Paulus uns, unsere Rettung mit Furcht und Zittern zu verwirklichen? Weil Glauben ein Risiko beinhaltet. Der Glaube läuft oft dem zuwider, was uns unsere Augen und Ohren mitteilen und darum zittern wir. Wenn der Doktor sagt, dass du nur noch eine Woche zu leben hast, werden deine Gefühle mit Furcht und Zittern reagieren. Du wirst dich danach ausstrecken müssen, inmitten deiner Schwierigkeiten in die Ruhe Gottes einzugehen. Aber Paulus sagt uns, wir sollen es trotzdem tun – trotz der Furcht unsere Augen auf Jesus richten –, »denn Gott ist es, der in euch ... wirkt«.

Paulus wusste, wovon er sprach, denn er kam nach Korinth »in Schwachheit und mit viel Furcht und Zittern« (1. Korinther 2,3 SLT). Paulus wusste nicht, was in dieser heidnischen Stadt auf ihn zukommen würde; aber er ging trotzdem dorthin. Trotz seiner Furcht – weil er dafür brannte, den Heiden das Licht des Evangeliums zu bringen. Und als er begann, Jesus Christus zu predigen – und zwar als gekreuzigt – erschien der Heilige Geist mit einer Erweisung übernatürlicher Kraft (s. 1. Korinther 2,1-5). So sieht eine Zusammenarbeit mit dem Herrn aus. Wir verwirklichen oder drücken das aus, was Gott in uns hineingelegt hat, und er bestätigt sein Wort durch Zeichen und Wunder.

Warum gehören Furcht und Zittern dazu? Wenn wir lernen, auf dem neuen Weg des Geistes zu gehen, kann das beängstigend sein. Wenn du das erste Mal einem Kranken anbietest, für ihn zu beten, kann das beängstigend sein. »Was ist, wenn er (oder sie) nicht geheilt wird?« *Was, wenn doch?* Aber wenn jemand sowieso schon krank ist, was hat man dann noch zu verlieren? Wenn du das erste Mal im Namen Jesu betest oder schreibst oder sprichst oder kopfstehst, ist es am schwierigsten. Aber du wirst nie erleben, wie begeisternd die Zusammenarbeit mit Christus ist, wenn du die Angst über deinen Glauben stellst.[35]

Die Frau, die zwölf Jahre lang an Blutfluss litt, riskierte viel, als sie sich nach Jesus ausstreckte. Da sie nach dem Gesetz als unrein galt, erwartete man von ihr, zu anderen Menschen Distanz zu wahren. Sich in einer Menschenmenge vorzudrängeln war nicht erlaubt, es war unanständig. Doch mit Furcht und Zittern riskierte sie alles, weil sie Heilung wollte und wusste, wo sie die bekommen konnte. Als sie den Saum seines Gewandes berührte, drehte Jesus sich zu ihr um und sagte:»Meine Tochter, hab keine Angst! Dein Glaube hat dich geheilt.«[36] Theoretisch war es nicht ihr Glaube, der sie heilte, sondern die Gnade Gottes. Aber da Gnade nur durch Glauben zu uns kommt, sagte es Jesus so. Wir haben durch Glauben Zugang zu seinen Gnadenvorräten.

Ich war schon in Versammlungen, in denen der Glaube in der Luft knisterte wie Elektrizität und Hunderte wurden geheilt. Und ich war auch schon in Situationen, in denen ich in einem Raum voller Skeptiker der Einzige war, der betete. Was meinst du, in welcher Situation hatte ich wohl mehr Furcht und Zittern?

Jetzt können wir auch verstehen, warum Paulus die Philipper ermutigte, viel mehr in seiner Abwesenheit loszulegen. Ich bin mir sicher, es ging ihnen allen ausgezeichnet, als der mächtige Paulus in der Stadt war. Es war ja gar nicht möglich, *nicht* geheilt zu werden, solange der Mann mit dem Wundertaschentuch unterwegs war (s. Apostelgeschichte 19,11-12)! Aber Paulus ist nicht der einzige Wundertäter; wir sollten in der Lage sein, das alles ohne ihn zu tun. Darum sagt Paulus ihnen und uns:»Lernt, es selbst zu machen. Ihr könnt es! Ihr braucht keinen gesalbten Typen im Anzug mit einem Zahnpastalächeln im Gesicht. Euer Glaube und Gottes Gnade bewirken Kraft zur Errettung. Es ist Gott, der in dir wirkt.«

Und damit wir ganz sicher keine Glaubenskomplexe bekommen, erinnert uns Paulus zwei Verse vorher daran, dass es nicht um ihn oder den gesalbten Typen im Anzug geht, sondern um Jesus, vor dessen Namen »sich die Knie aller beugen [sollen], die im Himmel und auf der Erde und unter der Erde sind« (Philipper 2,10).

Rettung in Form von Heilung, Befreiung oder finanziellem Durchbruch geschieht immer dann, wenn unsere täglichen Bedürfnisse und Probleme sich vor dem Namen des Retters Jesus beugen müssen.

Das Evangelium der Rettung

Das Evangelium der Rettung ist eine gute Nachricht für ein Geschlecht, das unter dem Fluch der Sünde steht, denn es offenbart die Kraft Gottes für Heilung, Befreiung und ewiges Leben. Als Gläubiger ist deine Zukunft im Herrn gesichert. Dein Geist ist eins mit dem Herrn, untrennbar mit ihm verbunden und ewig gerettet. Doch unser Körper und unser Verstand leiden immer noch unter den Schlingen und Pfeilen des unerhörten Schicksals und zur Zeit ist die Welt noch unter dem Einfluss des Bösen (1. Johannes 5,19). Das Leben kann hart sein. Aber das Leben hat nicht das letzte Wort, wenn wir uns entscheiden, im Geist zu wandeln. Selbst wenn schlechte Nachrichten kommen – die gute Nachricht ist, dass wir mehr als Überwinder sind durch den, der uns geliebt hat.

Das Evangelium ist nicht bloß eine Verheißung für einen Fahrschein in den Himmel und für eine Rettung in ferner Zukunft. Das Evangelium ist die Kraft Gottes, dich hier und jetzt mit seinem rettenden und überfließenden Leben zu segnen. Dieses Leben findet sich, wenn wir inmitten unserer Umstände den Herrn erkennen und ihm vertrauen. Die gute Nachricht seiner Rettung lautet, dass es nicht sein Wille für dich ist, krank oder arm zu sein. Wenn du es trotzdem bist, dann gib nicht Gott die Schuld dafür. Jesus sagt, es ist der Dieb, der kommt, um zu stehlen und zu zerstören (Johannes 10,10). Gott macht dich doch nicht krank und pleite, nur damit er deinen Charakter formen kann. Sein Wille für dich ist, dass es dir in allem gut geht, so wie es deiner Seele gut geht (3. Johannes 1,2).

Das Evangelium der Rettung lautet, dass der Retter am Kreuz für deine vollständige Rettung gesorgt hat. In ihm bist du gesegnet mit jedem geistlichen Segen. Du musst nicht um das bitten, was du brauchst; in Christus hast du es bereits. Du musst es in deinem Leben nur durch Glauben verwirklichen.

Wenn du die gute Nachricht seiner Rettung verstehst, verändert das deine Art zu beten. Du bittest Gott nicht mehr darum, etwas zu tun, das er bereits getan hat; stattdessen lebst du in der Kraft und Autorität, die er dir gegeben hat, und rufst furchtlos den Namen des Königs Jesus über deinen Umstände aus. Anstatt Gott von deinen Problemen zu erzählen, wirst du deinen Problemen vorhalten, wer Gott ist.

Wenn deine Zuversicht wächst, dass der, der dich gerettet hat, dich auch bewahrt, dann verlässt du den zweifelhaften Komfort eines Rettungsbootes, kehrst zur Titanic zurück und überbringst den anderen die gute Nachricht von ihrer Rettung. Du legst den Kranken die Hände auf und sie werden gesund. Du rufst den Gefangenen Freilassung aus und sie werden frei. Du wirst feststellen, dass die gute Nachricht überall von übernatürlichen Zeichen und Wundern begleitet wird.

4

EINHEIT

> Gott allein hat es ermöglicht,
> dass ihr in Christus Jesus sein dürft.
> (1. Korinther 1,30)

Camilla und ich haben um vier Uhr nachmittags geheiratet. Unsere Feier begann um sechs Uhr abends. Die zwei Stunden zwischen dem Jawort und der Feier waren zwei der herrlichsten und doch unwirklichsten Stunden meines Lebens. Während des Fototermins und der Glückwünsche der Gäste schaute ich immer wieder fasziniert auf die wunderschöne Frau neben mir. *Diese Frau ist meine Frau. Ich habe eine Frau? Heute Morgen hatte ich noch keine Frau. Wie ist das möglich? Ich hab doch nur »Ja« gesagt.*

Jetzt weiß ich, wozu es Hochzeitsfeiern gibt. Um den überrumpelten Brautleuten eine Chance zu geben, den Schock und die Verwunderung über das eben Geschehene zu verarbeiten. *Es ist wirklich wahr. Ich dachte, ich hätte geträumt, aber all diese fröhlichen Menschen scheinen ziemlich überzeugt zu sein, dass wir verheiratet sind, also sind wir es wohl auch.*

Jesus sprach einmal von dem Jubel, der im Himmel ausbricht, wenn ein Sünder Buße tut und anfängt, der guten Nachricht zu glauben. Wir stellen uns das Ganze vielleicht vor wie eine Geburtstagsparty, auf der die neue Geburt gefeiert wird, aber in Wirklichkeit ist es die Freude einer Hochzeitsfeier. Es ist die Feier eines neuen Lebens, das mit Christus verheiratet wird.

Viele von uns warten auf das kommende Hochzeitsfest, aber Jesus kommt wieder, um seine Braut zu holen, nicht seine Verlobte. Du bist bereits mit ihm verheiratet. Deine Vereinigung mit Christus ist kein zukünftiges Ereignis, sondern eine Realität in der Gegenwart, die bereits in dem Moment begann, als du das erste Mal »Ja« zu Jesus gesagt hast. Jetzt lebst du in den zwei Stunden zwischen dem Jawort und der Feier. Es ist herrlich – ein bisschen unwirklich, aber du bist definitiv verheiratet.

Mit Jesus verheiratet

Jesus sagte: »Ich bin der Weinstock, ihr seid die Reben« und aus dieser wunderbaren Bestätigung unserer Einheit mit Jesus haben verwirrte Prediger furchterregende Lektionen über das Abgeschnittensein und Ins-Feuer-geworfen-werden gemacht. Mal ganz langsam. Das ist ja, als würde man sich mitten in den Flitterwochen Sorgen wegen der Scheidung machen. Entspann dich. Jesus denkt nicht an Scheidung. Er hasst Scheidung sogar. Du bist für immer mit ihm verbunden. Was Gott zusammengefügt hat, das soll der Mensch nicht scheiden.[37]

Schauen wir uns diese Worte noch einmal an: »Ich bin der Weinstock, ihr seid die Reben« (Johannes 15,5). Deine Einheit mit Christus ist kein Ereignis in ferner Zukunft, sondern eine vollendete Tatsache. Du bist bereits in Christus. Da es keinen Teil der Rebe gibt, der nicht auch Teil des Weinstocks ist, berührt jeder, der dich berührt, auch Jesus. Wenn du den Kranken die Hände auflegst, legst du ihnen seine – Jesu – Hände auf. Wenn du deinen

Mund auftust, um die gute Nachricht zu verkünden, sprichst du Jesu Worte aus. Mit seinem Mund.

Ich bin jetzt schon einige Zeit verheiratet und finde es inzwischen überhaupt nicht mehr seltsam. Ich habe mich daran gewöhnt, dass wir ein Team sind, das ein Fleisch ist. Ich erinnere Camilla immer wieder daran, wenn in der Schule Elterngespräche anstehen. »Aber Schatz, wir müssen doch nicht *beide* hingehen. Wenn *du* hingehst, heißt das ja, dass *wir* da sind. Wir sind ja schließlich ein Fleisch.« In der Regel antwortet sie darauf mit einem Seitenblick.

Das war jetzt ein kleiner Scherz, aber ich wollte etwas deutlich machen. Unser Ein-Fleisch-Sein ist ein irdisches Bild für die geistliche Einheit, die alle Gläubigen mit Jesus haben:

Wenn ich wieder zum Leben auferstanden bin, werdet ihr wissen, dass ich in meinem Vater bin und ihr in mir seid und ich in euch. (Johannes 14,20)

Er ist in dir und du bist in ihm. Er ist überall dabei. Wenn du zum Elterngespräch gehst, ist der Herr des Universums mit dabei.

»Moment mal, Paul. Wie kann Jesus denn *hier* bei uns sein, wenn er doch *dort* oben beim Vater ist?« Das ist eine gute Frage. Wie kann Jesus an zwei Orten gleichzeitig sein? Wie kann er in allen Christen gleichzeitig gegenwärtig sein?

Bevor Jesus in den Himmel zurückkehrte, sagte er zu den Jüngern: »Es ist das Beste für euch, dass ich fortgehe« (Johannes 16,7). Jesus sagte, der Tröster würde kommen, wenn er weg ist, und wir wären mit ihm besser dran, als wenn Jesus körperlich anwesend wäre. Er sagte: »Ich war *bei* euch und das war gut, aber bald werde ich *in* euch sein und das ist sogar noch besser.«

Der Heilige Geist ist die Antwort auf die Frage: »Wie kann Jesus uns verlassen und doch gleichzeitig bei uns sein?« Da der Heilige Geist der Geist Christi ist, sind wir mit Jesus gefüllt, wenn wir mit dem Geist erfüllt sind. Und da jeder, der den Sohn hat, auch den Vater hat, sind wir auch mit dem Vater erfüllt, wenn wir mit Jesus erfüllt sind. Wer den Geist hat, hat auch den Sohn und den Vater. Sie sind ein unzertrennliches Team.[38]

Direkt nachdem Jesus den Heiligen Geist verheißen hatte, sagte er: »Ich werde euch nicht als Waisen zurücklassen.« Eine Waise ist ein Kind, das keinen Vater hat. Jesus sagte, dass du das nicht sein wirst. »Mein Vater wird ihn lieben und wir werden zu ihm kommen und bei ihm wohnen« (s. Johannes 14,23). Du bist nicht nur mit einem Drittel von Gott erfüllt, sondern mit seiner Gesamtheit: Vater, Sohn und Geist.

In guten und in schlechten Tagen

Manche verstehen das zwar – aber nur zur Hälfte: »Klar, Gott ist mit uns, aber manchmal auch nicht. Er kommt und geht.« Im Alten Testament trifft das zu, da kam der Heilige Geist nur für bestimmte Zeit auf bestimmte Menschen, aber das war damals und nicht heute. Jesus sagte, der Heilige Geist bleibt bei uns und wird in uns wohnen (Johannes 14,16-17). Wenn er in uns wohnt, dann ist er dort zu Hause. Du bist kein Hotelzimmer für den Heiligen Geist. Du bist ein gehender, sprechender, lebendiger, atmender Tempel des Heiligen Geistes. Er geht nirgendwo anders hin.

»Willst du etwa sagen, dass der Heilige Geist sogar dann mit mir ist, wenn ich sündige?« Ja, die Liebe Christi für dich und seine Verbundenheit mit dir ist stärker als jede Sünde.

Im alten Bund war Sünde der schnellste Weg, um die Einheit zu zerstören. Wenn man sündigte, riskierte man, vom Volk Gottes abgeschnitten zu werden. Jesus sagte, dass wenn deine Hand oder dein Auge dich zur Sünde verführt, du sie loswerden musst (Matthäus 5,29-30). Warum predigte Jesus den Menschen unter dem Gesetz Selbstverstümmelung? Weil es in diesem Bund tatsächlich sinnvoll war, darüber zu sprechen, diese Körperteile zu entfernen, die den ganzen Körper verseuchen konnten. Gott sei Dank ist der alte Bund Vergangenheit. Wir sind nicht unter dem Gesetz, sondern unter der Gnade, und das ist für die Glieder am Leib Christi eine gute Nachricht.

Jesus schneidet uns nicht ab, wenn wir sündigen; wir bleiben Glieder seines Leibes. Das verändert unseren Blick auf Sünde vollständig.

Soll ich denn die Glieder Christi nehmen und zu Gliedern einer Hure machen? Auf keinen Fall! (1. Korinther 6,15b ELB)

Im alten Bund wurden wir durch Furcht vor dem Tod von der Sünde abgehalten, aber im neuen werden wir von der Liebe gebremst. Schau dir Paulus' Warnung über Huren noch mal an. Hinter der Warnung – tu es nicht – gibt es eine überraschende Bestätigung der Einheit. Paulus sagt, es sei möglich (wenn auch nicht ratsam), die Glieder des Leibes Christi mit Huren zu vereinen. Kannst du das erkennen? Irdische Ehen können zerbrechen und scheitern, aber unsere Einheit mit Christus ist unzerstörbar. Sünde kann sie nicht zerstören. Süchte können sie nicht zerstören. Auch die dümmsten Entscheidungen, die du treffen kannst, können deine Einheit mit Christus nicht zerstören.

Wir sollten das aber nicht als Herausforderung auffassen, auszutesten, wie viel wir uns leisten können. Vielmehr ist es eine überwältigende Erklärung der absoluten Hingabe Christi, dich zu lieben und mit dir verbunden zu bleiben, *komme, was wolle.* Das verändert uns wirklich – nicht der schwache Einfluss einer Regel (es gibt keine Regel; alle Dinge sind erlaubt), sondern der unermüdliche und entschlossene Eifer seiner Liebe.

Die Liebe Gottes ist die größte Macht im Universum. Die Sünde hält ihr nicht stand. Wenn du der unerschrockenen und niemals endenden Liebe Christi begegnest, verändert sie dich. Du willst dann gar nicht mehr sündigen. Die vergänglichen Freuden dieser Welt verlieren ihren Reiz, weil du eine Liebe gefunden hast, die bei Weitem echter und besser ist.

Schluss mit den traurigen Liebesliedern

Die Einheit mit Christus ist der Hauptgrund, warum wir es besser haben als alle, die vor dem Kreuz gelebt haben. Damals schrieben sie Liebeslieder über Sehnsucht und Ferne. »Ich sehnte mich nach ihm, den meine Seele liebt, doch ich fand ihn nicht.« »Ich öffnete meinem Geliebten, doch mein Geliebter war fort.« »Wie der Hirsch nach Wasser dürstet, so sehne ich mich nach dir, mein Gott.«[39] Es bricht mir das Herz, wenn ich Christen höre, die solche sehnsüchtigen Lieder singen und das Anbetung nennen. Und ich kann mir vorstellen, dass auch Jesus das Herz dabei bricht. Wo bist du, Herr? *Ich bin doch hier. Ich bin in dir und du in mir.* Wo bist du hingegangen? *Ich bin nirgends hingegangen. Ich habe dir versprochen, dich nie zu verlassen.*

Hier ist noch so ein zeitloser Klassiker aus dem Album *Herzschmerzlieder aus dem alten Bund:*

Eins habe ich vom HERRN erbeten, danach trachte ich: zu wohnen im Haus des HERRN alle Tage meines Lebens. (Psalm 27,4a ELB)

Zu wohnen im Hause des Herrn? Du *bist* das Haus des Herrn. Du kannst im Haus des Herrn wohnen, solange du willst. Es ist sogar ziemlich unmöglich für dich, irgendwo anders zu wohnen. Um zu sehen, wie gut du das begriffen hast, stell dir folgende einfache Frage: Wo ist Gott? Wenn du denkst, dass Gott an einem bestimmten *Ort* ist, wo soll der dann sein? Ist er da oben oder da drüben oder wo? Nun, ich vermute, Gott kann überall sein. Aber die gute Nachricht lautet, dass er in dir ist und du in ihm. Jeder Gedanke einer trennenden Distanz wird durch diese Offenbarung völlig gegenstandslos. Gott ist nicht weit weg und er versteckt sich auch nicht hinter einer Wolke. Woher wir das wissen? Weil Jesus gesagt hat: »Ich versichere euch: Ich bin immer bei euch bis ans Ende der Zeit.«

Wir müssen uns nie mehr nach seiner Nähe sehnen. (Er ist bereits bei uns.) Wir müssen Gott nicht mehr anflehen, die Himmel aufzureißen und zu uns herunterzukommen. (Das hat er bereits getan.) Und wir müssen auch keine Angst mehr haben, dass er uns verwaist zurücklässt. (Er hat versprochen, es nicht zu tun.) Die gute Nachricht lautet, dass du jetzt und bis in alle Ewigkeit vollkommen eins bist mit dem Herrn.

Singt dem Herrn ein neues Lied

Der Heilige Geist ist der Schlüssel, um das Geheimnis unserer Einheit zu verstehen. Leider wurde der Heilige Geist oft als himmlischer Sheriff dargestellt, obwohl er in Wahrheit derjenige ist, der die Liebe Gottes in dein Herz ausgießt.

Wenn du auf den Film deines Lebens mit Jesus zurückschaust, wirst du sehen, wie der Heilige Geist hinter jeder Szene die Fäden gezogen hat. Wer war wohl der Erste, der dir Jesus offenbart hat? Wer öffnete dein Herz und deinen Mund, um zu glauben und zu bekennen, dass Jesus der Herr ist? Der Heilige Geist ist der Grund, warum du das hier liest und er ermutigt dich, all die guten Sachen, die ich dir über Jesus erzähle, auch zu glauben. Wenn du bisher immer die alten schmachtenden Liebeslieder deiner Einsamkeit gesungen hast, wird er dir jetzt neue Lieder der Nähe und Erfüllung geben. Kurzum, der Heilige Geist ist der beste Freund, den du je hattest.

> Oder wisst ihr nicht, dass wir alle, die wir in Christus Jesus hinein getauft sind, in seinen Tod getauft sind? *(Römer 6,3 SLT)*

Ich dachte immer, in diesem Vers ginge es um die Wassertaufe. Aber das stimmt nicht. Dieser Vers beschreibt die wahre Taufe, die in der Wassertaufe nur nachgestellt wird. Du bist in Jesus Christus hineingetauft worden.

Taufen bedeutet, etwas einzutauchen – im Sinne von Stoff einfärben. Weißer Stoff wird in die Farbe getaucht und kommt als roter Stoff wieder heraus. So etwas Ähnliches ist geschehen, als du durch den Heiligen Geist in Christus hineingetaucht wurdest. Vorher sahst du aus wie Adam, danach wie Jesus. Bevor du getauft wurdest, war dir das Leben Gottes fremd; danach warst du an den Leben spendenden Weinstock angeschlossen. Wie ist das geschehen? Ich weiß es nicht. Frag den Heiligen Geist. Er hat es getan.[40] Du musst das nicht alles verstehen, um davon zu profitieren. Es reicht, wenn du »Danke, Heiliger Geist« sagst.

Denn wenn wir mit ihm einsgemacht und ihm gleich geworden sind in seinem Tod, so werden wir ihm auch in der Auferstehung gleich sein. (Römer 6,5 SLT)

In diesem Vers gibt es ein Wort, das nirgendwo sonst in der Bibel auftaucht. Dieses Wort reizt Theologen zu händefuchtelnden Ausbrüchen überschäumender Hermeneutik. Es ist das Wort *symphytos*, das hier als »einsgemacht« übersetzt wird. Dieses Wort ist eins der stärksten Worte für Einheit, das man sich nur vorstellen kann. Es bedeutet: »mit jemandem zusammen geboren werden« oder »von gemeinsamer Herkunft sein«. Die deutsche Übersetzung, die dem am nächsten kommt, ist *miteinander verwachsen sein*.[41] Und das beste Beispiel dafür ist das Bild vom Weinstock und den Reben, das Jesus uns gegeben hat – zwei Teile, die zusammen ein nicht teilbares Ganzes ergeben. Der Weinstock und die Reben können nicht getrennt voneinander verstanden werden. Ein Weinstock ohne Reben ist kein Weinstock und eine Rebe, die nicht am Weinstock ist, ist keine Rebe, sondern nur ein Stöckchen.

Was bedeutet dieses Miteinander-verwachsen-Sein für uns? Es bedeutet, dass unser Leben nicht mehr getrennt von Jesus verstanden werden kann. Getrennt von ihm können wir nichts tun. Wir können keine Frucht bringen, nicht wachsen und nicht leben. Das war schon jeher die Erfahrung der Menschheit.

Als unser erster Vater und unsere erste Mutter vor Gott davonliefen, schnitten sie automatisch sich selbst und alle ihre noch nicht geborenen Nachfahren vom Baum des Lebens ab. Sie durchtrennten die Verbindung, die uns am Leben erhielt, und die Menschheit wurde zu einem abgeknickten Zweig, der verwelkte und starb. Aber Jesus schuf durch seinen Tod und seine Auferstehung einen Weg für uns, dass wir vom Tod zu neuem Leben auferweckt werden können. Dieses fließende Leben ist das natürliche Ergebnis unserer lebenswichtigen Einheit mit dem lebendigen Weinstock.

Die Früchte der Einheit

Die gute Nachricht ist, dass wir nichts tun müssen, damit dieses neue Leben stattfindet – wir müssen es nur empfangen. Teilhaber seines göttlichen Wesens zu sein, erfordert nur, in der Einheit zu leben, die uns schon gehört.

Vielleicht sagst du: »Ich kann das aber nicht spüren. Ich fühle mich nicht verbunden.« Setz deinen Glauben nicht auf deine Gefühle. Glaube ihm, wenn er sagt: »Du bist eine Rebe.« Sein ewiges Wort ist wahrer als dein momentanes Gefühl. »Aber ich strenge mich doch an, um Frucht zu bringen.« Hör auf damit. Du sollst keine Frucht bringen, sondern die Früchte tragen, die er in dir hervorbringt.

Er ist der Weinstock. Hör auf, selbst ein kleiner Weinstock sein zu wollen. Jesus macht das alles. Unsere Aufgabe ist, ihm zu vertrauen und uns in allem auf ihn zu verlassen. Fakt ist, dass du in Einheit bist, also lebe in dieser Einheit. Verhalte dich wie ein Verheirateter, denn du bist es.

Ihr habt Jesus Christus als euren Herrn angenommen; nun lebt auch in der Gemeinschaft mit ihm. (Kolosser 2,6 HFA)

Ein verheirateter Mensch, der nach wie vor wie ein lediger lebt, wird viele Segnungen der Ehe verpassen. Genauso ist es mit einem Christen, der nicht aus der Gemeinschaft mit Christus heraus lebt – er wird viele Segnungen dieser Einheit verpassen. Das neue Leben will gelebt werden; es soll ausgedrückt, genossen und entwickelt werden. Und zwar in solch einem Maße, dass Ungläubige es sehen und ins Staunen geraten.

Wie tragen wir in unserem Leben seine Frucht? Nicht durch Anstrengung. Frucht wächst ganz natürlich (s. Markus 4,26-28). Wir behindern diesen Prozess nur, wenn wir versuchen, Dinge in unserer eigenen Kraft und im Verstand hervorzubringen. Wenn du das tust, produzierst du Ismaels. Aber wenn du lernst, dich auf Jesu Liebe zu verlassen und der Beschneidung des Vaters zu vertrauen, wirst du seine Frucht mühelos tragen.

Einheit hat viele Vorteile

Wir loben Gott, den Vater von Jesus Christus, unserem Herrn, der uns durch Christus mit dem geistlichen Segen in der himmlischen Welt reich beschenkt hat. (Epheser 1,3)

Vielleicht weißt du ja, dass du in deinem neuen Leben gesegnet bist, aber du weißt vielleicht noch nicht, dass deine Segnungen zu hundert Prozent eine Folge deiner Einheit mit Christus sind. Werfen wir mal einen Blick auf einige dieser Segnungen. Fangen wir mit der Errettung an. Was ist die Grundlage für deine Errettung? Deine Einheit mit Christus. Du bist nicht deshalb gerettet, weil du die magischen Worte eines Bekehrungsgebetes gesprochen hast. Du bist gerettet, weil du eins mit dem Herrn bist und sein rettendes Leben dein Leben ist. Paulus sagte, dass er alles ertragen würde, damit andere »die Errettung erlangen, die *in Christus Jesus* ist« (2. Timotheus 2,10 SLT).

Wir führen die Menschen in die Irre, wenn wir ihnen die Errettung als Fahrschein zum Himmel verkaufen. Nicht dass es falsch wäre, aber es ist eben noch lange nicht alles. Errettung heißt nicht, dass wir in ein Rettungsboot steigen, sondern dass wir in Jesus selbst hineinsteigen (Epheser 1,13). Und außerdem ist einer noch lange nicht gerettet, weil er in einem Rettungsboot sitzt. Er muss erst noch gerettet werden. Das ist der Grund, warum Christen mit einer Rettungsboot-Mentalität so ängstlich sind. Sie sind ein Spielball der Wellen in dem Ozean ihrer eigenen Unsicherheit und sind nicht sicher, ob sie wirklich gerettet sind. Seltsamerweise haben sie vor dem Jüngsten Gericht mehr Angst als jeder Durchschnittssünder. Nicht aber wir. Wir sind genau so sicher wie der Retter selbst. Wir haben keine Angst vor dem Urteil, denn es gibt keine Verdammnis für alle die, die *in Christus Jesus* sind (Römer 8,1).

An einer späteren Stelle werden wir sehen, dass die Gnade Gottes uns heilig und gerecht gemacht hat. Wie können wir es überhaupt wagen, uns ein heiliges Volk zu nennen? Weil Jesus heilig ist und weil wir in ihm sind. Paulus nannte in der Bibel einen Haufen sich übelst benehmender Christen »Geheiligte *in Christus Jesus*« (1. Korinther 1,2). Das gilt auch für dich. Wann ist das geschehen? Nicht damals, als du auf dieser »Heiligungs«-Freizeit warst. Sondern als du vom Heiligen Geist in den Heiligen selbst hineingetaucht wurdest. Manche Christen benehmen sich »heiliger als du«, als gäbe es verschiedene Grade von Heiligkeit, aber es gibt nur einen Grad der Heiligkeit, und das ist seiner. Jesus ist deine Heiligung. Du musst dich auf dem Weg, ein Heiliger zu werden, nicht völlig verausgaben, denn du zählst bereits zu den Heiligen *in Christus Jesus*.[42]

Christus war ohne Sünde, aber um unseretwillen ließ Gott ihn an unserer Sünde teilhaben, damit wir **in Einheit** *mit ihm an der Gerechtigkeit Gottes teilhaben können.*
(2. Korinther 5,21, nach der englischen GNB)

Das ist sicher nicht die wörtlichste Übersetzung dieses Verses, aber sie trifft den Nagel auf den Kopf, wenn es darum geht, den Gedanken einer gemeinsamen Gerechtigkeit zu vermitteln. Wie können wir uns anmaßen, uns gerecht zu nennen? Weil der Weinstock gerecht ist und er seine Gerechtigkeit mit den Reben teilt. Wie wäre es auch anders möglich? Da wir untrennbar miteinander verbunden sind, ist es völlig unzutreffend, von zwei verschiedenen Arten von Gerechtigkeit zu sprechen, einer für den Weinstock und einer völlig anderen für die Reben. Wir sind genauso gerecht wie Jesus selbst.

Diese neutestamentlichen Erkenntnisse übertreffen die kühnsten Träume der alttestamentlichen Propheten. Propheten wie Jesaja und Jeremia sprachen vom *dem* Gerechten und sahen einen gerechten *Spross*.[43] Sie konnten sich nicht vorstellen, dass dieser Spross zum Weinstock werden würde, der sich selbst in Abermillionen kleiner gerechter Sprossen hinein reproduzieren würde. Sie sahen zwar den zukünftigen Christus, aber nicht die zukünftigen Christen, die jetzt sein Leben und Wesen tragen und *in Christus Jesus* selbst zur Gerechtigkeit Gottes geworden sind. Unsere Einheit bringt viele Segnungen mit sich, über die ich mich lang und breit auslassen könnte. Und tatsächlich werde ich das auch tun. Denn ich bete wie Paulus, dass »du gerade dadurch zu einem immer tieferen Verständnis für all das Gute geführt wirst, das uns durch unsere Beziehung zu Christus geschenkt ist« (Philemon 1,6 NGÜ).

Wie kommt es, dass wir frei sind von den Anforderungen des Gesetzes? Die Heidenchristen, die in dieser Offenbarung lebten, schockierten die Juden des ersten Jahrhunderts. »Wer sind diese Neulinge, die es wagen, all die Segnungen des Gesetzes für sich in Anspruch zu nehmen, obwohl sie alle seine Flüche völlig ignorieren?« Wir sind die glücklichen Reben eines Weinstocks, der das Gesetz für uns erfüllt hat. Es ist überhaupt nicht kompliziert.

Wenn der Weinstock gesegnet ist, dann müssen es die Reben ja auch sein. Wie könnte es anders sein?

Was ist mit unserer Autorität? Wie können wir behaupten, dass wir der Kopf sind und nicht der Schwanz? Welches Recht haben wir, den Stürmen zu gebieten, Dämonen auszutreiben und die Kranken zu heilen? Und jetzt alle: weil wir mit dem verheiratet sind, der alle Autorität im Himmel und auf der Erde besitzt. Auch wenn unser Körper hier ist, sitzen wir mit Gott *in Christus Jesus* im Himmel (Epheser 2,6)

Wir lesen, dass Jesus dort sitzt und darauf wartet, dass seine Feinde unter *seine* Füße gelegt werden (1. Korinther 15,25). Wir lesen auch, dass der Gott des Friedens in Kürze den Satan unter *unseren* Füßen zermalmen wird (Römer 16,20). Unter wessen Füßen wird der Feind sich befinden? Unter seinen. Unter unseren. Sowohl als auch. Da wir eins sind mit dem, der den Feind besiegt hat, sind wir *in Christus Jesus* bereits siegreich. Unsere Aufgabe ist es nur noch mit den Füßen aufzutreten.

Die Liste der Segnungen ist schier unerschöpflich. Vergebung gehört uns in ihm. Wir sind vollkommen in ihm. Wir sind versöhnt in ihm. Friede, Freude, Versorgung und alles darüber hinaus kommt zu uns durch unsere Einheit mit Jesus Christus.

In ihm seid ihr in allem reich gemacht worden ... (1. Korinther 1,5 ELB)

Kannst du es schon erkennen? Durch deine Einheit mit dem Herrn bist du mächtig gesegnet. Deine Bedürfnisse werden nicht durch Gebet, Fasten oder Bibellesen gestillt. Und auch nicht, weil du Geld spendest für Dienst X oder dich zum Kurs Y anmeldest. Was auch immer du brauchst, deine überfließende Versorgung ist *in Christus Jesus.*

*Und mein Gott wird euch aus seinem großen Reichtum, den wir **in Christus Jesus** haben, alles geben, was ihr braucht.*
(Philipper 4,19)

Das Ziel der Einheit

Unsere Einheit mit Christus beinhaltet viele wunderbare Segnungen, aber sie verblassen angesichts des letztendlichen Zieles der Einheit, an seinem Leben teilzuhaben. Wozu hat Gott uns gemacht? Damit wir an dem überfließenden und überreichen Leben teilhaben, das in Gott zu finden ist. Wir wurden geschaffen, um zu lieben und geliebt zu werden und um die Gemeinschaft mit unserem Schöpfer zu genießen.

> *Denn dein Schöpfer ist dein Ehemann. Sein Name ist Herr, der Allmächtige! (Jesaja 54,5)*

Mit einem Wort: Es geht nur um Jesus. Jesus selbst ist der wahre Sinn und Zweck dieser Einheit. Jesus ist in der Tat der Grund für alles. Ein Leben, das getrennt von Jesus gelebt wird, erfüllt uns nicht und hat keinen Bestand. Nur in ihm leben und weben und sind wir.[44]

Jesus kam, um uns Leben in Fülle zu geben, und dieses Leben finden wir in ihm. Auch hier können wir wieder daran vorbeigehen, wenn wir die Gaben unabhängig vom Geber suchen. Zum Beispiel ist ewiges Leben nicht eine Verlängerung desselben alten, kaputten Lebens, das wir von Adam geerbt haben, sondern ein völlig neues. Es kommt aus der Erkenntnis Gottes und aus dem Wandel auf dem neuen Weg des Geistes. Der Unterschied zwischen dem alten und dem neuen Leben ist der gleiche wie zwischen Verloren und Gefunden. Es ist einfach vollkommen anders.

Als Paulus sagte: »Ich aber bin mit Christus gekreuzigt ... Ich lebe, aber nicht mehr ich selbst, sondern Christus lebt in mir« (Galater 2,19-20), freute er sich an seiner Mit-Taufe und Mit-Auferstehung mit Jesus. Das ist der Triumphschrei eines Mannes, der seinen Platz in dem großen Ganzen gefunden hat. Paulus verstand, dass es außerhalb von Christus kein wahres Leben gibt und dass alle, die versuchen, unabhängig von Jesus auf der Grundlage ihrer eigenen Scharfsinnigkeit und Ressourcen zu leben, letztendlich ihr wahres Selbst verlieren. Aber wenn du dich selbst völlig an ihn verlierst, entdeckst du, wer du wirklich bist. Dann erst lebst du wirklich.

Das Evangelium der Einheit

Vielleicht kamst du ursprünglich zu Christus, weil du irgendeine Not hattest. Vielleich brauchtest du Heilung, Vergebung oder einfach nur den Fahrschein zum Himmel. Ganz gleich, was du brauchst, Gott ist treu und großzügig. Empfange aus der Fülle seiner Gnade und sei gesegnet. Aber dann mach dich gefasst auf einen heilsamen Schock. Der Geber ist größer als die Gaben. Der Segnende ist unendlich viel liebevoller als seine Segnungen.

Das Evangelium ist keine Werbung für die Schätze des Königreichs. Das Evangelium ist die begeisternde Offenbarung über den, der deine Seele liebt – und darüber, dass er in einer ewigen ehelichen Gemeinschaft mit dir leben will. Für alle, die es glauben, ist das Evangelium die frohe Kunde, dass du jetzt und bis in alle Ewigkeit vollkommen eins bist mit ihm. Die Tage deines rastlosen Umherwanderns sind zu Ende, denn in Christus hast du deine ewige Ruhe gefunden. In Christus bist du bereits zu Hause.

5
ANGENOMMEN

*Nehmt einander an,
wie Christus euch angenommen hat ...
(Römer 15,7)*

Als ich in der High School war, hatte ich die Gelegenheit, meinen Bundesstaat bei einer landesweit ausgestrahlten Quizsendung zu vertreten. Die schlausten Schüler aus dem ganzen Land lieferten sich einen Wettstreit um den Landessieg. Ich war total darauf versessen, mich anzumelden. Das war meine Chance, berühmt zu werden und aus der Falle der pubertären Anonymität auszubrechen! An der Schule war ich ein Niemand, aber diese Quizsendung konnte mich zu jemand Bedeutendem machen.

Um bei der Sendung angenommen zu werden, musste ich erst gegen Dutzende anderer schlauer Schüler in meiner eigenen Schule antreten, danach musste ich gegen Hunderte von anderen Schülern aus dem ganzen Bundesstaat gewinnen. Ein paar Tage nach den Tests und Interviews mit den Produzenten der Sendung holte mich mein Direktor aus dem Unterricht, um mir zu sagen, dass ich ausgewählt worden war, meine Schule und den Bundesstaat im Fernsehen zu vertreten. Beim Gratulieren riss er mir vor Begeisterung beinahe den Arm ab.

Ungefähr eine Woche lang war ich der König der ganzen Welt. Die Klassenkameraden beklatschten mich und Schüler, die ich kaum kannte, flüsterten meinen Namen, wenn ich auf dem Flur an ihnen vorbeiging. Ich hatte den Respekt meiner Altersgenossen gewonnen, weil ich ein paar ganz normale Quizfragen beantwortet und schnell genug auf den Buzzer gedrückt hatte. Du kannst dir sicher vorstellen, wie diese Art von Erfolg das Selbstvertrauen eines jungen Mannes aufbauen konnte.

Es hielt aber nicht lange an. In der ersten Runde des landesweiten Wettbewerbs wurde ich von einem schnelleren und schlaueren Schüler in die Tasche gesteckt. In den weniger als 22 Minuten, die ich auf Sendung war, verwandelte sich mein Ruf vom Sieger meines Bundesstaates zum Verlierer dieser Quizsendung. Ich stürzte von dem erhabenen Platz der Annahme in die Tiefen der Ablehnung.

So ist das Leben.

Jeder von uns hat schon mal die Höhen der Annahme und die Tiefen der Ablehnung durchlebt. Als soziale Wesen wurden wir mit dem Bedürfnis nach Annahme geschaffen. Wir hungern nach Beifall und Bestätigung. Gott legt diese Bedürfnisse und Wünsche in uns hinein, damit wir sie von ihm befriedigen lassen. Wenn wir das nicht tun und unser Bedürfnis nach Annahme außerhalb von ihm stillen wollen, können wir unser Leben auch gleich aus der Hand geben.

Die Erwartungen von anderen erfüllen

In dieser Welt hat auch Annahme ihren Preis. Wenn du angenommen werden willst, musst du Leistung bringen, musst du glänzen. Du musst überall der Erste sein und die besten Klamotten tragen.

Du musst alles im Griff haben und das Rennen machen. Du musst das Mädchen deiner Träume für dich gewinnen und die anderen auf deine Seite ziehen. Du musst den Kunden blenden und den Chef beeindrucken. Du musst den Buzzer schneller drücken als der Typ neben dir. Wenn du Anerkennung und Beifall erringen willst, musst du nach den Regeln spielen, die andere festgelegt haben. Du musst dich ihren Maßstäben anpassen.

Wenn du so lebst, wird dein legitimes Bedürfnis nach Annahme dir diktieren, was du tun, wo du leben, mit wem du sprechen, ja sogar was du essen, trinken oder anziehen sollst. Dein Leben wird dann von den Erwartungen anderer Menschen bestimmt. Das habe ich gemeint, als ich sagte, dass wir unser Leben auch gleich aus der Hand geben könnten. In unserem Wunsch nach Annahme melden wir uns für Kurse an, die uns gar nicht interessieren, wir übernehmen Jobs, die das Leben aus uns heraussaugen und kuscheln mit Menschen, die uns gar nicht lieben.

Wenn Annahme unser Zuckerbrot ist, dann ist Ablehnung die Peitsche. Aus Angst vor Ablehnung führen wir ein ödes, risikoloses Leben – wir schweigen, wenn wir sprechen sollten, und halten uns zurück, wenn wir nach vorne preschen sollten. Da wir um Ablehnung einen großen Bogen machen wollen, melden wir uns für gar keinen Kurs mehr an, bleiben in Arbeitsstellen stecken, aus denen wir längst herausgewachsen sind, und kuscheln mit niemandem mehr.

Der Wunsch, zu der erhabenen Höhe der Annahme aufzusteigen und einen großen Bogen um die Täler der Ablehnung zu machen, ist einer der Hauptgründe für alles, was wir tun.

Ausgeschlossen

Jede menschengemachte Religion handelt mit Annahme gegen Leistung. Für uns Christen beruht dieser unheilige Handel auf der Lüge, dass wir arbeiten müssten, um für Gott annehmbar zu werden und seinen Gefallen zu finden. Wir müssten uns unterordnen, tun, was uns gesagt wird, und alle Opfer bringen, die derzeit in Mode sind. Manche Gemeinden schreiben einen Verhaltenskodex vor und schicken die Menschen zu »Rechenschaftsgruppen« um sicherzustellen, dass sie sich auch daran halten. Andere machen sich über diese alttestamentliche Vorstellung des Aufschreibens von Regeln lustig – und zögern nicht, anderen mit dem gleichen Eifer ihre eigenen ungeschriebenen Erwartungen für ein »annehmbares« Verhalten aufzuzwingen. In jedem Fall lernen Neulinge schnell, was sie tun müssen, um als »guter Christ« oder als »einer von uns« zu gelten. Wer sich anpasst, ist willkommen (Annahme! Hurra!), alle anderen werden an den Rand gedrängt (Ablehnung! O nein!).

Annahme, die auf Leistung beruht, ist ein teuflisches Spiel, bei dem nur wenige gewinnen und die meisten verlieren. Wer es nicht schafft, die gewünschte Leistung zu erbringen, wird wie ein Nichts behandelt – während die, die ihre Sternchen verdienen, am Ende weiter von der Gnade entfernt sind als je zuvor. Das geschieht, weil der menschliche Beifall sie taub macht für die Stimme des Vaters, der sagt: »Du brauchst das alles gar nicht zu tun, um mir zu gefallen.«

Die größten Gewinner können die größten Verlierer sein, wenn sie süchtig werden nach dem Gefühl, aufgrund ihrer eigenen Errungenschaften etwas Besonderes zu sein. »Ihr liebt mich, ihr liebt mich wirklich.« Im Streben nach diesem Gefühl opfern sie sich selbst und ihre Familien auf dem Altar der Leistung. Vielleicht definieren sie sich am Ende selbst anhand ihrer Ergebnisse oder – in der »Sprache Kanaans« ausgedrückt – ihrer »Früchte«. Sie beten Zahlen an; ihre Gespräche sind gespickt mit Hinweisen darauf, wie viele Menschen Gott durch ihren Dienst berührt hat. »Gott gebraucht mich wirklich. Dann muss ich ja Jemand sein.«

Wenn sich die Dinge dann anders entwickeln und ihr Erfolg verpufft, wissen sie nicht mehr, wer sie sind. »Ich dachte, ich wäre ein Diener Gottes, aber jetzt ist mein Dienst weg. Wer bin ich?« Was als legitime Suche nach Annahme und Bestätigung begann, beraubt sie am Ende ihrer eigenen Identität.

Schluss mit dem Sklavenhandel

Der Markt der Annahme und Bestätigung ist ein Sklavenmarkt. Er hält ein System von Menschenopfern aufrecht, das auf Neid und selbstsüchtigen Motiven beruht. Er entmenschlicht alle, die dort Handel treiben, und vermittelt ein entstelltes Bild unseres Vaters im Himmel als lieblosen, Punkte zählenden Richter. Um diesen unheiligen Handel zu beenden, müssen wir das Evangelium der Annahme predigen – und so klingt es: Die Liebe des Herrn ist unverkäuflich. Wie alles, was mit Gnade zu tun hat, sind seine Annahme und Bestätigung ein Geschenk, das allein durch Christus zu uns kommt:

> ... *zum Preise der Herrlichkeit seiner Gnade, mit der er uns begnadigt (o. angenehm gemacht) hat in dem Geliebten.*
> (Epheser 1,6 ELB)

Dieser Vers ist eine unwahrscheinlich gute Nachricht für alle, die bei dem Spiel um das Angenommensein nicht mitmachen wollen. Schau dir den ersten Teil des Verses an. Heißt es dort »zum Preise der Herrlichkeit *deines Dienstes*?« Nein. Du bist angenehm gemacht und angenommen worden zum Preis der Herrlichkeit *seiner Gnade*. Ist das nicht toll?

Aber warte, es kommt noch besser. Schau dir den mittleren Teil des Verses an: »mit der er uns begnadigt bzw. angenehm gemacht hat«. Du musst dich nicht anstrengen, um für Gott angenehm und annehmbar zu werden, du bist es bereits. Was für eine Erleichterung! Was für eine Freiheit!

Aber warte, es kommt *noch* besser. Schau dir den letzten Teil des Verses an: »in dem Geliebten«. Damit ist Jesus gemeint. Gottes Annahme kommt zu uns aufgrund seines Sohnes. Wenn du also wissen willst, wie angenehm du Gott bist, dann musst du dir nur den anschauen, den die Bibel hier den Geliebten nennt.

An dem Tag, an dem Jesus getauft wurde, verkündete eine Stimme aus dem Himmel: »Dies ist mein geliebter Sohn, an ihm habe ich große Freude« (Matthäus 3,17). Weißt du, wie viel Erfolg Jesus bereits in seinem Dienst gehabt hatte, bevor Gott diese Worte sprach? Gar keinen. Gemäß den Verfassern der Evangelien hatte Jesus noch kein einziges Werk getan. Er hatte nicht gepredigt, keine Kranken geheilt und keine Toten auferweckt. Und trotzdem sagte Gott: »Ich habe große Freude an ihm.« Das ist eine Annahme, die die Welt nicht kennt. Das ist die bedingungslose Anerkennung des Himmels.

Was gefällt dem Herrn?

Vielleicht hast du schon mal gehört, dass Prediger sagen: »Finde heraus, was dem Herrn wohlgefällig ist« (Epheser 5,10). Das wird normalerweise als eine der großen Fragen unseres Lebens dargestellt, als müssten wir die Bibel durchkämmen auf der Suche nach allem, was Gott gefällt, um es dann zu tun. Aber wir wissen bereits, was dem Herrn gefällt. Am Jordan hat er es uns gesagt. Es ist Jesus. Nichts gefällt Gott dem Vater mehr als Gott der Sohn. Jesus konkurriert mit niemandem um die Annahme und Gunst seines Vaters. Er befindet sich nicht im Wettstreit mit dem Gesetz und den Propheten. Auf dem Berg der Verklärung wollte Petrus drei Zelte aufschlagen, um die unterschiedlichen Dienste zu ehren, aber Gott richtete den Scheinwerfer direkt auf Jesus:

Dies ist mein geliebter Sohn, an dem ich meine Freude habe. Hört auf ihn. (Matthäus 17,5)

Und was sagt Jesus? »Kommt her zu mir alle, die ihr erschöpft seid und versucht, anderen zu gefallen, und alle, die ihr müde seid vom Handel auf dem Markt der Anerkennung, und ich gebe euch Ruhe« (s. Matthäus 11,28).

Gnade nimmt die an, die unannehmbar sind

Als Jesus auf die Erde kam, schockierte er jeden, weil er sich weigerte, beim Angenommensein-Spiel mitzumachen. In jenen Tagen gab es Regeln, die Menschen davon ausschlossen, sich Gott zu nähern – aufgrund ihres Verhaltens, ihres Geschlechts, ihrer Volkszugehörigkeit und ihres Gesundheitszustands. Wenn du beispielsweise eine sündige, aussätzige Ausländerin warst, warst du von Gott so weit weg wie nur irgend möglich. Doch Jesus tauchte auf und ging schnurstracks auf Sünder, Ausländer, Frauen und Aussätzige zu. Beinahe als wollte er uns zeigen, dass Gnade größer ist als das Gesetz. Denk mal darüber nach: Das Gesetz schließt aus, aber Gnade lässt Menschen hinein. Das Gesetz lehnt ab, aber Gnade nimmt an. Das Gesetz richtet Mauern zwischen uns und den anderen auf, aber Gnade reißt Trennmauern ein.

Gnade oder Gesetz. Wofür entscheidest du dich?

Jesus nahm alle an, die zu ihm kamen: Steuereintreiber, Prostituierte, Römer, Samariter, die psychisch Labilen, die körperlich Behinderten und Kinder. Er aß sogar gelegentlich mit den seltsamen Pharisäern. Stell dir das mal vor! Sogar intolerante, religiöse Fanatiker waren bei Jesus angenommen.

Jesus nahm die an, die nicht annehmbar waren, und liebte die nicht Liebenswerten, um das gnädige, rundum annehmende Herz seines Vaters zu offenbaren. Gott will nicht, dass auch nur einer verloren geht. Sein Wunsch ist, dass jedes einzelne seiner verlorenen Kinder nach Hause kommt.

Evangelisten reden viel darüber, dass wir Jesus annehmen sollen. Aber die gute Nachricht beginnt mit der Ankündigung, dass Jesus dich annimmt. Dass er dich annimmt, das macht den Unterschied. In den Augen des Gesetzes hast du dich durch deine Sünde disqualifiziert, doch in den Augen des Vaters hat seine Gnade dich qualifiziert. Du warst so weit entfernt, aber er hat dich angenehm und annehmbar gemacht in dem Geliebten.

Wie ist das geschehen? In dem Augenblick, in dem du die Tür deines Herzens für Jesus geöffnet hast, strömten die Gunst und Annahme des Himmels in dein Leben. Als der Sohn bei dir einzog, wurdest du im selben Moment für den Vater genauso angenehm und annehmbar wie Jesus.

Was gefällt dem Herrn? Unser Glaube an Jesus. In seinem vollbrachten Erlösungswerk zur Ruhe zu kommen – selbst wenn die Welt versucht, uns zurück in die Ellbogengesellschaft des Wettbewerbs zu ziehen. Bei seinen Füßen zu sitzen trotz der übereifrigen Martas, die uns dazu bringen wollen, unseren Teil zu tun. Andere mit derselben Gnade und Gunst anzunehmen, mit der Jesus Christus dich angenommen hat.

Gnade = Annahme

Die Gnade Gottes ist der Schlüssel, um seine göttliche Annahme zu verstehen. Wenn du Gnade nur als Eintrittskarte ins Reich Gottes betrachtest – das bringt dich gerade mal durch die Haustür, weiter aber auch nicht –, dann wirst du für die Lüge empfänglich sein, die dir sagt, du müsstest arbeiten, um deinem Vater zu gefallen. Du fühlst dich unter Druck, deine Rettung zu beweisen, indem du all das tust, was man Christen normalerweise sagt. »Du musst Frucht bringen. Du musst deinem Nachbarn Zeugnis geben. Du musst zu jeder Gemeindeveranstaltung kommen und jede Gemeindeaktivität unterstützen.« Das ist Unsinn. Genauso funktioniert doch die Welt. Anstatt die auf Gnade beruhende Freiheit des Himmels auf die Erde zu bringen, versuchen wir unsere auf Leistung beruhende Religion in den Himmel zu exportieren. Aber rate mal – der Himmel kauft sie uns nicht ab.

Gnade bringt dich nicht nur gerade so durch die Haustür; Gnade bringt dich bis in den Thronsaal hinein und setzt dich zur Rechten deines himmlischen Vaters. Verstehst du, wie gnädig das ist? Schätzt du den ungeheuren Preis, den Jesus bezahlte, um dich für Gott annehmbar zu machen? Wenn wir das Opfer Christi wirklich zu schätzen wüssten, würden wir nicht wagen, es zu verbilligen, indem wir unser Eigenes hinzufügen. Alles, was wir in unserer eigenen Stärke tun, beeindruckt Gott überhaupt nicht. Unser Allerbestes ist einfach nicht gut genug – das ist die Botschaft des Gesetzes. Aber genau das macht die gute Nachricht *gut*: Er hat alles getan.

Pfannkuchen-Christen

Wir sind angenommen »in dem Geliebten«. Manche wollen uns mit diesem Satz weismachen, wir seien nur deshalb im Reich Gottes, weil wir da oben einen Freund haben. Aber das ist irreführend. Das ist, als würden wir sagen: »Gott kann dich eigentlich nicht ausstehen, aber weil er Jesus einen besonderen Gefallen tun will, tut er eben, als könnte er dich nicht sehen.« Ich weiß, das ist dumm. Und doch sind manche Christen krank vor Angst, dass Gott sie mit einem einzigen Tritt vor die Tür befördern würde, wenn er wirklich ihre geheimen Wünsche kennen würde. Um nicht entdeckt zu werden, halten sie ihr Profil so flach, dass man sie glatt mit einem Pfannkuchen verwechseln könnte. Andere tragen Masken, weil sie Angst vor Ablehnung haben. »Wenn du wüsstest, wie ich wirklich bin, würdest du mich nicht mögen.« Aber stell dir vor – Gott kennt dich besser als du dich selbst kennst. Und er liebt dich trotzdem.

Um jemanden wirklich annehmen zu können, muss man ihn kennen. Erst wenn du jemanden kennst, kannst du ihn annehmen. Und Gott kennt dich! Er weiß alles, was du jemals getan hast und was du jemals tun wirst. Er kennt deine dunkelsten Geheimnisse und jede Leiche, die du im Keller hast. Er weiß, was du letzten Sommer getan hast und was du nächsten Winter tun wirst. Und obwohl dein Vater im Himmel das alles weiß, liebt er dich wie verrückt.

Vielleicht machst du dir Sorgen, dass du Gott enttäuschen könntest. Das wird nie der Fall sein. Es ist wirklich unmöglich, einen allwissenden Gott zu enttäuschen. Wenn du einen Fehler machst, bist du vielleicht über dich selbst erstaunt – »Wie konnte ich nur?!« –, aber Gott ist nie überrascht. Weil nichts, was du tust, Gott jemals unvorbereitet trifft, kannst du dir sicher sein, dass du ihn nie enttäuschen wirst. Wenn du stolperst, reagiert er mit der immer gleichen Liebe: »Ich wusste, dass du das tun würdest. Aber mach dir keine Sorgen, ich liebe dich immer noch.«

Jesus wusste schon vorher, dass Petrus ihn verleugnen würde, und doch lehnte er ihn nicht ab. Stattdessen liebte er ihn und betete für ihn. Jesus wusste auch schon im Voraus, dass Judas ihn verraten würde, und doch lehnte er Judas nicht ab. Sogar als der Verrat schon in vollem Gange war, nannte Jesus ihn »Freund« und signalisierte ihm damit, dass selbst in diesem finsteren Moment die Tür der Annahme weit offen stand.[45]

Wir verdienen das alles nicht. Wir haben nichts getan, um seine Gunst zu verdienen. Wenn überhaupt, dann haben wir eine Menge getan, um sein Missfallen auf uns zu ziehen. Doch Jesus streckt sich aus nach einer sündigen Welt und sagt: »Öffnet die Tür und ladet mich zum Essen ein.«

Die Annahme Jesu ist unfassbar und mit nichts auf der Welt zu vergleichen.

Gott ist nicht dein Arbeitgeber

Die gute Nachricht, dass Gott uns uneingeschränkt angenommen hat, wird selten gepredigt. Es ist wahrscheinlicher, dass du etwas über Gottes hohe Maßstäbe hörst als über seine unverdiente Gnade. Als hätte Jesus eine Liste mit all den guten Eigenschaften, die seine ideale Braut haben müsste. »Sie muss so gut kochen können wie Marta und viele gute Werke tun wie die Frau aus Sprüche 31. Sie sollte Humor haben und lange Spaziergänge am Strand lieben ...« Das ist lächerlich. Jesus hat keine Liste. Wenn er eine hätte, wäre keiner von uns gut genug. Doch viele tun so, als würde Jesus sie nach ihrer Leistung beurteilen. Sie halten die Stimme der Verdammnis fälschlicherweise für die Stimme dessen, der ihre Seele liebt: »Wie viel hast du letzte Woche gebetet? Fünf Minuten? Ach du meine Güte. Ich dachte eigentlich nicht, dass mich noch irgendjemand enttäuschen könnte, aber du hast es geschafft.«

Dieses verdrehte Bild von Angenommensein aufgrund von Leistung hat viele in eine seltsame Situation gebracht: Obwohl viele Christen wissen, dass Jesus der Freund der Sünder ist, wissen sie nicht, dass er *ihr* Freund ist. Sie sehen sich nicht als Freunde Gottes, sondern als seine Diener. »Ich bin nur ein einfacher Türhüter im Hause meines Gottes.« Nein, das bist du nicht. Jesus litt und starb nicht, um das himmlische Haushaltspersonal aufzustocken. Wofür um alles in der Welt braucht Gott überhaupt Diener? Der Eine, der das ganze Universum ins Leben gerufen hat, ist durchaus in der Lage, alles selbst zu machen.

Gott ist nicht dein himmlischer Arbeitgeber, sondern dein himmlischer Vater, der dich liebt. Das musst du unbedingt verstehen. Du musst dich selbst als völlig von Gott angenommen sehen und kannst dich in seiner göttlichen und absoluten Gunst sonnen.

Hier kommt es darauf an, dass dein Glaube mit seiner Gnade in Berührung kommt. Wenn du seine Annahme nicht annimmst, wirst du dein Leben damit verschwenden hinter etwas herzurennen, das er dir bereits gegeben hat.

Dein wahrer Wert

Auf dem Markt von Akzeptanz gegen Leistung hängt dein Wert davon ab, wie viel du leisten kannst. Wer am meisten bringt, bekommt die Anerkennung. Aber im Königreich Gottes wird dein Wert von dem festgelegt, der dich annimmt. Dein Wert beruht nicht auf dem, was du bringst, sondern auf der bedingungslosen Bestätigung durch deinen Vater.

Gott nimmt dich an! (Ich werde diese Trommel so lange rühren, bis ich ein »Amen« höre.) Ganz gleich, ob du tausendmal predigst oder nicht ein einziges Mal, dein himmlischer Vater freut sich total über dich. Du kannst nichts tun, damit er sich noch mehr über dich freut. Er freut sich kein bisschen mehr über dich, wenn du gute Werke tust, aber er freut sich auch nicht weniger über dich, wenn du böse Werke tust. Selbst wenn du deine Kinder anschreist und dich mit deinem Ehepartner streitest, bist du immer noch angenommen. Du musst in deiner Familie vielleicht wieder für Frieden sorgen, aber durch Jesus hast du bereits ewigen Frieden mit Gott.

Wir wurden so anders erzogen, dass wir Mühe haben, das zu glauben. »Aber ich bin ein totaler Versager. Schau dir doch an, was für ein Chaos ich angerichtet habe.« Doch Gott erwidert nur: »Du bist mein geliebtes Kind und ich freue mich so sehr über dich.«

Die liebende Annahme unseres Vaters ist so anders als die kritischen Botschaften dieser kaputten Welt. Uns wird ständig gesagt: »Du bist nicht gut genug. Du bist nicht schlau genug, groß genug, reich genug oder cool genug. Deine Zähne sind nicht weiß genug, nicht gerade genug. Deine Haut hat die falsche Farbe, dein Körper die falsche Figur und du riechst nicht gut.« Wenn du dir dieses Geschwätz lange genug anhörst, wirst du am Ende erbärmlich Schiffbruch erleiden. Du machst dich empfänglich für die verlockenden Lügen von Werbung und Quacksalbern.

Wenn du eine sachgerechte Einschätzung deines wahren Wertes haben willst, schau nicht auf die akademischen Titel in deinem Lebenslauf. Und schau auf keinen Fall in den Spiegel. Schau lieber auf das Kreuz. Jesus liebt dich mehr als sein eigenes Leben. Das ist die Botschaft des Evangeliums und das Heilmittel für die Verletzungen durch deine Eltern, dein niedriges Selbstwertgefühl und alle Arten von Ablehnung.

Du musst verstehen, dass es unterschiedliche Stimmen gibt, die alle darum kämpfen, gehört zu werden. Und dass du entscheiden musst, welcher du Gehör schenken willst. Auf der einen Seite sind es kaputte Menschen, die Lügen über dich aussprechen – womit sie eigentlich mehr über ihren eigenen Zustand verraten als über deinen –, und auf der anderen Seite ist der allmächtige Gott, der verkündet, dass er dich bedingungslos annimmt. Die Welt kritisiert an dir herum und tut nichts, um dir zu helfen, aber Gott sagt: »Du gehörst mir« und gießt seine Gnade aus.

Welcher Stimme wirst du Gehör schenken?

Annahme erhöht uns

Wenn du weißt, dass Gott Gefallen an dir hat und zwar ganz unabhängig von deiner Produktivität, wird dich das von Leistungsdruck befreien. Wenn du Gottes »Ja« zu dir gehört hast, wirst du die Kraft haben, den ungesunden Forderungen der peitschenknallenden Aufseher des Pharaos ein »Nein« entgegenzusetzen. Wenn du dich übernommen hast um voranzukommen, wird die Offenbarung, dass Gott dich annimmt, dich an einen Ort der Ruhe führen. Dann kannst du aus dem Hamsterrad ausbrechen und dich auf die grüne Aue setzen.

Das heißt aber nicht, dass du dann faul bist. Die auf den Herrn harren, bekommen neue Kraft (Jesaja 40,31). Paradoxerweise sind die Menschen, die von der Notwendigkeit des Produzierens befreit wurden, oft die produktivsten Menschen überhaupt. Wie kann das sein? Weil liebende Annahme das Beste in uns zum Vorschein bringt, vor allem dann, wenn der *Andere* jemand Besonderes ist.

Vielleicht hast du schon einmal die erfreuliche Erfahrung gemacht, vom schönsten Mädchen im Raum oder dem tollsten Mann im Haus akzeptiert zu werden. Diesen Kick spürt man immer dann, wenn man auf eine höhere Ebene gehoben wird. »Wirklich? Du willst mich haben? Aber du bist Klassen über mir.« So schön das auch ist, es verblasst angesichts des Erhöht-Werdens, das wir erleben, weil wir vom Schöpfer des Himmels und der Erde angenommen sind. Zur Verherrlichung seiner Gnade wurdest du aus dem Dreck gezogen und mit ihm an himmlische Orte versetzt. Sprich über deine Aufstiegschancen.

Wenn Gott für uns ist, wer kann da noch gegen uns sein?
(Römer 8,31b)

Wenn du merkst, dass Gott für dich ist, dann verleiht dir das Mut. Du beginnst dich zu brüsten, doch nicht aus Arroganz, sondern aus Zuversicht. »Gott ist auf meiner Seite. Wie sollte ich da verlieren?« Du stolzierst in die Höhle des Löwen und trittst ohne Angst vor den Feuerofen. »Gott ist mit mir. Ich werde nicht verbrennen« (s. Jesaja 43,2).

Situationen, die deinen Kollegen Angst einjagen, werden dich nicht im Geringsten aus der Ruhe bringen. Du wirst in völligem Frieden zu Leistungsbeurteilungen und Prüfungskommissionen gehen – ohne das verzweifelte Bedürfnis, Eindruck zu machen. »Meine Beförderung kommt von dem Herrn. Wenn diese Typen das sehen, toll, wenn nicht, ist das ihr Problem.« Wenn du sicher bist in der Bestätigung deines Vaters, machst du dir keine Sorgen, ob dein Dienst wächst oder untergeht. »Es ist eh seine Gemeinde. Ich freue mich, ein Teil davon zu sein.«

Aber die gute Nachricht ist, dass du nicht untergehen wirst. Unmöglich. Wenn du dir sicher bist, dass der Vater sich total über dich freut,

> *bist du auf dem Weg nach oben!*
> *Eine geniale Aussicht erwartet dich!*
> *Wie die Adler steigst du unendlich hoch.*[46]

Mit allem gebührenden Respekt für Dr. Seuss, hier geht es nicht um die Befähigung, die von dem Glauben an mich selbst kommt. Diese Befähigung kommt von dem göttlichen und erhebenden Einfluss der mächtigen Gnade Gottes.

Söhne und Töchter, die mit der Gunst ihres Vaters überladen sind, leuchten wie die Sterne (Philipper 2,15). Emporgehoben von seiner Liebe fahren sie auf mit Flügeln wie Adler. Sie laufen mit Pferden um die Wette und gehen auf dem Wasser, sie sind lebendige Zeugnisse der aktivierenden Kraft seiner göttlichen Annahme.

Eine Gemeinde, die annimmt

Göttliche Annahme wird die Welt verändern, aber bevor sie das tun kann, muss sie erst die Gemeinde verändern. Schon viel zu lange ist die Gemeinde bekannt als ein Ort, an dem Menschen abgelehnt, gerichtet und verurteilt werden. Das ist die unweigerliche Konsequenz, wenn man Gnade mit dem Gesetz vermischt und das Evangelium nur teilweise predigt. Diese Mischbotschaft versetzt die Kinder Gottes in Angst vor ihrem himmlischen Vater, sie hält die Heiligen am Rand des Königreichs Gottes zurück und malt dem Gesicht der Liebe einen finsteren Blick auf.

Kannst du dir vorstellen, dass Gott der Vater seinen Sohn Jesus stirnrunzelnd ansieht? Natürlich nicht. Also schaut er auch dich nicht böse an.

Im alten Bund beteten sie für den Tag, an dem der Herr sein Angesicht über uns leuchten lassen würde, uns gnädig sein und uns seinen Frieden geben würde. Die gute Nachricht ist, dass heute dieser Tag ist. Gott schaut dir direkt ins Gesicht und strahlt dich an mit einem Lächeln, in dem ganze Galaxien Platz hätten. Du bist sein Augapfel und er freut sich über dich mit Jubel.

Wenn wir das sehen, verwandelt uns das von einer ungastlichen Gemeinde in eine Gemeinde der Annahme. Dazu sind wir berufen. »Nehmt einander an, wie Christus euch angenommen hat« (Römer 15,7). Stell dir mal vor, wir täten das wirklich. Wir könnten das Gesindel und Gesocks nicht mehr aus unseren Versammlungen und vom Abendmahl ausschließen! Stattdessen würden wir ganz andere Willkommensworte finden:

Wir heißen ganz besonders all jene willkommen, die alleinstehend, verheiratet, geschieden, schwul, stinkreich, schwarz *und stolz sind und die **nix versteh'n Deutsch**. Wir heißen all jene besonders willkommen, die neugeboren, arm wie Kirchenmäuse, spindeldürr oder per Anhalter hergekommen sind. Du bist hier willkommen, wenn du »nur mal reinschnupperst«, gerade aus dem Bett gekullert bist oder gerade aus dem Gefängnis entlassen wurdest. Es macht uns nichts aus, wenn du evangelischer bist als Luther oder katholischer als der Papst oder seit der Taufe der kleinen Sofia nicht mehr in der Kirche warst. Wir heißen alle willkommen, die ein paar Pfunde zu viel auf den Rippen haben, die denken, dass die Erde eine Scheibe ist, die viel zu schwer arbeiten, die nicht lesen und schreiben können und auch die, die nur gekommen sind, weil Oma gerade in der Stadt ist und mal wieder in die Kirche gehen wollte. Wir heißen alle ganz besonders willkommen, die gerade jetzt ein Gebet gut gebrauchen könnten, alle, die schon dreifach geschieden sind, die als Kind mit Religion vollgestopft wurden oder aber sich verfahren haben und gar nicht hier sein wollten. Wir heißen alle willkommen, die eine Entziehungskur machen oder immer noch abhängig sind. Wenn du dein ganzes Opfergeld bei der Hunderennbahn verpulvert hast, bist du hier herzlich willkommen. Wir heißen alle Touristen, Suchenden, Zweifler und weinende Herzen hier herzlich willkommen – und auch dich. Willkommen zu Hause!*[47]

Ein Evangelium der Annahme

In der Annahme des Vaters liegt Freiheit. Wenn du ganz sicher weißt, dass du Papas große Freude bist, befreit dich das von dem Bedürfnis anderen zu gefallen. Der Leistungsdruck wird weichen und die unheiligen Erwartungen anderer Menschen werden lächerlich erscheinen. *Mein Vater freut sich an mir. Ich muss ihm überhaupt nichts beweisen!* Sollten Gedanken der Ablehnung bei dir auftauchen, wirst du sie unbeschwert fallenlassen. *Gott ist für mich! Wer kann schon gegen mich sein?*

Du bist dir sicher, dass die Gunst deines Vaters auf dir ruht. Das macht dich furchtlos und mutig. Du isst im Angesicht deiner Feinde und lachst der Not ins Gesicht. Du tanzt auf den Wellen der Umstände und wenn du im Feuer des Lebens geprüft wirst, verbrennst du dich nicht.

Das Evangelium ist keine Einladung, Jesus anzunehmen; es ist die fantastische Botschaft, dass er dich annimmt. Obwohl das Gesetz zeigt, dass es dir unmöglich ist, Gott zu gefallen und ihm angenehm zu sein, verkündet das Evangelium der Annahme, dass du in Christus für alle Ewigkeit angenehm gemacht worden bist. Du kannst nichts tun, um Gott mehr oder weniger zu gefallen, als du ihm bereits gefällst. Und das alles zum Lob seiner herrlichen Gnade.

6
HEILIG

> Aufgrund dieses Willens sind wir geheiligt
> durch die Opferung des Leibes Jesu Christi,
> [und zwar] ein für allemal.
> (Hebräer 10,10 SLT)

Wenn du mal kurz in den Himmel reisen würdest, würdest du wahrscheinlich hören, wie die Engel »Heilig, heilig, heilig ist der Herr, Gott, der Allmächtige« rufen.[48] Gott ist heilig, aber was ist Heiligkeit eigentlich? Viele Jahre lang dachte ich, ich wüsste es. Doch dann fand ich heraus, dass das, was ich als Heiligkeit bezeichnete, den Herrn nicht sehr treffend beschrieb. Als ich herausfand, was Heiligkeit wirklich bedeutet, war ich überrascht. Da verstand ich langsam, warum die Engel das singen.

Echte Heiligkeit ist atemberaubend. Doch die meisten Christen wissen nicht, was das ist. Sie wissen, dass sie heilig oder geheiligt sein sollten, aber man hat ihnen nur eine gefälschte Heiligkeit angeboten, die nur ein Schatten des Echten ist. Man hat ihnen gesagt, Heiligung sei wie die Mitgliedschaft in einem Fitnessclub. »Du musst dich anmelden, eine Verpflichtung eingehen und daran arbeiten. Erwarte bloß keine sofortigen Ergebnisse«, sagen die Fitnesstrainer, »denn der Prozess der Heiligung ist eine schrittweise Entwicklung. Das braucht Zeit und es gibt keine Garantie, ob du es je schaffen wirst. Aber komm einfach weiter in unseren Kurs und gib uns dein Geld, denn ohne Heiligung wird niemand den Herrn sehen.«

Im Streben nach Heiligkeit wurden ganze Bewegungen ins Leben gerufen und zahllose Predigten gehalten, aber keine davon hat je dazu beigetragen, dass irgendjemand heilig wurde.

Was also ist Heiligkeit und wie können wir sie erlangen?

Was ist Heiligkeit?

Es gibt viele Definitionen von Heiligkeit. Für manche ist Heiligkeit, dass wir einen großen Bogen um die Sünde machen. Diese Definition kommt aus dem alttestamentlichen Gesetz, das sich in den ersten Büchern der Bibel befindet. Das Gesetz enthält eine Liste von Dingen, die man nicht tun, nicht berühren und nicht essen durfte. Wenn du damals rein bleiben wolltest, durftest du deinen Bart nicht schneiden, dich nicht tätowieren lassen, keinen Schinken essen und nicht aussätzig sein.[49]

In unserer modernen Welt variiert diese Liste von Unberührbarem etwas, aber die gleiche grundlegende Regel wird immer noch befolgt: Um heilig zu sein, musst du Sünde aus dem Weg gehen. Aber wenn wir Heiligkeit als Unterlassen von Sünde definieren, ist es, als würden wir Licht als die Abwesenheit von Dunkelheit definieren. Diese Definition ist zwar sachlich korrekt, aber unzureichend. Wir definieren etwas, indem wir beschreiben, was es nicht ist. Eigentlich verrät uns das aber gar nichts darüber, was Heiligkeit wirklich ist. Und es ist auch nicht die Beschreibung eines Gottes, der schon heilig war, lange bevor es überhaupt Sünde gab, um die man einen Bogen hätte machen können. Am Anfang gab es keine Sünde, doch Gott war damals genauso heilig wie heute. Lange bevor es Fehler gab, war er schon fehlerlos.

Was also ist Heiligkeit? Manche sagen, es bedeute, von der Welt abgesondert zu sein und sich von ihr fernzuhalten. Okay, aber das ist immer noch eine schwache Definition, als wäre unsere Beschreibung von Gott: »Er ist nicht der Teufel.« Diese Interpretation vermittelt auch den Gedanken, dass Gott allergisch auf Sünde ist. Das stimmt nicht. Seine heilige Gnade ist größer als unsere unheilige Sünde.

»Aber steht nicht in der Bibel, dass Jesus unbefleckt war und abgesondert von den Sündern?« (s. Hebräer 7,26). Ja, das stimmt, und doch war er der Freund der Sünder. Sein Herz schlug für die Unreinen, Ungesunden und Gottlosen. Das Problem an den ganzen Predigten über Heiligkeit ist, dass sie uns den Sündern gegenüber unfreundlich stimmen. Im Gegensatz zu Jesus verbringen wir nämlich überhaupt keine Zeit mit ihnen. Wir trauen uns gar nicht. Wir könnten uns ja irgendetwas einfangen.

Andere versuchen, es etwas positiver hinzudrehen: »Es heißt nicht, dass wir *von* etwas oder jemandem abgesondert sind, sondern dass wir *zu* etwas hin abgesondert sind. Heiligkeit bedeutet, dass wir an Gott hingegeben sind.« Okay, das klingt ganz gut. Aber wie trifft das auf einen heiligen Gott zu? Heißt das, dass Gott an sich selbst hingegeben ist?

»Heiligkeit ist gottesfürchtige Frömmigkeit.« Sagen wir jetzt also, dass Gott fromm ist? Dass er Ehrfurcht vor sich selbst hat und sich selbst fürchtet? Das übersteigt unsere Vorstellungskraft.

»Heilig bedeutet ›verehrungswürdig‹. Ein heiliger Gott ist unserer Anbetung würdig.« Stimmt, Gott ist würdig, doch die Bibel sagt, dass die Engel auch heilig sind. Sollten wir sie deswegen anbeten? Auch die Heiligen sind heilig. Sollten wir uns selbst anbeten?

Problem erkannt? Wir wissen eigentlich nicht, was Heiligkeit ist. Und wenn du nicht weißt, was Heiligkeit ist, was machst du dann mit den ganzen neutestamentlichen Aufforderungen, heilig zu sein? Wie wirst du jemals den Herrn schauen können?

Okay, jetzt haben wir lange genug um den heißen Brei herum geredet. Es ist Zeit, dass wir uns auf die wahre Bedeutung von Heiligkeit konzentrieren.

Die ganze Bedeutung von Heiligkeit

Heiligkeit bedeutet Ganzheit. Wenn wir sagen »Gott ist heilig«, dann beziehen wir uns auf die Ganzheit, Fülle, Schönheit und das überfließende Leben Gottes. Ihm fehlt es an nichts. Er ist ungebrochen, unversehrt, nicht gefallen, absolut vollständig und ganz in sich selbst. Er ist unteilbar, völlig unabhängig und das Bild der Vollkommenheit. Wenn die Engel singen, »heilig ist der Herr«, bewundern sie ihn nicht, weil er alle Regeln befolgen oder einen großen Bogen um die Sünde machen würde. Sie bestaunen seine absolute und überragende Vollkommenheit. Gott in der Schönheit seiner Heiligkeit anzubeten bedeutet, von der unendlichen Reichweite und dem Ausmaß seiner Erhabenheit ergriffen zu sein. Es bedeutet, sich in den grenzenlosen Gefilden seiner Lieblichkeit zu verlieren.

Heiligkeit ist nicht ein einzelner Aspekt des Charakters Gottes; sie ist das herrlich einheitliche Gesamtpaket. Heilig ist das Adjektiv, das allen anderen Attributen vorausgeht. Darum ist die Liebe Gottes eine heilige Liebe, die ganze und uneingeschränkte Liebe der Dreieinigkeit, die in die Herzen der Menschheit hineinquillt. Seine Gerechtigkeit ist eine heilige Gerechtigkeit, es ist die Gewohnheit des richtigen Handelns, das ganz natürlich aus ihm herausfließt, weil er so vollkommen mit sich selbst im Einklang ist, dass er sich gar nicht anders verhalten kann. Seine Freude ist eine heilige Freude, eine reine und schattenlose Freude, die jeden Ausdruck seiner Liebe und Güte begleitet.

Heiligkeit ist für uns schwer zu verstehen, weil wir nie etwas in der Art gesehen haben. Unsere Bedürfnisse sind uns wesentlich vertrauter als seine Fülle, unsere Zerrissenheit vertrauter als seine Ganzheit. Als der Verfasser des Hebräerbriefs sagte: »Ohne Heiligkeit kann niemand den Herrn schauen«, wollte er keine Drohung aussprechen, sondern nur eine Tatsache beschreiben (Hebräer 12,14). Unsere Erfahrung mit einer kranken und kaputten Welt hat uns nicht darauf vorbereitet, jemandem zu begegnen, der gesund und ganz ist. Wir sprechen noch nicht einmal dieselbe Sprache. Unsere Muttersprache ist eine Sprache des Mangels und des Verlangens, aber Jesus kam und sprach die Sprache des Lebens in Fülle. »Seid vollkommen«, sagte der Heilige. Das Wort für »vollkommen« bedeutet »vollständig« oder »voll ausgewachsen«.[50] Es bedeutet »ganz«. Jesus sagte damit: »Seid ganz, wie euer Vater im Himmel ganz ist.« Er berief uns zu dem Leben, das seines ist.

Das heilige Leben des Heiligen

Jesus ist der Einzige von uns, der von der Sünde unbeschadet blieb. Er wandelte als Leuchtfeuer der Ganzheit und Gesundheit inmitten der Trümmer einer gefallenen Menschheit.

Obwohl Jesus von keiner Sünde wusste, sagt uns der Verfasser des Hebräerbriefs, dass er »lernte, gehorsam zu sein« und dass er »vollkommen gemacht wurde«.[51] Das klingt wie ein Widerspruch, gerade so als hätte Jesus als ungehorsamer Sünder angefangen und wäre am Ende gut geworden. Vielleicht hatte er sich für eines dieser Heiligungsseminare angemeldet und sich auf seinem Weg zur Sündlosigkeit hindurchgeschwitzt. Nein, so war es nicht. Der Verfasser des Hebräerbriefs will damit sagen, dass die volle Schönheit und das Ziel des Dienstes Jesu erst am Kreuz klar wurden. Bevor er starb, war sein Dienst unvollkommen oder unvollständig. Aber am Kreuz wurde alles vollendet, was getan werden musste, um dich zu retten und zu heiligen:

> *Nach diesem, da Jesus wusste, dass schon alles **vollbracht** war, spricht er, damit die Schrift **erfüllt** würde: Mich dürstet! ... Als nun Jesus den Essig genommen hatte, sprach er: Es ist **vollbracht!** Und er neigte das Haupt und übergab den Geist.* (Johannes 19,28+30 SLT)

Schau dir mal die Wörter an, die in diesem Abschnitt verwendet werden, um den Höhepunkt des Dienstes Jesu zu beschreiben: *vollbracht* und *erfüllt*. Wenn Christus dein Leben ist, solltest du dieselbe Sprache sprechen, wenn es um dein Streben nach Heiligkeit geht: *vollbracht* und *erfüllt*. Du musst nichts mehr tun, um heilig zu werden; du wurdest durch das erfüllte und am Kreuz vollbrachte Erlösungswerk Jesu Christi heilig gemacht:

> *Denn durch dieses eine Opfer hat er alle, die er heiligt, für immer vollkommen gemacht.* (Hebräer 10,14)

Es ist etwas Erstaunliches geschehen. Durch einen Akt seines Willens und durch das Opfer seines Leibes wurdest du für alle Zeit geheiligt. Das war das Ziel seines Dienstes. Er wurde zu den Verbrechern gezählt, damit du zu den Heiligen gezählt werden kannst.[52]

Nur ein einziges Mal in der Geschichte schaffte es ein Mensch, sich selbst zu heiligen, und er tat es für dich. Jesus sagte: »Und ich heilige mich selbst für sie, damit auch sie geheiligt seien in Wahrheit« (Johannes 17,19 SLT). Wurde Jesus-als-Hoherpriester am Kreuz vollkommen gemacht? Ja! Dann bist du hundertprozentig geheiligt. Du bist wie ein Frischverheirateter, der nach der Hochzeitsnacht aufwacht und sagt: »Ich fühle mich gar nicht verheiratet – das ist alles so neu für mich –, aber durch die Ereignisse des gestrigen Tages bin ich hundertprozentig verheiratet.« Es ist kein allmählicher Prozess, der viele Jahre der langsamen, mühsamen Selbstverbesserung braucht. Entweder du bist verheiratet – oder nicht. Entweder du bist heilig – oder nicht. In dem Moment, in dem du zu dem Heiligen »Ja« gesagt hast, bist du mit ihm eins geworden und wurdest genauso heilig, wie er es ist.

»Echt? Ich weiß nicht, ob ich das glauben kann, Paul.« Die gute Nachricht für dich ist, dass der ungläubige Ehepartner durch den anderen geheiligt ist.

»Aber ich fühl mich gar nicht heilig; eigentlich fühle ich mich ausgesprochen unheilig.« Hör auf, dich auf deine Gefühle zu verlassen und bring dein Denken in Übereinstimmung mit dem Wort Gottes. Geh notfalls auf die Sprachschule und mach dich mit dem neuen Vokabular der Heiligkeit vertraut. Du bist kein armseliger Sünder, der Heiligung braucht; du bist ein Heiliger und der Tempel des Heiligen Geistes. Kannst du dir vorstellen, dass der Heilige Geist auf einer unheiligen Müllhalde lebt? Natürlich nicht. Doch er lebt in dir. Also musst du wohl heilig sein.

»Du sagst, dass Heiligkeit Vollständigkeit und Ganzheit bedeutet. Aber ich komme aus einer kaputten Familie und meine Ehe ist auch kaputt. Ich fühle mich unvollständig.« Weder ein Ehepartner noch Kinder werden dich vollständiger machen. Wir legen einen unheiligen Druck auf andere, wenn wir von ihnen erwarten, dass sie etwas für uns tun, das nur Gott tun kann. »Ihr seid zur Fülle gebracht in ihm« (Kolosser 2,10 SLT). Jesus bringt dich zur Fülle.

Du warst kaputt, aber in ihm bist du heil. Du hattest Mangel, aber wer Christus hat, hat keinen Mangel an irgendeinem Gut. Dein Leben war ein Chaos der Sünde, aber er gab dir Schmuck anstelle von Schmutz. Ist das nicht eine gute Nachricht?[53]

Praktische Heiligkeit

Vor dem Begriff der praktischen Heiligkeit müssen wir uns in Acht nehmen, denn er hat oft einen verborgenen Haken: »Du musst an deiner Heiligkeit arbeiten. Du musst dich anstrengen, Gottes heilige Maßstäbe zu befolgen.« Das ist trügerische Werbung. Es ist alttestamentliche Verhaltensänderung im Gewand eines zweiten Werks der Gnade – als wäre das erste Werk der Gnade unzureichend gewesen. Fall nicht darauf rein. Jesus hat bereits dafür gearbeitet, dich zu heiligen, und sein Werk kann nicht verbessert werden.

Manchmal höre ich von Christen, die denken, das Gesetz zeige uns, wie man heilig leben kann. »Wir sind durch Gnade gerettet und werden durch das Gesetz vollkommen gemacht.« Ich sage ihnen dann immer, dass dieses Rezept sie todsicher in ein Desaster führt. »Denn das Gesetz machte nichts vollkommen« (Hebräer 7,19). Obwohl das Gesetz heilig und gut ist, hat es keine Kraft, dich heilig und gut zu machen. Das Gesetz ist kein *Handbuch für ein Leben in Heiligkeit*; es ist ein Wegweiser auf Jesus hin.

Andere sagen, wir würden durch Werke geheiligt. »Wir müssen die Gebote Jesu halten. Wir müssen die Anweisungen von Paulus befolgen.« Aber nicht, um heilig zu werden. Nichts, was du tust, macht dich heilig.

»Wie erklärst du dir dann die ganzen Verse im Neuen Testament, die uns dazu aufrufen, heilig zu sein?« Okay, wir schauen uns mal ein Beispiel von Paulus an:

Gott möchte, dass ihr heilig seid; deshalb sollt ihr nicht unzüchtig leben. (1. Thessalonicher 4,3)

Ein Heiligkeits-Fitnesstrainer würde diese Bibelstelle nehmen und dir sagen, dass du noch nicht geheiligt bist, dass du erst noch geheiligt werden musst und dass der Weg zur Heiligung ist, nicht unzüchtig zu leben. Diese Deutung kommt geradewegs aus dem alten Bund. Paulus sagt hier aber etwas ganz anderes. Er sagt: »Ihr seid heilig, also seid heilig.« Siehst du den Unterschied? Der eine sagt, tu, um zu werden. Der andere sagt, tu, weil du bist.

Verhalten ist eine Folge von Identität. Wenn eine kaputte und zerstörte Person versucht, heilig zu leben, ist das wie bei einem Fisch, der an einem Langstreckenlauf teilnimmt – weit kommt er jedenfalls nicht. Wenn so jemand es schafft, die eine Art von Sünde zu lassen (z. B. Unzucht), dann kannst du dir sicher sein, dass ihn etwas anderes zu Fall bringt (z. B. selbstgerechter Stolz).

Das Vermeiden von Sünde kann einen kaputten Menschen nicht wieder heil machen. Aber wenn du von Jesus bereits heil gemacht worden bist und gelernt hast, all deine Bedürfnisse von ihm befriedigen zu lassen, dann wirst du keine Mühe haben, Sünde zu lassen. Die gute Nachricht ist, selbst wenn du versagst, bist du immer noch heilig. Verstehst du das? Da du nichts tun konntest, um dich heilig zu machen – du wurdest ja durch seinen Willen und sein Opfer geheiligt –, kannst du auch nichts tun, um dich unheilig zu machen. Danke, Jesus.

Lernen, heilig zu leben

Ein heiliges Leben zu führen ist für heilige Menschen etwas völlig Normales. Das tun heilige Menschen eben. Aus diesem Grund verfolgten die Verfasser des Neuen Testaments durchgehend das Muster, zuerst Identität aufzubauen, bevor sie Anweisungen erteilten, wie man heilig lebt. Paulus war ein Meister darin. Schau dir mal an, wie er den Brief an die sich danebenbenehmenden Korinther begann: »An die Geheiligten in Christus Jesus, die berufen sind, heilig zu sein« (1. Korinther 1,2; nach der engl. NIV). Siehst du das Muster? Zuerst die Identität (geheiligt in Christus Jesus) und dann das Verhalten (darum seid heilig).

Für die Thessalonicher hatte er dieselbe Botschaft: »Ihr seid Kinder des Lichts, also handelt dementsprechend« (s. 1. Thessalonicher 5,5-6).

Genauso ermahnt auch Petrus, »heilig zu sein in allem, was ihr tut« (1. Petrus 1,15), und erinnert daran, dass wir eine heilige Priesterschaft und heilige Nation sind (1. Petrus 2,9).

Noch einmal will ich das betonen: Wir handeln nicht heilig, um heilig zu werden, sondern weil wir heilig sind. Es liegt in unserem neuen Wesen, heilig zu leben, mit unserem Reden andere aufzubauen und das Beste von anderen zu denken. Ein Kind eines heiligen Gottes, das sich unheilig verhält, ist ein Heuchler. Denn Heuchler verhalten sich ihrem Wesen genau entgegengesetzt. Das ist möglich, wenn man sie ständig mit Lügen und Gesetzen gefüttert hat: »Du bist nicht heilig. Befolge die Gebote Gottes und streng dich an, heilig zu werden.« Es ist auch möglich, wenn sie ihre wahre Identität nicht kennen, weil man ihnen gesagt hat: »Du bist ein unheiliges Werk, das sich weiterentwickelt.« Diese Art von Heiligungspredigt trägt kein bisschen dazu bei, Heiligkeit zu fördern. Stattdessen weckt sie die Sünde auf und reizt das Fleisch in dem vergeblichen Versuch, sie zu überwinden. Es bringt Menschen bei, sich auf sich selbst zu verlassen anstatt auf die unverdiente Gnade Gottes, der sie geheiligt hat.

Was ist praktische Heiligkeit? Wir lernen in der Realität zu leben, dass Jesus uns heil gemacht und uns alles gegeben hat, was wir zum Leben und zur Ehrfurcht vor Gott brauchen. Es bedeutet, dass wir lernen so zu »funktionieren«, wie Gott uns von Anfang an »gebaut« hatte.

Heiligkeit ist nichts, wonach wir streben müssten; wie die Errettung ist sie etwas, das wir haben, um darin zu leben. Denk an ein Kleinkind, das laufen lernt. Ein Kleinkind hat alles in sich, was es braucht, um laufen, rennen und springen zu lernen. Es muss es nur umsetzen. Genauso ist es mit der Heiligkeit. Wir sind heil – Gott hat uns in Jesus alles gegeben, was wir brauchen –, wir müssen nur lernen, wie wir heil leben können. Das ist für uns eine neue, schöne Erfahrung. Bisher waren wir anders, aber wenn wir unsere Augen auf Jesus richten, auf den Heiligen, können wir nicht scheitern.

Das Ende des Wettrennens

Im Streben nach Heiligkeit wurde viel Schaden angerichtet. Man hat uns gesagt, wir wären zu einem Langstreckenlauf angetreten und die Schwachen unter uns könnten es möglicherweise nicht schaffen. »Also entweder strengst du dich noch mehr an oder du stirbst eben!« Im Namen der Heiligkeit hat man uns Fahrscheine für eine endlose Pilgerreise zu einem unbekannten Ziel verkauft – ohne die Garantie, dass wir je ankommen werden. Aber die gute

Nachricht der Gnade ist, dass du in Christus bereits angekommen bist. Das Rennen des Christen beginnt an der Ziellinie.

Also streich die Heiligungsseminare, beende die Mitgliedschaft im Fitnessclub und hör auf, für Jesus zu schwitzen. Hör auf, dir vorzumachen, dass du das zu Ende bringen könntest, was er begonnen hat. Sei stattdessen zuversichtlich, dass der, der das gute Werk in dir angefangen hat, es auch zu Ende bringen wird. Und lass dich von deinen Fehlern nicht entmutigen. Wenn du fällst, bleibst du heilig. Du gehst von Herrlichkeit zu Herrlichkeit und von Kraft zu Kraft. Und sei dir gewiss, dass dein Papa im Himmel dir voller Freude zuschaut, wie du deine ersten Schritte machst.

Das Evangelium der Heiligkeit

Ganz selten wird das Evangelium der Heiligkeit in seiner vollen Herrlichkeit gepredigt. Die Folge davon ist, dass viele Christen trotz aller Bemühungen immer noch mit Sünde zu kämpfen haben. Sie sind wie Patienten, die im Krankenhaus bleiben wollen, weil sie denken, sie seien immer noch krank. Sie wissen nicht, dass Dr. Jesus sie gesund gemacht hat.

Das Evangelium ist kein Anmeldebogen für ein Heiligungsseminar. Das Evangelium ist die ultimative Bekanntmachung, dass du in Christus wirklich heilig bist. Jesus nahm dein kaputtes und schäbiges altes Leben und gab dir dafür sein heiles Leben. Du bist zu einem Abenteuer berufen – zu entdecken, wer du in Christus bist, und dich dem Herrn als heiliges Opfer schenken. Du bist ein lebender und schöner Beweis der verändernden Kraft seiner heiligen Gnade. Heiligkeit oder Ganzheit ist die Definition für Leben im Überfluss schlechthin. Und in Christus hast du dieses Leben bereits.

7
GERECHT

> Ihr wurdet vor Gott gerecht gesprochen
> durch den Namen von Jesus Christus,
> dem Herrn.
> (1. Korinther 6,11)

Vor ein paar Jahren ging ich in eine Gemeinde, um dort einen Prediger von außerhalb zu hören. Der Gastprediger begann mit einer Frage: »Wer von euch weiß, dass er gerecht ist?« Hunderte von Händen gingen hoch. Nahezu jeder im Raum wusste, dass er in Gottes Augen gerecht war. Dann sollten alle ihre Hände wieder herunternehmen und er stellte die nächste Frage: »Wer von euch *fühlt* sich denn gerecht?« Dieses Mal gingen fast keine Hände hoch.

Ich denke mal, was ich dort erlebt habe, trifft auf Christen überall zu. Die meisten haben eine Vorstellung davon, dass sie vor Gott gerecht sind, in ihrem Herzen spüren sie aber nichts davon. Diese Wahrheit ist nicht tief genug in ihr Bewusstsein gelangt. Sie sitzt nur an der Oberfläche und wartet darauf, von einer Frage wie der des Gastpredigers angestupst zu werden. »Bin ich gerecht? Klar, ich schätze schon. Die anderen haben alle ihre Hand gehoben, also sollte ich es auch tun.« Aber tief in ihrem Inneren sind sie unsicher. Sie wissen nicht genau, wie Gott sie wirklich sieht. Und da sie nicht in seiner Gerechtigkeit ruhen, versuchen sie, ihre eigene aufzubauen. Ich meine damit, dass sie immer versuchen, das Richtige zu tun. Sie versuchen, den richtigen Kurs, die richtige Arbeitsstelle und den richtigen Ehepartner zu wählen, und richtig vor Gott zu leben.

Es ist nichts verkehrt daran, wenn wir das Richtige tun wollen. Das Problem ist nur, dass wir oft nicht wissen, was richtig ist. »Soll ich A oder B nehmen? Was sagt Gott dazu?« Wir haben den aufrichtigen Wunsch, das Richtige zu tun. Aber wir können nicht vorhersagen, wie die Dinge sich entwickeln werden. Das macht uns ängstlich und unsicher. »Hab ich mich richtig entschieden?« Und wenn unser bester Plan in die Hose geht, sind wir durcheinander. »Wie bin ich nur hierher geraten? Was habe ich falsch gemacht?«

Wer sich nicht gerecht fühlt, fühlt sich ängstlich. Er hat keinen echten Frieden. Natürlich bauen wir unseren Glauben nicht auf Gefühle auf, aber Gefühle sollten dem Glauben folgen, so sicher wie Friede und Freude auf Gerechtigkeit folgen.

Fehlender Friede ist eine Begleiterscheinung davon, unser Dasein als Christen ständig rechtfertigen zu müssen. Mangelnder Friede ist das Ergebnis einer Mentalität, die sagt: »Ich muss meinen Teil tun. Ich muss Frucht bringen. Das wird von mir erwartet.« Menschen, die so denken, gehen in die Gemeinde, besuchen jede Konferenz und lesen die neusten Bücher – weil sie jemanden suchen, der ihnen sagt, was sie tun sollen. »Hab ich genug getan? Bin ich gut genug?« Sie sind auf der Suche nach Gerechtigkeit. Wie der reiche Jüngling fragen sie: »Was muss ich Gutes tun, um ewiges Leben zu erben?«

Da dies hier das neuste Buch ist, will ich dich nicht enttäuschen. Ich sage dir, was du tun musst, um ewiges Leben zu erben.

Nichts. Du *kannst* nichts tun. Das ewige Leben ist ein Erbe, ein Geschenk, das Gott seinen Kindern gibt.

Das Geschenk der Gerechtigkeit

Warum ist die gute Nachricht für viele noch etwas Neues? Weil die meisten Christen – wie die in der erwähnten Versammlung – noch nie gehört haben, dass die Gerechtigkeit, die du und ich brauchen, ein Geschenk des Herrn an uns ist. Es gibt einfach keine andere Möglichkeit gerecht zu sein als die, die Gabe der Gerechtigkeit durch Glauben anzunehmen:

Denn im Evangelium zeigt uns Gott seine Gerechtigkeit, eine Gerechtigkeit, zu der man durch den Glauben Zugang hat.
(Römer 1,17a NGÜ)

Die schlechte Nachricht des Gesetzes beweist, dass du nie gut genug sein kannst, um Gott durch deine eigenen Verdienste zu beeindrucken. Aber die gute Nachricht der Gnade lautet, dass er dir seine Gerechtigkeit bedingungslos anbietet – als Geschenk. Das ist so einfach, dass viele daran vorübergehen. Sie düsen am Auspacken des Geschenkes vorbei – direkt zum Aufräumen. Sie haben keine Zeit, zu den Füßen Jesu zu sitzen und zu empfangen. Sie müssen noch Kuchen backen und Predigten halten. Wenn du sie fragst, wie es ihnen geht, sagen sie: »Müde.« Wenn du ihnen beim Beten zuhörst, wirst du hören, wie sie sagen: »Herr, ist es dir eigentlich egal, dass meine Brüder und Schwestern mich mit der ganzen Arbeit alleine gelassen haben?« (s. Lukas 10,40)

Jedes Kind weiß doch, dass man mit Geschenken nur zweierlei machen kann; man kann sie entweder annehmen oder ablehnen.

Man kann sagen: »Danke Jesus, das ist genau das, was ich jetzt brauche«, oder: »O nein, Jesus, ich bringe dir stattdessen viel lieber ein Opfer. Schau mal, was ich alles für dich tue. Bist du beeindruckt?« Nur die erste Reaktion gefällt dem Herrn.

Eines darfst du mit einem Geschenk niemals tun, vor allem wenn es unbezahlbar ist – den Geber beleidigen, indem du versuchst, eine Gegenleistung zu erbringen. Genau das haben die Juden in den Tagen von Paulus versucht und es hat sein Herz gebrochen:

Liebe Geschwister, ich wünsche von Herzen und flehe zu Gott, dass die Angehörigen meines Volkes gerettet werden. Denn ich kann ihnen bezeugen, dass sie sich mit großem Eifer für Gott einsetzen. Doch was ihnen fehlt, ist die richtige Erkenntnis. Sie begreifen nicht, worum es bei der Gerechtigkeit Gottes geht, und versuchen, durch ihre eigene Gerechtigkeit vor Gott zu bestehen. Damit haben sie sich der Gerechtigkeit, die Gott ihnen schenken will, verweigert. (Römer 10,1-3 NEÜ)

Hingabe ohne Erkenntnis des Evangeliums ist ein Rezept für selbstgerechte Religion. Vielleicht arbeitest du hundert Stunden in der Woche für Jesus, aber wenn du dich nicht der Gerechtigkeit, die im Evangelium seiner Gnade offenbart wird, unterworfen hast, ist dein Werk vergebens. Du stapelst Feuerholz auf und du bist nicht errettet.

Die selbstgerechten Bewohner von Sardes

Viele Kirchgänger sind Gott hingegeben, aber ihre Hingabe beruht auf Unwissenheit und Unglauben. Sie schuften wie die Sklaven, aber in Gottes Augen sind ihre Taten unvollkommen. Wie die Gemeinde von Sardes müssen sie sich an das erinnern, was sie gehört haben (das Evangelium), es beherzigen und anfangen, andere Entscheidungen zu treffen.[54] Sie müssen aufhören, sich auf ihre eigenen vergeblichen Versuche zu einem gerechten Leben zu verlassen, und sich Gottes Gerechtigkeit unterwerfen.

Ich glaube nicht, dass sich irgendjemand morgens beim Aufstehen vornimmt, heute selbstgerecht zu sein. Aber wenn du versuchst, den Herrn mit deinen Opfern zu beeindrucken, dann bist du tatsächlich selbstgerecht. Wenn wir über Selbstgerechtigkeit sprechen, denken wir gerne an die Judaisierer, die Paulus rund um das Mittelmeer mit ihren scharfen Beschneidungsmessern nachstellten. Aber auch Marta war ein bisschen selbstgerecht, obwohl sie im wahrsten Sinn des Wortes dem Herrn diente. Sie war ein Ein-»Mann«-Dienst, der für Jesus Kuchen backte.

Martas Problem war nicht das Kochen, sondern dass sie nichts aß. Der himmlische Küchenchef kam sie besuchen und sie hatte nichts Besseres zu tun, als ihm ihre belegten Brote zu servieren. So funktioniert es aber nicht. Die Reihenfolge ist falsch. Wir sind nicht gerettet oder gerecht, weil wir ihm etwas Gutes tun, sondern weil er uns etwas Gutes getan hat. Das Größere segnet das Kleinere.

Jesus verdammt Marta nicht, das ist nicht seine Art. Aber er sagt ganz deutlich, dass ihre Schwester Maria die bessere Wahl getroffen hat. Siehst du, wie wichtig das ist? Die, die nicht versuchte, ihn zu beeindrucken, machte Eindruck auf ihn. Nicht die, die mit dem Essen kam, sondern die, die den Hunger mitbrachte.

Wir können so im Dienst für den Herrn aufgehen, dass wir vergessen, dass der Menschensohn nicht gekommen ist um sich dienen zu lassen, sondern um zu dienen (Matthäus 20,28). Und der Hauptgang auf seiner Speisekarte ist eine ordentliche Portion Gerechtigkeit. Hör, was der himmlische Küchenchef zu sagen hat:

Glückselig sind, die nach der Gerechtigkeit hungern und dürsten, denn sie sollen satt werden! (Matthäus 5,6 SLT)

Das Wort für »satt werden« heißt sich vollfressen, was darauf hinweist, dass der himmlische Küchenchef deftige Kost serviert.[55] Er geizt nicht mit seiner Gnade. Wenn du seine Gerechtigkeit isst, wirst du richtig satt werden. Wenn du das Brot des Lebens isst, wird diese Speise dich bis in alle Ewigkeit nähren und am Leben erhalten. Du wirst nie wieder Hunger haben.

Wer zu mir kommt, den wird nicht hungern, und wer an mich glaubt, den wird niemals dürsten. (Johannes 6,35 SLT)

Wenn du eine deftige Mahlzeit zu dir genommen hast, dann denkst du im Leben nicht daran, dich noch mal hinter den Herd zu stellen. Du willst dich nur hinsetzen, verdauen und ein Loblied auf den Küchenchef anstimmen. Das ist eine äußerst angemessene Reaktion auf Gnade!

Woran erkennt man, dass ein Christ sich der Gerechtigkeit Gottes unterworfen hat? Er sieht satt und zufrieden aus. Er schwitzt nicht in der Küche und er schmiert keine Brote für Jesus. Er singt auch keine unzufriedenen Lieder über seinen Hunger und Durst (»Oh feed me Jesus«). Stattdessen weist er die Hungrigen auf das

Brot des Lebens hin und verkündet das Evangelium seiner sattmachenden Gerechtigkeit.

Wie wichtig es ist, nichts für Jesus zu tun

Ich habe vorhin nicht nur so dahingesagt, dass du nichts tun musst. Ich bin ein Gnadenprediger und das Wort »müssen« benutze ich nur selten. Aber was die Gerechtigkeit anbelangt, *musst* du wirklich nichts tun. Alles, was du tust, um dem Herrn in Sachen Rechtfertigung nachzuhelfen, endet in einer Katastrophe. Wir sind gerechtfertigt durch den Glauben allein. Punkt.[56]

Paulus sagte, seine eifrigen jüdischen Brüder hätten sich der Gerechtigkeit Gottes verweigert; sie versuchten, ihre eigene Gerechtigkeit aufzurichten. Das entscheidende Wort hier ist »verweigern«. Denk an einen Schwimmer, der im Ozean ertrinkt. Für seine Rettung darf er sich dem Rettungsschwimmer nicht verweigern. Wenn er in Panik verfällt und versucht, sich selbst zu retten, wird er die Aufgabe des Lebensretters nur erschweren oder sogar ganz verhindern.

Vor ein paar Wochen hörte ich eine Geschichte über eine Suchaktion der Marine und einen Rettungsschwimmer, der einem abgestürzten und gesunkenen Piloten zur Hilfe kam. Der Pilot begann zu zappeln und wild um sich zu schlagen und brachte damit sich selbst und seinen potenziellen Retter in Gefahr. Die Reaktion des Rettungsschwimmers darauf war, abzutauchen und zu warten, bis der Pilot aufhörte sich zu wehren. Er zog sich also so lange zurück, bis der Pilot erschöpft war.

Genauso ist es auch mit uns und Jesus. Wir werden gerettet, wenn wir ihm vertrauen, und wir brauchen ihm dabei nicht zu helfen. Wenn wir es trotzdem versuchen, machen wir die Sache nur schlimmer und uns müde. Und doch versuchen wir es. Seit Adam anfing sich Kleider zu nähen, um seine Sünde zu verbergen, hat das Fleisch immer versucht, die Kontrolle an sich zu reißen und alles selbst zu regeln. *Ich kann mich selbst vor dem Ertrinken retten.* Darum sollten wir Gott für das ausgezeichnete Gesetz danken, weil es die Hoffnungslosigkeit unserer Situation offenbart. *Aber du bist weit draußen auf dem Meer! So weit kannst du nicht schwimmen.* Und dann danke ihm noch mehr für die gute Nachricht seiner Gnade, die uns rettet. *Jesus der Retter ist hier. Hör auf, dich zu wehren, und liefere dich seiner Gerechtigkeit aus.*

Endlich Sommerferien

Als ich noch zur Schule ging, war das Ende meiner letzten Klassenarbeit immer der Höhepunkt des Schuljahres. »Die Zeit ist um, Stifte weglegen. Bitte bleibt sitzen, bis eure Arbeit eingesammelt ist.« Kannst du dir vorstellen, wie wunderschön dieser Moment war? All die Arbeit und das Lernen waren vorbei; alle Tests waren geschrieben. Einer der sonnigsten Gedanken, die ein junger Mensch haben kann, ging mir durch den Kopf: *Die Schule ist aus. Endlich Sommerferien!*

Genauso ist es für uns Christen, wenn das Evangelium der Gerechtigkeit in unserem Herzen Wurzeln schlägt. Als erste Reaktion macht sich Erleichterung breit. »Echt? Jesus hat alles getan? Ich muss nichts tun, um ihn zu beeindrucken? Ich kann aufhören, für die Prüfung zu lernen? Was für ein Glückstag!« Viele haben Angst vor der Abschlussprüfung. Die gute Nachricht ist: Es gibt keine Prüfung. Jesus hat sie bereits für uns abgelegt und rate mal – er hat bestanden. *Nie wieder Schule!*

Denn er hat den, der von keiner Sünde wusste, für uns zur Sünde gemacht, damit wir in ihm [zur] Gerechtigkeit Gottes würden. (2. Korinther 5,21 SLT)

Du solltest die Mathematik des neuen Bundes lieben: Wie viele Sünden hatte Jesus begangen, bevor er zur Sünde gemacht wurde? Keine. Und wie viele gerechte Taten hast du getan, bevor du gerecht gemacht wurdest? Keine. Gott hat alles getan! In dem Moment, als du anfingst an Jesus zu glauben, wurdest du für alle Zeit und Ewigkeit »gerecht gestempelt«. Es gab eine Zeit, da warst du ungerecht, aber du wurdest abgewaschen, du wurdest geheiligt und im Namen des Herrn für gerecht erklärt (1. Korinther 6,9-11).

Was bedeutet es gerecht zu sein? Es bedeutet, dass du eine Komplettsanierung hinter dir hast, eine Erneuerung durch den Heiligen Geist, einen vollständigen Umbau. Du wurdest geradegebogen. Du bist nicht mehr der schräge Vogel, der du einst warst. Während du in Adam noch die Neigung zur Sünde hattest, ganz gleich wie sehr du auch versucht hast, ihr aus dem Weg zu gehen – in Christus hast du die Neigung, gerade und wahrhaftig zu leben. Du hast ein Heiliger-Geist-Navi eingebaut, das dich stabil auf Kurs hält. Dein Wunsch ist es, dem Herrn zu gefallen. Ich sage damit nicht, dass du nun nicht mehr fähig wärst zu sündigen. Aber die Sünde ist nicht mehr reizvoll für dich. Und sie befriedigt dich auch nicht mehr. Wenn du gelegentlich doch mal sündigst, ärgerst du dich grün und schwarz – »hätte ich das bloß nicht getan!« Das beweist, dass diese Art von Verhalten deinem neuen Wesen völlig entgegensteht.

»Aber Paul, wenn ich doch so gerecht bin, wie kommt es, dass der Heilige Geist mich immer wieder von Sünde überführt?« Das tut er doch gar nicht. Das ist ein Märchen, das nirgends in der Bibel steht; vergiss es! Adam brauchte Gottes Hilfe nicht, um seine Sünde zu erkennen – und genauso wenig brauchen wir sie. Jedes

Schuldgefühl wegen deines falschen Verhaltens entspringt einer Quelle der Verdammnis und kommt nicht von unserem Tröster.[57] Es gibt keine Verdammnis für die, die in Christus Jesus sind – jetzt nicht und später auch nicht.

Wovon der Tröster uns überführt

Jesus sagte, dass der Heilige Geist uns von unserer Gerechtigkeit überführen würde (Johannes 16,8-10). Wann brauchst du diese Überführung von deiner Gerechtigkeit in Christus am dringendsten? Wenn du dich ungerecht fühlst. Wenn du gerade gesündigt hast.

Wenn du sündigst, wird der Heilige Geist versuchen dich daran zu erinnern, dass du immer noch gerecht bist – weil du in Christus bist, dem Gerechten.

Ich schätze, dass das ganz anders ist als die Botschaft, die viele von uns gehört (und manche sogar gepredigt) haben. Man hat uns gesagt, der Heilige Geist sei wie ein himmlischer Polizist, der Verwarnungen erteilt, wenn wir vom Weg abkommen. Aber das hat Jesus nicht gesagt. Er sagte, der Heilige Geist werde »ihn verherrlichen«, uns in alle Wahrheit führen und uns von unserer Gerechtigkeit überführen. Der Heilige Geist verschließt nicht seine Augen vor unserer Sünde; er versucht, unsere Augen für Jesus zu öffnen. Wie ein Kreiselkompass in einem Flugzeug wird er immer den wahren Horizont aufzeigen – der Heilige Geist wird dich immer auf den Gerechten hinweisen. Er wird dich immer ermutigen, deine Augen auf Jesus zu richten.

Da wir nun durch den Glauben von Gott für gerecht erklärt worden sind, haben wir Frieden mit Gott ... (Römer 5,1)

Weißt du, warum so viele Christen in ihrer Beziehung zu Gott keinen Frieden haben? Sie würden wahrscheinlich sagen, weil Gott wegen ihrer Sünde böse auf sie ist. Aber der wahre Grund ist, dass sie ihn und seine Gerechtigkeit nicht richtig kennen. In Gottes Reich folgt auf Gerechtigkeit immer Friede. Wenn deine Sünde dir mehr bewusst ist als deine Gerechtigkeit in Christus, wirst du nie Frieden mit Gott erleben.

Die Gemeinde ist auf ungesunde Weise auf Sünde fixiert. Wir verbringen unser Leben damit, uns vor der Sünde in Acht zu nehmen, der Sünde zu widerstehen, die Sünde zu bekämpfen, Sünde zu verstecken, vor Sünde wegzurennen, uns Sünde einzugestehen, über Sünde zu sprechen, uns von der Sünde abzuwenden und sie hoffentlich zu besiegen. Wenn wir uns so sehr auf Sünde, Schuldgefühle und Scham konzentrieren, ist es kein Wunder, dass viele von uns sich nicht gerecht fühlen, oder? Wir brauchen den Dienst des Heiligen Geistes jetzt mehr als je zuvor.

Das Wichtigste zuerst

Jesus sagte: »Es soll euch zuerst um Gottes Reich und Gottes Gerechtigkeit gehen« (s. Matthäus 6,33 NGÜ). Zuerst heißt zuerst. Zuerst heißt nicht als Zweites. Jesus wusste, dass wenn es uns erst an zweiter Stelle um seine Gerechtigkeit ginge – sagen wir mal, nachdem wir uns selbst aufgeräumt und in Ordnung gebracht hätten – wir nie dazu kommen würden. Den Menschen, die sich ständig Sünde vor Augen halten, geht es nicht um *seine* Gerechtigkeit; sie verstecken sich hinter Feigenblättern.

Wir müssen unser Denken verändern. Wir müssen den alten Menschen ausziehen »und den neuen Menschen anziehen, der nach Gottes Bild erschaffen ist und dessen Kennzeichen Gerechtigkeit und Heiligkeit sind« (Epheser 4,24 NGÜ). Gott hat seinen Teil getan – er hat uns neu gemacht –, aber wir müssen den neuen Menschen anziehen. Der Gerechte soll durch Glauben leben. Wenn du sündigst, brauchst du keinen Glauben, um dich ungerecht und vergebungsbedürftig zu fühlen. Du brauchst Glauben, um aufs Kreuz zu schauen, auf den Heiligen Geist zu hören und zu bekennen: »Ich hab Mist gebaut, aber wegen Jesus bin ich immer noch gerecht!« Wir wissen gar nicht, wie gut wir es haben. Im Alten Testament wurden Menschen als gerecht bezeichnet, wenn sie sich gerecht verhielten, aber du bist von Grund auf gerecht. Im alten Bund war Gerechtigkeit ein Zustand auf Zeit. Du konntest am Sonntag noch gerecht sein, aber am Montag warst du womöglich schon wieder ungerecht.[58] Aber du wurdest dazu geschaffen, wie Gott zu sein – wahrhaft gerecht. Ist dir klar, was das bedeutet? Du bist wahrhaftig und ewig gerecht. Das hat nichts mit deinem Verhalten zu tun. Nicht deine gerechten Taten haben dich gerecht gemacht und genauso wenig werden deine ungerechten Taten dich ungerecht machen. Ist das nicht befreiend? Anstatt unsere Zeit damit zu verschwenden, uns Sorgen über Sünde zu machen, können wir fröhlich damit weitermachen, gut und gerecht zu leben.

Lähmendes Analysieren

Ein weiteres Zeichen, dass manche die Gabe der Gerechtigkeit nicht schätzen, ist die Angst vor dem Willen Gottes. »Was soll ich machen? Was hat Gott mit meinem Leben vor?« In Hongkong traf ich viele Christen, die in ganz Asien herumtourten, um den Willen Gottes für ihr Leben zu finden. Viele dieser lieben Menschen lebten im Zustand einer selbstauferlegten Lähmung. Sie hatten ihr Leben auf Eis gelegt und Angst davor, Entscheidungen zu treffen, weil sie sich ja falsch entscheiden könnten. »Was ist, wenn ich es verpasse?« Wie kannst du etwas verpassen, wenn du bereits darauf gestoßen bist?

Gottes Wort und der Heilige Geist verkünden gemeinsam, dass du wahrhaftig gerecht bist. Das bedeutet, deine Wünsche sind gerecht, deine Träume sind gerecht und deine Taten sind gerecht. Um es mit Sprüche 12,5 (SLT) zu sagen: »Die Pläne der Gerechten sind richtig.« Wenn du dir eine Tasse Tee machen willst, ist das eine gerechte Tat. Geh und mach dir eine gerechte Tasse Tee!

Gerechte Menschen tun gerechte Taten. Ich sage nicht, dass du nicht auch dumme Entscheidungen treffen könntest. Es gibt kein gerechtes Fehlverhalten. Aber wenn du dich völlig seiner Liebe hingibst und der Gabe seiner Gerechtigkeit vertraust, werden deine Entscheidungen alle gut sein. Weil Jesus bereits gesiegt hat, kannst du in ihm nicht verlieren.

Und nun, liebe Kinder, bleibt mit Christus verbunden, damit ihr voller Zuversicht seid, wenn er wiederkommt, und euch nicht vor ihm schämen müsst! Da ihr wisst, dass Gott gerecht ist, erkennt ihr auch, dass alle, die sich nach dem Willen Gottes richten, seine Kinder sind. (1. Johannes 2,28-29)

Wir verhalten uns nicht gerecht, um Gottes Kinder zu *werden*; wir verhalten uns nicht gerecht weil wir seine Kinder *sind*. Wir sind wie unser Vater ehrliche, kompetente Gerechtigkeitsexperten. Du solltest dir das einrahmen und aufhängen, um dich daran zu erinnern. Eigentlich solltest du dir zehn Urkunden einrahmen, für jedes Kapitel dieses Buches eine. Häng sie in dein Wohnzimmer, dann hast du immer gute Aufhänger für Gespräche.

Du wirst Gott vertrauen müssen, dass deine Träume und Wünsche gerecht sind. Besser noch: Lerne, die Wünsche deines Herzens als gottgegebene Samen zu sehen, die er in dein Herz gepflanzt hat. Wenn du gerne ein Trampolin-Tester werden würdest, dann werde Trampolin-Tester. Wenn das dein gottgegebener Herzenswunsch ist, wäre es ein Fehler, etwas anderes zu werden.

Tief in Christus leben

Eines der größten Versäumnisse der Gemeinde unserer Tage ist, dass nur offizieller »Dienst« als beruflicher Erfolg angesehen wird. Viele junge Menschen bekommen zu hören: »Wenn du im Reich Gottes jemand sein willst, hast du vier Möglichkeiten: Wenn du gut mit Menschen umgehen kannst, dann werde Pastor oder Diakon, und wenn nicht, dann werde Missionar oder Evangelist.« Pech gehabt, wenn du lieber Autorennen fährst oder Nudeln herstellst. Pech gehabt, wenn die Musik, die du schreibst oder die Filme, die du drehst, nicht offenkundig christlich sind.

Ich bin als Pastorenkind aufgewachsen. Durch diesen Hintergrund und in meiner eigenen Laufbahn als Pastor habe ich zahllose Gemeindeleiter kennengelernt und mit ihnen gegessen. Meiner Meinung nach sind die meisten von ihnen in diesem Dienst gelandet, weil es von ihnen erwartet wurde oder weil man es damals für eine gute Idee hielt. Pastor ist ein edler Beruf und die, die ihre Arbeit gut machen, haben viel Beifall verdient. Aber alle, die dieses Amt schlecht und aus den falschen Gründen ausüben, müssen von einer Berufswahl befreit werden, die nichts mit einem Evangelium der Gerechtigkeit zu tun hatte.

Wenn du die Erwartungen anderer Menschen erfüllst oder versuchst jemand anderer zu sein, lebst du nicht tief in Christus. Und ich garantiere dir, dass Gott für seine Kinder mehr als nur vier erfüllende Berufe vorgesehen hat. Da seine Vorstellungskraft grenzenlos ist, gibt es auch endlose Möglichkeiten. Deine Aussichten sind gut. Es ist gut möglich, dass du auf der Welt bist, um etwas zu tun, das vorher noch niemand getan hat.

Du bist ein wertvolles und einzigartiges Glied seines Leibes. So manches fällt dir leicht, was anderen schwerfällt. Du fühlst und siehst Dinge anders als andere. Diese Unterschiede sind kein Zufall. Sie sind ein Hinweis auf den Duft oder die Ausdrucksform des Reiches Gottes, die Gott nur dir alleine gegeben hat. Sie zeigen deine Begabungen auf und wir brauchen sie. Die Welt wartet darauf, dass Christus in dir sichtbar wird.

Es gibt nur zwei Möglichkeiten, wie wir das vermasseln können; entweder wir weigern uns mitzumachen (Gott, was verlangst du da von mir?) oder wir kehren wie Adam zu alten Unabhängigkeits-Gewohnheiten zurück (Ich bin ein Selfmademan). Manche sind versucht, nichts zu tun; andere sind versucht, alle Hebel in Bewegung zu setzen und alles selbst zu inszenieren. Aber das sind Lebensstile, die Minderwertigkeit ausdrücken. Du bist zu Größerem geboren. Du bist berufen, wie die Sonne zu strahlen. Der Gott, der dich gerecht gemacht und gerechte Wünsche in dich hineingepflanzt hat, hat dich für ein erfolgreiches Leben vorgesehen. Er hat voller Vorfreude die himmlischen Ressourcen bereitgestellt, um alle Werke deiner Hände zu segnen.

Um es noch einmal zu sagen: Es geht nicht darum, den Willen des Herrn zu erraten. Es geht darum, den zu kennen und dem zu vertrauen, der dich so gemacht hat, wie du bist, der auch jetzt deine Schritte lenkt und dein Herz mit Gott-großen Träumen füllt.

Worauf wartest du also noch? Sei überzeugt von deiner Gerechtigkeit, lass aus der Gabe Gottes in dir ein Feuer werden und los geht's! Lebe tief in Christus und sei der Mensch, zu dem Gott dich gemacht hat. Deine Zukunft ist vielversprechend!

Der Weg der Gottesfürchtigen ist wie der erste Sonnenstrahl am Morgen, der immer heller leuchtet, bis das volle Licht des Tages erstrahlt. (Sprüche 4,18)

Das Evangelium der Gerechtigkeit

Wenn du einen Fehltritt begehst und sündigst, wird ein alttestamentlicher Prediger dir sagen: »Sieh nur, was du getan hast!« Doch ein neutestamentlicher Prediger wird sagen: »Sieh nur, was *er* getan hat!« Ein alttestamentlicher Prediger würde dich Buße tun lassen von jeder Sünde, bis dir schwindlig wird. Doch ein neutestamentlicher Prediger würde dir die Gnade Gottes vor Augen malen, die dich dazu befähigt, nicht mehr zu sündigen (Titus 2,12).

Unter dem alten Bund warst du gerecht aufgrund deiner Taten, doch im neuen Bund bist du gerecht aufgrund seiner Taten. Du bist für gerecht erklärt und wurdest neu geschaffen, um wie Gott wahrhaftig gerecht zu sein.

Was sollst du mit dem Geschenk seiner Gerechtigkeit anfangen? Er will, dass du es empfängst, darin lebst und mit ihm zusammen in Gerechtigkeit herrschst und regierst.

Das Evangelium ist keine Auflistung von Dingen, die man tun muss, um ewiges Leben zu erben. Es ist die wunderbare Mitteilung, dass die Gerechtigkeit, die man braucht, um ins Königreich Gottes zu kommen – die Gerechtigkeit, die jene der Pharisäer und Schriftgelehrten weit übertrifft –, uns als Geschenk gegeben wird. Durch Glauben.

8

GESTORBEN

*Denn ihr seid gestorben, als Christus starb,
und euer wahres Leben ist mit Christus
in Gott verborgen.*
(Kolosser 3,3)

Warum tun sich 90 Prozent der Christen so schwer damit, Gnade zu empfangen und als Christ zu leben? Es gibt zwei Gründe. Erstens, sie schätzen nicht wirklich wert, was Christus am Kreuz vollbracht hat. Zweitens, sie wissen nicht, was am Kreuz mit *ihnen* geschehen ist. Alle Christen wissen, dass Jesus am Kreuz für ihre Sünden gestorben ist, aber nicht alle wissen, dass sie selbst dort auch gestorben sind. Paulus sagt das immer wieder. Den Christen in Kolossä sagt er: »Ihr seid mit Christus gestorben.« Den Christen in Rom sagt er: »Wir sind mit Christus gestorben.« Den Korinthern sagt er: »Wir sind alle gestorben.«[59]

Du sagst vielleicht: »Wie denn? Ich kann mich nicht an die Nägel erinnern.« Erinnerst du dich noch an das Kapitel über Einheit? Als du mit in Christus hineingenommen wurdest, wurdest du in seinen Tod hineingetauft. Sein Tod wurde dein Tod! Und wie wir noch sehen werden, ist das eine wirklich gute Nachricht.

Deine herrliche neue Vergangenheit

Als du gerettet wurdest, hat man dir wahrscheinlich viele tolle Dinge über deine Zukunft erzählt. »Gott hat einen wunderbaren Plan für dein Leben.« Vielleicht hat man dir auch ein paar tolle Dinge über deine Gegenwart erzählt. »Wir leben schon jetzt im Königreich Gottes.« Aber über deine Vergangenheit hast du wahrscheinlich noch nicht so viel Tolles gehört. »Es spielt keine Rolle, wo du herkommst oder welchen Hintergrund du hast.«

Aber eigentlich spielt deine Vergangenheit eine wirklich bedeutende Rolle. Wenn du denkst, dass du aus Ägypten kamst, dann bist du vielleicht versucht, wieder nach Ägypten zurückzukehren. »Ich wurde in Ägypten geboren und bin dort aufgewachsen, dort gehöre ich hin.« Aber wenn du dein altes Leben als mit Christus gekreuzigt ansiehst, ist diese Verbindung gekappt. Der alte Ägypter lebt nicht mehr und Ägypten hat seine Anziehungskraft verloren.

Hier ist die gute Nachricht: Gott ist nicht nur der Herr deiner Gegenwart und Zukunft, er ist auch der Herr deiner Vergangenheit. Bei deiner Wiedergeburt gab er dir ein nagelneues Leben und eine nagelneue Vergangenheit. Du hast eine neue Geschichte. Sie beginnt am Kreuz, wo du mit Christus gestorben bist.

> *Ich bin mit Christus gekreuzigt; und nun lebe ich, aber nicht mehr ich [selbst], sondern Christus lebt in mir ...*
> (Galater 2,20a SLT)

Deine Taufe in seinen Tod dreht sich um das Allerwichtigste, das je mit dir geschehen ist, und doch wissen darüber nicht viele Christen Bescheid. Frag sie mal nach ihrer Vergangenheit, dann wirst du all die schlimmen Dinge hören, die ihnen zugestoßen sind, und all die dummen Entscheidungen, die sie in ihrem alten Leben getroffen haben. Obwohl sie Christus verherrlichen wollen, leben sie in Wirklichkeit im Schatten der Vergangenheit einer anderen Person. In ihrer Gegenwart spukt der Geist dessen herum, der sie einst waren.

Ich würde gerne auch nur einmal ein Zeugnis wie das von Paulus hören: »Ich kam auf die Welt, machte dies und das und dann starb ich. Ich wurde mit Christus gekreuzigt und der Mensch, der ich einst war, lebt nicht mehr.«

Weißt du, wie viele Christen Paulus umgebracht oder eingesperrt hatte, bevor er wiedergeboren wurde? Ich auch nicht. Er erzählt es uns nirgends. Wir wissen, dass er in einige schlimme Sachen verwickelt gewesen ist, denn er nennt sich selbst den größten aller Sünder, und wir wissen, dass er die Gemeinde verfolgt hat, weil andere davon berichten. Aber abgesehen von einer kurzen Stelle im Galaterbrief erwähnt Paulus keine der Sünden seiner Vergangenheit. Als würde er sich nicht damit identifizieren. Als würde er sagen: »Ich vergesse die Vergangenheit« (s. Philipper 3,13).

Findest du das nicht auch interessant? Wenn Paulus heute in unseren Gemeinden predigen würde, würden wir ihn als einen richtig schlimmen Kerl vorstellen, der von Jesus völlig umgekrempelt wurde. Aber Paulus hat dafür keine Zeit. Das Gute aus seiner Vergangenheit betrachtet er als Dreck und das Schlechte erwähnt er kaum. Stattdessen sagt er nur: »Ich bin gestorben.«

Das Heilmittel gegen schizophrenes Christsein

Paulus verstand, dass die Grundlage unseres neuen Lebens mit Christus die Offenbarung ist, dass wir mit ihm gestorben sind.

Dies ist ein wahres Wort: Wenn wir mit ihm sterben, werden wir auch mit ihm leben. (2. Timotheus 2,11)

Paulus hämmert uns das in seinen Briefen regelrecht ein. Denn wenn du nicht weißt, dass du gestorben bist, wirst du auch nicht wirklich leben. Sonst verbringst du dein Leben mit dem Versuch zu sterben – dem Versuch dir selbst zu sterben, und zwar täglich, und dein Fleisch zu kreuzigen.

»Aber bedeutet die Nachfolge Jesu denn nicht, dass wir täglich uns und unseren Wünschen sterben sollen?« Nee. Der Ausdruck »sich selbst sterben« steht noch nicht einmal in der Bibel. Als Jesus sagte: »Wer von euch mir nachfolgen will, muss sich selbst verleugnen und sein Kreuz auf sich nehmen und mir nachfolgen« (Matthäus 16,24), zeigte er uns den Weg zum Heil – durch das Kreuz. Wenn du Jesus nachfolgen willst, *dann folge Jesus nach.* Jesus starb einmal und er wird nie wieder sterben. Dasselbe gilt für uns. Wir wurden einmal gekreuzigt; wir müssen nie mehr gekreuzigt werden. Du musst nicht täglich sterben. Einmal reicht völlig.[60]

Jede Botschaft über das Selbst – auch eine noch so edel anmutende Botschaft über Selbstverleugnung – hat dasselbe Problem: Sie fördert das *Selbst*. Damit wird die Selbstzentriertheit geschürt, die die Wurzel allen Übels ist, das die Menschheit plagt. In der Gemeinde gilt Selbstverleugnung normalerweise als geistliche Tugend. Fass das nicht an, iss das nicht, tu das nicht. Aber in Wahrheit ist das Ganze nichts anderes als die uralte Praxis der Askese – der Glaube, man könne geistliche Ziele erreichen, indem man sich irdischer Freuden enthalte. Das ist die Religion der Mönche und Sadhus. Ich bin nicht gegen die Vorteile eines abstinenten Lebens; ich sage nur, dass es uns nicht heiliger und gerechter macht, wenn wir auf Cheeseburger verzichten.

Die Wahrheit ist, dass du nichts tun kannst, um dich zu retten oder vor Gott wohlgefällig zu machen. Jesus macht das alles. Prediger des wahren Evangeliums wissen das, und deshalb werden sie nie versuchen dich durch Predigten abzulenken, die das Selbst oder die eigene Anstrengung verherrlichen. In ihren Predigten hallt wider, was Paulus gesagt hat: »Denn wir predigen nicht uns selbst, sondern Jesus Christus als den Herrn« (2. Korinther 4,5 NEÜ).

Christen, die nicht wissen, dass sie mit Christus gestorben sind, führen letztendlich zwei Leben. Einerseits versuchen sie in dem neuen Leben zu leben, das sie in Christus empfangen haben, andererseits versuchen sie das alte Leben zu reformieren, das sie von Adam geerbt haben. Damit ist das Elend vorprogrammiert. Keiner will sonntags ein anderer Mensch sein als montags. Wenn du so lebst, wird es dich zerreißen.

Das Heilmittel gegen schizophrenes Christsein ist nicht, »sich noch mehr anstrengen« oder »aus dem Loch herauskommen« zu wollen oder »zehn Schritte zu einem neuen Selbst« zu unternehmen. Heilmittel ist die Offenbarung, dass dein alter Mensch mit Christus gekreuzigt wurde. Was ist dein alter Mensch? Die Person, die du warst, bevor du Jesus begegnet bist. Derjenige, der du in Adam warst, bevor du in Christus aufgenommen wurdest. Paulus schrieb: »Unser früheres Leben wurde mit Christus gekreuzigt« (Römer 6,6). Schau dir die Wortwahl genau an – *wurde* gekreuzigt. Vergangenheit. Fertig aus. Tot und begraben.

Siehst du, wie befreiend das ist? Der alte Mensch war nicht mehr zu retten. Er war kaputt, verdorben und völlig verdreht. Er war an die Sünde versklavt und lebte für sich selbst. Alle Reformversuche wären erfolglos geblieben. Aber die gute Nachricht ist, dass er tot ist. Dieses unverbesserliche alte Miststück wurde mit Jesus ans Kreuz genagelt und lebt nun nicht mehr.

Watchman Nee nannte das das Evangelium für Christen: »Das Selbst, das ihr so sehr hasst, ist mit Christus bereits am Kreuz.«[61] Wenn der Durchschnittschrist diese Wahrheit verstehen könnte – *ich bin gestorben* –, würde die Hälfte unserer Gemeindeprogramme sofort zum Erliegen kommen. Wir würden aufhören, den alten Menschen zu reformieren, denn *der alte Mensch ist tot*.

Besser als Buenos Aires

Wenn ich aus Filmen eines gelernt habe, dann das: Es gibt kein Problem, das nicht gelöst werden könnte, indem man seinen eigenen Tod vortäuscht und nach Südamerika flüchtet, um sich dort ein neues Leben aufzubauen. Denk mal an einen Mafioso aus einer kriminellen Familie. Die Oberen setzen ihn unter Druck, sein Leben für ihre kriminellen Machenschaften aufs zu Spiel setzen. Gleichzeitig ist wegen seiner vielen bereits verübten Verbrechen das Gesetz hinter ihm her. Nach einer Weile merkt der Mafioso, dass er nicht mehr Herr über sein eigenes Leben ist und dass das Leben keinen Spaß macht, wenn man nicht frei ist. Er fängt an, sich nach einem neuen Leben zu sehnen, aber er merkt auch, dass dies von allen Seiten verhindert wird. Wenn er bei der Familie bleibt, wird er wahrscheinlich vorzeitig sterben. Aber wenn er sich stellt, verbringt er den Rest seines Lebens hinter Gittern. Er kann nur verlieren. Aus Verzweiflung schmiedet er einen verwegenen Plan. »Südamerika, ich komme.«

Auch wir konnten nur noch verlieren, als wir noch zu Adams Sünderfamilie gehörten. Auch wir spürten den Druck, uns der Welt anzupassen und als ungehorsame Kinder zu leben. Gleichzeitig überzeugte unser Gewissen uns von dem Gesetz in unserem Herzen, dass wir ungerecht und schuldig waren. Nach einer

Weile merkten wir, dass wir nicht Herr unseres Lebens waren und dass das Leben keinen Spaß macht, wenn man nicht frei ist. Wir fingen an, uns nach einem neuen Leben zu sehnen, aber merkten, dass wir von allen Seiten behindert wurden. Als Teil von Adams Familie waren wir Gefangene unserer Begierden und Sklaven der Sünde. Wir wollten das Richtige tun, aber wir fielen oft auf die Nase. Wir erhofften uns Hilfe von der Religion, stellten aber fest, dass sie ein Gefängnis war. Sie konnte uns nur anbieten, ein Leben lang in dem Hamsterrad der eigenen Anstrengung zu rennen. Nachgiebigkeit gegen uns selbst oder aber Selbstverleugnung – in beiden Fällen konnten wir nur verlieren.

Gott sei Dank erzählte uns jemand von Gottes kühnem Plan: »Durch das Kreuz wurde mir die Welt gekreuzigt und ich der Welt« (Galater 6,14 SLT). Es war aber kein vorgetäuschter Tod in einem brennenden Auto mit anschließendem heimlichem Flug nach Buenos Aires, sondern ein echter, tatsächlicher Tod – so authentisch wie unsere Vereinigung mit Christus. Wir sind wirklich gestorben. Ist dir klar, was das bedeutet? Es bedeutet, dass wir wahrhaftig und rechtmäßig frei sind:

Unser früheres Leben wurde mit Christus gekreuzigt, damit die Sünde in unserem Leben ihre Macht verliert. Nun sind wir keine Sklaven der Sünde mehr. Denn als wir mit Christus starben, wurden wir von der Macht der Sünde befreit.
(Römer 6,6-7)

Das wahre Leben ist weit besser als ein Film. Unser fiktiver Mafioso wird sein neues Leben in Südamerika nie wirklich genießen können, denn er wird immer auf der Hut sein und damit rechnen müssen, dass sein altes Leben ihn einholt. Nicht aber wir. Unser altes Leben ist tot. Es gab ein Begräbnis, ein Grab und alles, was dazugehört. Das Alte ist vorbei und jetzt sind wir frei, um ein neues Leben zu leben.

Sünde ist ein Substantiv

Du fragst vielleicht: »Warum fühle ich mich dann nicht frei? Warum tue ich immer noch Dinge, die ich gar nicht tun will?«
Zu verstehen, wer da am Kreuz gestorben ist wird dir dabei helfen. Wir sind gestorben, die Sünde aber nicht. Dieser alte Despot Sünde ist immer noch lebendig und tritt dich und versucht, dich herumzuschubsen.

Wenn wir an Sünde denken, verbinden damit meistens ein Verb – etwas, das man tut –, aber Paulus beschreibt die Sünde im Römerbrief als Substantiv. Die Sünde handelt wie eine Person. Sie hat Begierden und will uns verführen und beherrschen.[62] Paulus bezieht sich nicht auf unsere früheren sündhaften Neigungen, sondern auf eine externe Persönlichkeit, die versucht uns zu verführen und zu vernichten.

Sünde ist ein uralter und heimtückischer Feind. Wenn du versuchst, Sünde in deiner eigenen Kraft zu besiegen, wirst du auf jeden Fall scheitern. Paulus hat diese Erfahrung gemacht. Er versuchte, die Sünde in seiner eigenen Anstrengung – seinem Fleisch – zu besiegen, und scheiterte immer wieder. Das frustrierte ihn. »Ich tue nicht das, was ich tun will. Der, der handelt, bin nicht mehr ich, sondern die Sünde, die in mir wohnt« (s. Römer 7,17 NGÜ). Paulus suchte keine Ausflüchte. Er sagte auch nicht: »Der Teufel ist schuld.« Er betonte einfach nur, dass wir unfähig sind, der Sünde zu widerstehen, wenn wir im Fleisch leben.

Im Fleisch zu leben bedeutet, dass du versuchst, deine Bedürfnisse unabhängig von Gott zu stillen. Es bedeutet, dass du dich auf dich selbst verlässt und nur auf der Grundlage deiner Sinneserfahrungen lebst (was du sehen, hören, anfassen etc. kannst). Im Fall von Paulus war es so, dass er auf seine Fähigkeit vertraut hatte, das Gesetz einzuhalten. Es hatte nicht funktioniert. »Ich dachte, ich würde alles richtig machen, aber als das Gesetz kam, erhob die Sünde ihr hässliches Haupt und ich war auf verlorenem Posten« (s. Römer 7,9).

Auf uns selbst gestellt sind wir nicht in der Lage, ohne Sünde zu leben. Wir können es versuchen und uns einreden, von Grund auf gute Menschen zu sein – »zumindest besser als dieser Angeber da drüben« –, das Gesetz aber macht klar, dass unser Bestes nicht gut genug ist. Uns bietet sich nur noch ein einziger Ausweg – dass wir dem Leben der Selbstverbesserung auf der Grundlage des Gesetzes sterben und unseren Glauben in Jesus setzen.[63]

Du sagst vielleicht: »Das verstehe ich. Wir sind nicht unter dem Gesetz, sondern unter Gnade. Aber warum sündige ich dann immer noch?«

Ich vermute, viele Christen sündigen deshalb immer noch, weil sie nicht wissen, dass sie von der Sünde befreit sind. Keiner hat es ihnen gesagt. Also machen sie einfach weiter wie gewohnt. Sie haben es ein Leben lang so eingeübt. Klar, sie finden es nicht gut, aber was können sie schon dagegen tun? Sie haben wie Paulus versucht, mit dem Sündigen aufzuhören. Und vielleicht haben sie kurzzeitig auch Erfolg damit gehabt, nur war der nie von langer Dauer. Auf jeden Versuch folgte erneutes Scheitern, bis sie schließlich aufgaben. Und dann sagen sie sich selbst, sie seien eben noch unfertig und schließlich sei keiner vollkommen.

Das klingt für mich aber nicht nach Freiheit. Das klingt wie dein altes Leben plus Schuldgefühle. Wer will das schon?

Befreit, aber noch nicht frei

Zur Freiheit hat Christus uns befreit (Galater 5,1). Lass mich dir bildlich vor Augen stellen, wie die Freiheit aussieht, die Christus uns erkauft hat.

Als du noch in Adam warst, hattest du keine andere Wahl, als nach dem Fleisch zu handeln. Sich zu verlassen auf die eigenen Fähigkeiten und auf das, was man sehen kann, ist für einen Nichtchristen ein ganz normales Leben, aber es ist ohne Glauben. Denn alles, was nicht aus dem Glauben herauskommt, ist Sünde (Römer 14,23); dein früheres Leben war in sich sündhaft. Ich sage damit nicht, dass du ein übler Verbrecher warst. Es heißt nur, dass du nicht fähig warst, dem Herrn zu gefallen, ganz gleich, was du getan hast. Ob du nun ein guter Sünder warst oder ein schlechter Sünder – ein Sünder warst du eben. Durch deine Unwissenheit und deinen Unglauben warst du abgeschnitten von Gottes Leben.

Doch jetzt bist du ein Heiliger und kein Sünder mehr. Du hast eine neue Identität, ein neues Leben und einen neuen Herrn. Du bist kein Sklave der Sünde mehr. Du hast jetzt die Freiheit zu entscheiden, wie du leben willst: entweder nach der alten Weise des Fleisches oder der neuen Weise des Geistes. Aber hierauf kommt es an: Wenn du dich entscheidest, nach der alten Weise zu leben, wird dein neues Leben deinem alten sehr ähnlich sein. Darum sind manche Christen noch gefangen. Zwar haben sie Ägypten verlassen, aber Ägypten hat sie nicht verlassen. Sie denken immer noch wie Sklaven und folgen immer noch der Stimme ihres früheren Herrn.

Es ist sicherlich nicht förderlich, diesen kostbaren Brüdern und Schwestern zu sagen, ihr sündiges Verhalten würde beweisen, dass sie immer noch eine sündige Natur oder einen angeborenen

Hang zum Sündigen haben. Das stimmt einfach nicht. Dein alter Mensch wurde gekreuzigt. Jegliche sündige Natur, die du früher einmal hattest, wurde abgeschnitten – und diese Beschneidung hat nicht durch Menschen stattgefunden (Kolosser 2,11). Du bist eins mit dem Herrn. Du hast keine zwei Wesen in dir, die um die Oberhand kämpfen. Du hast teil an dem sündlosen Leben und göttlichen Wesen Jesu Christi.

Wie haben wir daran teil? Wie können wir unser Leben auf die neue Weise führen und der Versuchung der Sünde widerstehen? Die alte Weise ist falsch: Das hieße, uns auf dieselbe Kraft wie Adam zu verlassen und uns im Fleisch anzustrengen, Überwinder zu sein. Es würde bedeuten, uns selbst zu sagen: »Tu dies nicht. Tu das nicht.« Dieser Ansatz kann nicht funktionieren, denn er gründet sich nicht auf die Gnade Gottes, sondern auf unsere eigene Willenskraft und Entschlossenheit. Das ist selbst-betriebenes Christsein.

Das Problem ist, dass wir so lange vom verbotenen Baum gegessen haben, dass wir das gar nicht mehr wahrnehmen. Wir denken, das Mittel gegen schlechtes Verhalten wäre gutes Verhalten. Wir denken, das Gesetz wäre die Lösung für Sünde. »Hör einfach damit auf!« Aber das ist ein Missbrauch des Gesetzes, der Versuch, das Feuer mit Benzin zu löschen.

Das Gesetz ist zwar gut, aber es ist nicht unser Freund. Jesus ist ein viel besserer Freund.

Denn was er gestorben ist, ist er ein für alle Mal der Sünde gestorben; was er aber lebt, lebt er Gott. So auch ihr: Haltet euch der Sünde für tot, Gott aber lebend in Christus Jesus!
(Römer 6,10-11 SLT)

Wir müssen uns genau anschauen, was für einen Tod Christus gestorben ist, um zu verstehen, was es bedeutet, mit ihm gestorben zu sein. »Er ist ein für alle Mal der Sünde gestorben.« Die Sünde hat keinen Anspruch auf Jesus, darum hat sie auch keinen Anspruch auf dich. Der Lohn der Sünde wurde bezahlt und alle ausstehenden Forderungen wurden gestrichen. Du musst nichts tun, um deine Freiheit zu verdienen; du *bist* frei. Freiheit ist dein Ausgangspunkt.

Wie leben wir nun in dieser Freiheit? »Haltet euch der Sünde für tot.« Euer alter Herr, die Sünde, wird euch bedrängen und belästigen und versuchen, euch wieder in die Knechtschaft zu locken. Eine der listigsten Strategien der Sünde ist es, sündhafte Gedanken in dein Denken zu säen und dich glauben zu machen, es seien deine eigenen Wünsche. Lass dich nicht an der Nase herumführen. Du hast den Sinn Christi und Jesus hat nie sündhafte Gedanken. Wenn dir also ein sündiger Gedanke in den Kopf kommt, kannst du dir sicher sein, dass der nicht von dir kommt. Zieh dir diesen Schuh nicht an. Schalte einfach auf Durchzug. Lass dich auf keinen Fall darauf ein. Reagiere nicht darauf, lass dich nicht auf eine Diskussion ein und kämpfe nicht dagegen an. Stell dich einfach tot.

Die beste Reaktion auf einen Provokateur wie den Teufel ist, sich tot zu stellen. Dem Teufel ist es eh egal, wie du im Einzelnen auf sündige Begierden reagierst, Hauptsache du tust es im Fleisch. Sündige wie ein Sünder oder widerstehe wie ein Pharisäer – dabei gewinnt er in beiden Fällen, weil du von der Gnade abgelenkt wirst, die dich bewahrt. Deine Augen sind dann auf dein sündhaftes – oder selbstgerechtes – Ich gerichtet und nicht auf Jesus.

Das ist der erste Teil. Jetzt kommt der zweite. »Haltet euch Gott für lebend in Christus Jesus.« Wenn wir uns nur tot stellen würden, wäre das todlangweilig. Das Leben muss gelebt werden, trotz aller Versuchungen, die uns begegnen. Wir müssen für etwas leben, also lasst uns für ihn leben und für seine Gerechtigkeit (1. Petrus 2,24). Wenn wir schon auf etwas reagieren, dann auf Jesus und die Schönheit seiner Heiligkeit.

Der Entschluss, für Jesus zu leben, bedeutet geistlichen Kampf. Er bedeutet, sich Gott zu unterwerfen und so dem Teufel zu widerstehen. Dieser Entschluss bringt zunehmende Freiheit – und Freiheit macht Spaß!

Der Umgang mit der verbotenen Frucht

Ich erzähl dir mal ein Beispiel, wie das in meinem eigenen Leben funktioniert hat. Ich bin glücklich verheiratet, lebe aber in einer Welt voller Versuchungen, meiner Frau untreu zu sein. (Die Versuchung ist keine Sünde. Jesus wurde in jeder Hinsicht versucht, doch er blieb ohne Sünde.) Wenn ein hübsches Mädchen an mir vorübergeht und mir ein Gedanke der Versuchung in den Kopf kommt, gibt es zwei Möglichkeiten zu reagieren. Die fleischliche Möglichkeit wäre, mir selbst in einem Anflug wilder Entschlossenheit das Gesetz zu predigen. *Ich darf keine ehebrecherischen Gedanken zulassen. Ich darf keine ehebrecherischen Gedanken zulassen.* Du kannst dir vorstellen, wo mich das hinbringt. Da ich mich auf meine eigene Willenskraft und Stärke verlasse, werde ich unvermeidlich entweder der Sünde oder der Selbstgerechtigkeit zum Opfer fallen. Ich kann nur verlieren.

Die geistliche Möglichkeit dagegen ist, auf die Versuchung mit äußerstem Totsein zu reagieren und der Begierde des Fleisches keinen Raum zu geben. Ich starre nicht auf die verbotene Frucht, sondern treffe eine bewusste Entscheidung, für Christus zu leben. In diesem Fall bedeutet es, dass ich anfange, Gott für Camilla zu danken. Ich beginne, ihn für das Geschenk der Ehe zu preisen und für eine Frau, die mich liebt. Das mag nicht sonderlich geistlich scheinen, aber damit gebe ich bewusst zu, dass ich von Jesus abhängig bin. Ich erkenne ihn als Quelle aller meiner Segnungen an.

Aber was wäre, wenn ich nicht verheiratet wäre? Wie würde ich als unverheirateter Mann auf diese Versuchung reagieren? Vielleicht so: »Danke, Herr, dass du die Frauen erschaffen hast. Bei der Frau, die gerade vorüberging, hast du dich wirklich selbst übertroffen. Danke, Herr, dass du mich durch und durch kennst. Ich vertraue dir vollkommen. Ich weiß, du wirst mir alles geben, was ich brauche, gemäß deinem Reichtum.« Auch das ist eine geistliche Reaktion, denn es ist eine Reaktion des Glaubens. Ich entscheide mich, mir keine Sorgen zu machen, sondern meine Bitten vor Gott kundwerden zu lassen (Philipper 4,6). Ich entscheide mich dem zu vertrauen, der mich und meine Bedürfnisse besser kennt als ich selbst. Ich entscheide mich, nicht der Frau hinterherzulaufen, sondern Jesus.

Die Glaubensreaktion sieht aus wie Selbstverleugnung, ist sie aber nicht. Ich sage nicht »Nein« zu meinen Bedürfnissen, ich sage »Ja« zu Jesus. Ein großer Unterschied. Selbstverleugnung ist eine moralische Entscheidung, die nichts als moralische Belohnungen verspricht, doch ich werde von der reinen Freude motiviert, gerecht zu leben. Ich freue mich am Herrn, weil er meine Seele liebt. Weder meine eigene Frau noch irgendeine fremde Frau auf der Straße können die tiefsten Wünsche meiner Seele erfüllen, sondern nur er.

Diese Offenbarung ist die Geschichte meines Lebens. An der Weggabelung bin ich einfach Jesus nachgefolgt und das hat alles verändert.

Was ist, wenn ich stolpere und falle?

So weit, so gut. Aber jetzt seien wir mal realistisch. Gelegentlich magst du vergessen, dass du nicht mehr der Sklave der Sünde bist, und wenn du dann stolperst, ist das gar nicht schön. Was geschieht dann? Nun, zweierlei. Der Ankläger der Brüder wird mit der Brechstange der Verdammnis auf dich einschlagen. »Sieh mal, was du getan hast! Du bist ein schrecklicher Mensch. Wie kannst du dich nur Christ nennen?« Das dürfte dich nicht überraschen. Wenn du dem Teufel die Tür öffnest, wird er in deinem Haus Chaos stiften, denn das ist seine Aufgabe. Aber währenddessen wird der Heilige Geist versuchen, dich von deiner Gerechtigkeit in Christus zu überzeugen, denn das ist *seine* Aufgabe.

Noch einmal: Du bist frei, also kannst du dich entscheiden. Auf wen wirst du hören? Wirst du auf den Herrn des Lebens hören, der dich für gerecht erklärt, auch wenn du sündigst? Oder wirst du auf deinen früheren Herrn hören, auf den Vater der Lüge, der dir sagt, du seist ein unverbesserlicher Sünder? Dein Fleisch wird dir sagen: »Da hast du doch den Beweis, also muss der Teufel wohl Recht haben.« Aber dein Glaube sagt: »Machst du Witze? Schau auf das Kreuz und vertraue Jesus!«

Wir alle stolpern gelegentlich; aber nur eines zählt – nämlich was du tust, wenn du fällst. Wenn du zur Mannschaft des Teufels überläufst und beginnst dich selbst zu geißeln, dann handelst du wie dein alter, unwissender Mensch. Aber wenn du den Glauben finden kannst, Jesus dafür zu danken, dass er dich trotz deiner Fehler liebt, dann stehst du in wahrer Buße wieder auf. Du wirst von seiner Gnade verwandelt und bist dann freier als je zuvor.

Wenn du nach dem Fleisch handelst, kannst du nicht gewinnen. Aber wenn du in der Neuheit des Geistes lebst, kannst du nicht verlieren. Wenn du in der Offenbarung lebst, dass dein alter Mensch gestorben und dein jetziges Leben mit Christus in Gott verborgen ist, kann die Sünde nichts gegen dich ausrichten und du kannst nur noch gewinnen.

Das Evangelium von deinem Tod

Das Evangelium ist kein Reformprogramm für schlechte Menschen; es ist die befreiende Verkündigung eines neuen Lebens für die, die gestorben sind. Das Neue kann erst kommen, wenn das Alte weg ist und das Alte ist am Kreuz verschwunden.

Jede menschengemachte Religion predigt Selbstverleugnung und das »Sich-selbst-Sterben«. Das Evangelium erklärt nur: »Du bist gestorben.«

9

NEU

> Daher, wenn jemand in Christus ist, so
> ist er eine neue Schöpfung: das Alte ist
> vergangen, siehe, Neues ist geworden.
> (2. Korinther 5,17 ELB)

An meinem Hochzeitstag wurde ich zu etwas, das ich nie zuvor gewesen war – zu einem verheirateten Mann. Ich war kein Single mehr. Das Alte war vergangen und Neues war geworden. Ich war zugegebenermaßen ein sehr unerfahrener verheirateter Mann, der noch viel über seine neue Identität lernen musste. Aber der Kick bei einer Ehe ist, dass man das Verheiratetsein lernt, indem man verheiratet ist. Es ist eines der größten Abenteuer, das das Leben zu bieten hat.

Die Ehe ist ein gutes Bild für uns und Jesus. Als du mit Christus eins wurdest, wurdest du ein neuer Mensch. Der Alte ging weg und der Neue kam. Doch viele Christen wissen das nicht. Sie denken, das Alte wäre noch dabei zu gehen und das Neue käme immer noch. Sie campen irgendwo zwischen Ägypten und Kanaan. Sie strengen sich an, etwas zu werden, was sie bereits sind und verpassen viel von dem Kick, mit Jesus verheiratet zu sein. Das ist eine herzzerreißende Tragödie. Anstatt in dem verheißenen Land seiner Liebe zur Ruhe zu kommen, wandern sie in der Wüste ihrer eigenen Werke herum.

Solche Menschen gehen in die Gemeinde und lesen die Bibel, weil sie ein besserer Mensch werden und Gott gefallen wollen. Es ist nicht falsch, wenn man sich bessern will, aber du musst verstehen, dass du in Christus bereits maximal gut bist und Gott maximal gefällst. Du bist nicht auf einer Reise zur Neuheit, du bist bereits neu. Wenn das zu schön klingt, um wahr zu sein, möchte ich dir gerne zwei Fragen stellen. Was wollte Jesus uns geben, als er auf die Erde kam? Er kam, um uns neues Leben zu geben. Wo finden wir dieses neue Leben? Wir erleben es in der Einheit mit Jesus.

Er hat uns das ewige Leben geschenkt, und dieses Leben ist in seinem Sohn. Wer an den Sohn Gottes glaubt, hat das Leben; wer aber an den Sohn Gottes nicht glaubt, hat auch das Leben nicht. (1. Johannes 5,11b-12)

Jemand, der zu Christus kommt, empfängt automatisch sein neues Leben. Es ist eine göttliche Transaktion, keine religiöse Reise. Es ist eine belebende Angelegenheit, keine Geschäftsreise. Es ist wie bei Lazarus die Auferweckung von den Toten. Das ist mit dir geschehen. In dem einen Moment warst du noch tot in der Sünde und im nächsten warst du schon lebendig in Christus. Ta-da! »Lazarus, komm heraus!« Das Alte ist vorbei, Neues ist geworden. Es ist Zeit, dass wir anfangen zu leben.

Das Märchen von der Mitte

Als ich noch den Kindergottesdienst besuchte, dachte ich immer, das neue Leben sei einfach eine Verlängerung meines momentanen Lebens. Anstatt zu sterben würde ich eben ewig am Leben bleiben. Das stimmt zwar, aber das Wesentliche an unserem neuen Leben in Christus beschreibt es nicht.

Als du an Jesus angeschlossen wurdest, begann sein Leben mit göttlicher Lebendigkeit durch dich zu fließen. Du wurdest durch das lebendige und unvergängliche Wort Gottes wiedergeboren (1. Petrus 1,23). Diese Veränderung war so dramatisch und nachhaltig, dass du von einem Moment auf den anderen ein anderer Mensch wurdest.

»Wenn jemand in Christus ist, so ist er eine neue Schöpfung.« Das Wort, das hier mit »neu« übersetzt wird, bedeutet neuartig.[64] Jeder, der in Christus ist, ist eine neuartige Schöpfung. Du wurdest nicht verbessert oder verändert, sondern völlig neu geschaffen. Also sag nicht mehr von dir, du seist »ein begnadigter Sünder«. Du warst ein Sünder; aber dann wurdest du durch die Gnade gerettet. Jetzt bist du kein Sünder mehr. Du bist ein neuartiger Mensch. Du bist heilig.

Genau hier befindet sich der Schnitt zwischen der guten Botschaft der Gnade und der Religion, mit der viele von uns aufgewachsen sind. Man hat uns gesagt, wir seien unfertige Werke, als ob es einen Mittelweg gäbe zwischen sündig und heilig. Es gibt keinen Mittelweg. Entweder bist du tot oder lebendig, verloren oder gefunden, in Christus oder außerhalb von ihm.

Doch die Verfechter des Mittelwegs bestehen auf dem Märchen von der Mitte und sagen Dinge wie: »Ich bin nicht vollkommen, ich habe nur Vergebung erfahren.« Solch eine Aussage gefällt unserem Fleisch und stimmt mit unserer Erfahrung überein, ist aber eine Beleidigung für den, durch dessen Opfer wir für immer vollkommen gemacht wurden.

»Aber Paul, schau mich doch an. Ich bin ein Chaot. Ich hab immer noch so viele Fehler, an denen ich arbeiten muss.«

Es stimmt, dass du für dich allein nicht vollkommen bist. Du bist sogar weit entfernt davon. Aber das ist der Punkt. Du bist nicht mehr alleine. Du bist eins mit dem Herrn und an diesem heiligen Weinstock gibt es keine unheiligen Reben. Licht und Finsternis können nicht nebeneinander bestehen. Dasselbe gilt für Vollkommenheit und Unvollkommenheit. Damit der Herr irgendwie mit dir eins werden konnte, musste er aus dir etwas machen, das du vorher nicht warst. Und genau das hat er getan.

Das wahre Du

Als du in Christus aufgenommen wurdest, wurde aus dir eine buchstäblich nagelneue Schöpfung. Du wurdest von der Sünde gereinigt, mit einer neuen DNA ausgestattet und Teil einer lebendigen Einheit mit Christus. Du gehörst nicht mehr zu Adams Geschlecht. Du bist ein Sohn oder eine Tochter des ewigen Vaters. Christus ist dein Leben. Du stehst auf seinem Glauben und bist mit seiner Liebe ummantelt. Deine gegenwärtigen und vergangenen Unvollkommenheiten sind in seiner ewigen und unvergleichlichen Vollkommenheit verborgen.

Wenn Gott dich ansieht, sieht er nicht nur, wer du jetzt bist – mit deinen sichtbaren Fehlern und deiner verborgenen Herrlichkeit. Er sieht, wer du in Ewigkeit bist. Er sieht das wahre Du und aus seiner zeitlosen Perspektive bist du fehlerlos, makellos und strahlst vor Herrlichkeit.

Ich behaupte nicht, ein Poet zu sein, aber vor einiger Zeit habe ich ein paar Zeilen verfasst, die unsere neue Identität in Christus beschreiben. Die Worte sollten dir alle bekannt vorkommen, denn ich habe sie aus der Bibel. Die Frage an dich ist: Glaubst du sie?

Definierst du dich aufgrund deiner unvollkommenen Leistung oder aufgrund seines vollbrachten Erlösungswerks? Siehst du dich als halb-heiliges, halb-gerechtes, unfertiges Werk oder als einen Menschen, der im Herrn zu einem neuen Leben geboren wurde? Lies das folgende Gedicht mit Augen des Glaubens. Wenn du es liest, dann sag dir selbst: »Das bin ich. Ja, das ist die Person, die ich wirklich bin.«

Wer bin ich?

Ich bin heilig, der Siegespreis Christi
Ich bin wiedergeboren aus unvergänglichem Samen
Ich bin eine neue Schöpfung, zur Fülle gebracht in ihm und
    für immer vollendet
Ich bin ein Kind Gottes, der Augapfel meines Vaters
Ich bin ein Geist mit dem Herrn und der Tempel des Heiligen
    Geistes

Ich habe ewige Erlösung und vollständige Vergebung
Ich bin versetzt mit Christus an himmlische Orte
Ich bin gerecht, heilig und tadellos
Ich bin verborgen in Christus und ewig sicher
Ich gehöre meinem Geliebten und er gehört mir

Ich bin der Kopf und nicht der Schwanz
Ich bin gesegnet mit jedem geistlichen Segen, ein Miterbe
    Christi
Ich bin ein fähiger Diener des neuen Bundes
Ich bin tüchtig, auserwählt und gesalbt
Ich bin ein Botschafter für Christus, ausgesandt in diese Welt

Ich bin furchtlos wie ein Löwe und mehr als ein Überwinder
Ich bin das Salz der Erde und das Licht der Welt
Ich bin der Wohlgeruch Christi für alle, die verloren gehen
Ich bin ein Baum, gepflanzt an Wasserbächen, eine Rebe, die viel Frucht bringt
Ich bin »der König der Welt«, weil sein Sieg meiner ist!

Ich bin der Jünger, den Jesus liebt
Und durch Gottes Gnade bin ich, was ich bin.[65]

Was ist neu?

Das Neue Testament schildert unser neues Leben auf vielerlei Weise, aber für mich ist eins der besten Bilder das des Heiligen Geistes, der in mir wohnt. Der Heilige Geist hat mich zu Jesus geführt und erinnert mich ständig daran, dass ich der geliebte Sohn meines Vaters bin.

Der Heilige Geist ist auch der beste Beweis dafür, dass das Alte vergangen und das Neue gekommen ist. Denk darüber nach. In der alten Zeit waren wir getrennt vom Leben Gottes und Fremdlinge hinsichtlich seiner Liebe. Sicherlich liebte Gott uns, aber wir kannten seine Liebe nicht. Jetzt kennen wir sie. Wie kam das? Durch den Heiligen Geist goss Gott seine Liebe in unsere Herzen aus (Römer 5,5). Liebst du Gott? Dann danke dem Heiligen Geist, der dich neu gemacht hat.

Früher einmal glaubten wir nicht an Gottes Existenz – oder wenn doch, dann dachten wir nicht, dass er unser Freund sei. Aber jetzt nennen wir ihn Abba, Vater. Das ist ein Wunder! Und auch das war wieder das Wirken des Heiligen Geistes (s. Römer 8,15-16).

In den alten Tagen lehnten wir die Dinge Gottes aus Dummheit ab. Die Bibel hatte weder Hand noch Fuß für uns. Aber jetzt finden wir darin die Worte des Lebens. Wir nehmen sie mit Freuden auf. Auch das ist wieder das Wirken des Heiligen Geistes. Wenn er Offenbarung gibt, gehen die Lichter an und die Dummen werden weise.

Früher einmal hatten wir keine bestimmte Meinung über Jesus, aber jetzt ist er die Liebe unseres Lebens und der Hirte unserer Seelen. Das ist etwas Neues. Bevor wir errettet wurden, machten wir uns keine Gedanken darüber, wie andere über Jesus dachten, jetzt aber ist es uns wichtig. Wir wünschen uns von Herzen, dass keiner verloren geht und alle ihn kennenlernen. Das ist auch etwas Neues.

Erkennst du nicht, wie sehr du dich verändert hast?

Und ich werde euch ein neues Herz geben und euch einen neuen Geist schenken. (Hesekiel 36,26a)

Als der Heilige Geist in dein Leben kam, bewirkte er in dir einen Unterschied wie Tag und Nacht. Gott hat sozusagen eine Herztransplantation in dir durchgeführt. Dein altes Herz, das gefangen war in den Wünschen des Fleisches und versklavt an die Sünde, wurde durch ein neues Herz mit neuen Wünschen und Begierden ersetzt. Dein neues Herz schlägt für neue Vorlieben, und zwar für die Vorlieben des Heiligen Geistes. Darum kann Johannes so befremdliche Dinge sagen wie:

Wer also mit ihm lebt, sündigt nicht. Wer aber weiter sündigt, hat ihn nicht erkannt oder nicht begriffen, wer er ist. (1. Johannes 3,6)

Bevor ich begriffen hatte, was an mir neu war, schob ich solche Verse immer beiseite. *Der sündigt nicht? Johannes, hast du den Bezug zur Realität verloren?* In gewisser Hinsicht denke ich, dass genau das geschehen ist. Johannes hat es verstanden. Das Leben, das wir in Adam hatten, ist nicht zu vergleichen mit dem neuen Leben, das wir jetzt in Christus haben. Die Sünde ist das Kennzeichen für Adams Wesen und nicht für das Wesen Christi. Für uns ist die Sünde ein Teil jener alten Realität, die mit Christus am Kreuz gestorben ist. Sünde gehört nicht zu unserer neuen Realität in Christus.

»Aber Paul, willst du damit sagen, wir würden nie wieder sündigen? Jetzt hörst *du* dich so an, als hättest du den Bezug zur Realität verloren.« Vielleicht hab ich das ja. Vielleicht hab ich ja die ganze fehlerhafte und falsche Realität meines alten Lebens gegen die bessere und wahrere Realität seines Lebens eingetauscht.

Eine Verheißung, keine Bedingung

Was meint Johannes also, wenn er sagt, wer in Christus lebt, der sündigt nicht? Es gibt zwei Möglichkeiten das zu lesen. Wer Zuckerbrot und Peitsche des alten Bundes gewohnt ist, wird diese Worte als Drohung auffassen. »Wenn du in ihm und *errettet bleiben* willst, musst du aufhören zu sündigen.« Diese schreckliche Forderung wird normalerweise von einer religiösen Schimpftirade begleitet, nach der du dich alles andere als neu fühlen wirst: »Lass dich nicht täuschen. Gott ist heilig und toleriert Sünde nicht. Ein Ausrutscher – und das war's für dich!«

Was für eine schlimme Verzerrung der bedingungslosen Liebe Gottes. Kannst du dir vorstellen mit jemandem verheiratet zu sein, der dir bei jedem Fehler damit droht, dich vor die Tür zu setzen? Das würde dich emotional kaputt machen. Aus lauter Angst, deinen überempfindlichen und ungnädigen Partner zu verärgern, würdest du einen Eiertanz aufführen.

Denk mal darüber nach, genauso leben viele Christen. Da sie sich seiner Gnade nicht bewusst sind, die sie rettet und bewahrt, stehen sie total unter Leistungsdruck. Sie haben immer Angst, einen launischen Gott zu erzürnen.

Schau aufs Kreuz! Wenn Gott dich so sehr geliebt hat, dass Jesus für dich starb, als du noch ein Sünder warst, dann liebt er dich jetzt auf jeden Fall. Nach deiner Errettung hat er nicht aufgehört dich zu lieben und er wird dich nie vor die Tür setzen. Deine Einheit mit dem Herrn hängt nicht von deinem Verhalten ab. Falls wir das vergessen haben, erinnert Johannes uns gleich daran:

Wer bekennt, dass Jesus der Sohn Gottes ist, in dem bleibt Gott und er bleibt in Gott. (1. Johannes 4,15)

Johannes sagt, er *bleibt* in dir, er *wohnt* in dir. In dem Augenblick, in dem du Jesus – den Sohn Gottes, der rettet – als Herrn angenommen hast, zog er in dein Leben ein und er wird dich nie mehr verlassen. Woher wissen wir das? Wie können wir trotz der Drohungen so vieler grimmiger Prediger sicher sein, dass er bleibt? Weil er es verheißen hat:

Denn er [Gott] selbst hat gesagt, ich werde dich auf keinen Fall versäumen, aufgeben oder ohne Hilfe lassen. Ich werde dich nicht, in überhaupt gar keiner Hinsicht hilflos lassen, dich verlassen oder im Stich lassen (entspann dich, ich halte dich fest)! Auf gar keinen Fall! (Hebräer 13,5b nach der engl. AMP)

Was Johannes über das Sündigen schreibt, sollte nicht als Drohung, sondern als Verheißung verstanden werden. Er beschreibt die neue Realität des Lebens, das wir in Christus haben. Jesus sündigte nicht und er wird nie sündigen. Wenn du zulässt, dass er sein Leben durch dich lebt, dann wirst du ohne bewusste Anstrengung deinerseits anfangen, wie der sündlose Jesus zu reden und zu leben. Es ist unvermeidlich. Wenn du lange genug mit jemandem zusammen lebst, fängst du an, diesem Menschen im Verhalten und Denken immer ähnlicher zu werden.

Ich sage nicht, dass dein Verhalten auf dieser Seite der Ewigkeit eine Ebene sündloser Vollkommenheit erreichen wird. Aber das Leben in Gemeinschaft mit dem sündlosen Sohn bringt in uns ein Verlangen hervor, das von seinem gerechten Wesen geprägt wird. Du bist Sohnhaft, nicht sündhaft.

Johannes erklärt es so:

*Jeder, der **aus Gott geboren** ist, tut nicht Sünde; denn **sein Same bleibt** in ihm, und er kann nicht sündigen, weil er **aus Gott geboren** ist. (1. Johannes 3,9 SLT)*

Hier geht es nicht um deine Leistung, sondern um deine Abstammung. Schau dir den Vers noch mal an. Johannes bezieht sich dreimal auf deine Herkunft – *aus Gott geboren, sein Same, aus Gott geboren*.

Johannes will damit sagen, dass zwar Adam Sünder zeugt, Gott aber nicht. In der englischen Message Bible kommt das besonders gut zum Ausdruck:

Menschen, die von Gott gezeugt und ins Leben gerufen wurden, üben keine Sünde aus. Wie könnten sie auch? Gottes Same ist tief in ihnen und macht sie zu denen, die sie sind.

Es liegt nicht im Wesen der von Gott Gezeugten, Sünde auszuüben und zur Schau zu stellen. (1. Johannes 3,9, übertragen aus der engl. »MESSAGE«)

Die Herkunft bestimmt dein Schicksal. In deinem alten Leben folgtest du den glaubenslosen Fußstapfen deines Vaters Adam. Du lebtest nach den Begierden des Fleisches, andere hattest du ja nicht. Aber jetzt bist du aus Adam herausgenommen und in Christus eingesetzt worden. Du hast jetzt teil an seiner göttlichen Natur. Der Beweis dafür sind die neuen Wünsche und Ambitionen, die du jetzt hast. Was das Sündigen anbelangt, hast du das Interesse weitestgehend verloren. Klar, du hast noch die Möglichkeit zu sündigen. Aber du genießt es nicht mehr wie früher. Du fühlst dich schlecht, wenn du gesündigt hast, weil du weißt, wer dein Vater ist. Und wenn du weißt, wer dein Vater ist (nämlich kein Sünder), beginnst du zu erkennen, wer du bist (nämlich kein Sünder).

Im nächsten Vers fügt Johannes hinzu: »Daran ist erkennbar, wer ein Kind Gottes ist« (1. Johannes 3,10). Wer ist ein Kind Gottes? Derjenige, der sich gerecht verhält – und zwar nicht weil er es muss, sondern weil er die gerechte DNA seines gerechten Vaters in sich trägt. Du verhältst dich nicht gerecht, um gerecht zu werden, sondern weil du gerecht bist. Du bist eine gerechte Rebe an einem gerechten Weinstock und du tust, was ganz von alleine kommt.

Im Himmel gibt es keine Lügner

Wenn unsere neue Identität sicher in unserer Einheit mit Christus verwurzelt ist, können wir beginnen zu verstehen, warum die Bibel solche dicken fetten Linien zwischen unserem neuen und unserem alten Leben zieht.

> *Wisst ihr nicht, dass Menschen, die Unrecht tun, keinen Anteil am Reich Gottes erhalten werden? Täuscht euch nicht. Menschen, die sich auf Unzucht einlassen, Götzendiener, Ehebrecher, Prostituierte, Homosexuelle, Diebe, Habgierige, Trinker, Lästerer, Räuber – keiner von ihnen wird am Reich Gottes teilhaben. (1. Korinther 6,9-10)*

Hört sich an, als würde Gott Lästerer und Räuber hassen. Aber das tut er nicht. Er liebt die Lästerer und Räuber! Als Jesus auf der Erde unterwegs war, verbrachte er viel Zeit mit den Lästerern und Räubern.[66] Doch Lästerer und Räuber werden das Reich Gottes nicht erben. Sie können es auch gar nicht. Warum nicht? Weil Lästerer und Räuber, die zu Jesus kommen, nicht Lästerer und Räuber bleiben. Sie werden neu. Das ist auch gut so, denn sonst wäre das Reich der Himmel leer.

> *Doch die Feigen und Treulosen und diejenigen, die abscheuliche Taten tun und die Mörder und Unzüchtigen und die, die Zauberei treiben, die Götzendiener und alle Lügner – sie erwartet der See, der mit Feuer und Schwefel brennt. Das ist der zweite Tod. (Offenbarung 21,8)*

Gott hat hohe Maßstäbe – er lässt keine Lügner zu. Und tatsächlich, im Reich Gottes gibt es keine Lügner, nur ehemalige Lügner, die neu gemacht worden sind. Verstehst du das? Darum ist die gute Nachricht gut. Die gute Nachricht ist die freudige Mitteilung, dass Gott alte, kaputte Menschen in neue, heilige Menschen verwandelt. Er macht Lästerer und Räuber zu Heiligen und Söhnen.

Wenn das für dich zu viel auf einmal ist, dann mach mal einen Rundgang durch die biblische Ruhmeshalle in Hebräer 11. Hier findest du eine Auflistung alttestamentlicher Männer und Frauen, die alle wegen ihres Glaubens gepriesen werden. Diese Typen sind so beeindruckend, dass ihre Namen in *beiden* Testamenten Erwähnung finden. Wer sind diese hochangesehenen Leute? Da sind Noah (ein einmalig Betrunkener), Abraham (der mit seiner Magd schlief) und Jakob (ein Betrüger, wie er im Buche steht). Weiterhin gibt es dort auch einen Mörder (Mose), eine Prostituierte (Rahab) und einen betrügerischen König (David).

Wie du weißt, hat David die Frau eines anderen Mannes geschwängert und dann ihren Mann umgebracht, um das Verbrechen zu vertuschen. Was macht das aus David? Als Ehebrecher und Mörder ist er in den Augen des Gesetzes verdammt. Die Bibel sagt, dass solch ein Mensch das Reich Gottes nicht erben kann. Und doch bin ich mir sicher, dass wir David in der Ewigkeit treffen werden. Woher ich das weiß? Weil David dem vertraute, der alles neu macht. In Gottes Augen ist David kein Sünder, sondern ein Sohn und Miterbe Christi. Genau wie ich und du.

Laufen lernen

Es ist ein himmelweiter Unterschied zwischen einem Sünder, der sündigt, und einem Heiligen, der sündigt. An einem Sünder kann man so viele Sünden finden wie Zitronen an einem Zitronenbaum. Man ist nicht überrascht. Aber ein Heiliger, der sündigt, ist wie ein reicher Mann, der Münzen aus Parkuhren klaut. Das erwartet man nicht. Zumindest in der Theorie. In der Praxis sind sündigende Heilige weit verbreitet. Aber diese Heiligen verhalten sich nicht etwa deshalb weiterhin wie alte Sünder, weil das neue Leben, das ihnen gegeben wurde, einen Defekt hätte; sie haben eben noch nicht gelernt, in der Neuheit ihres neuen Lebens zu wandeln. Sie haben zwar ein Auto, wissen aber nicht, wie man damit fährt.

Denn durch die Taufe sind wir mit Christus gestorben und begraben. Und genauso wie Christus durch die herrliche Macht des Vaters von den Toten auferstanden ist, so können auch wir jetzt ein neues Leben führen. (Römer 6,4)

Als du das Leben Christi angenommen hast und neu gemacht wurdest, vollzog sich diese Veränderung von einem Augenblick auf den anderen. Um eine alte Metapher zu gebrauchen – es ist, als wärst du neu geboren. Und wie ein Neugeborenes musst auch du laufen lernen. Keiner kommt auf seinen nagelneuen Beinchen aus dem Mutterleib herausspaziert.

Laufenlernen braucht Zeit. Anfangs ist es alles andere als leicht und man fällt oft hin. Immer wenn das geschieht, wird ein alttestamentlicher Prediger dich auf dein Versagen hinweisen und sagen: »Da, siehst du? Deine Stürze beweisen, dass du vom Wesen her immer noch ein alter Sünder bist. Nichts hat sich verändert. Bitte Gott lieber, dich noch mal neu zu kreuzigen. Das Leben ist ein Kampf. Streng dich beim nächsten Mal einfach mehr an.« Wenn du diesen Rat befolgst, wird er zu einer selbsterfüllenden Prophetie. Dein Leben wird tatsächlich zum Kampf, wenn du versuchst, in deiner eigenen Kraft zu laufen. Du wirst dich total verausgaben, schnell nirgendwohin kommen und am Ende eine Negativwerbung für Jesus sein.

Aber jetzt hör dir mal den neutestamentlichen Prediger an. Du wirst eine völlig andere Botschaft von ihm hören. »Christus ist dein Leben. Du kannst alles durch ihn, der dir Kraft gibt. Und jetzt richte deine Augen auf ihn und lauf, Kleines, lauf!«

Vielleicht sagst du: »Aber was ist mit all den Sünden, mit denen ich immer noch zu tun habe?« Und der neutestamentliche Prediger erinnert dich an Jesus, deinen Fürsprecher, der dich verteidigt, und Jesus, deinen Hohenpriester, der sanft umgeht mit denen, die in die Irre gehen.⁶⁷ Nachdem der Prediger dich von deiner sicheren Position in Christus überzeugt hat, ermutigt er dich: »Richte dein Denken auf die Dinge, die oben sind, und nicht auf irdische Dinge. Zieh den alten Menschen aus (er ist tot) und zieh den neuen an (der du bist).«

Ich gebe das Neue Testament hier mit meinen eigenen Worten wieder, damit du sehen kannst, dass die Briefe voll sind mit Ermutigungen für Heilige, die gerade laufen lernen. »Umgürtet die Lenden eurer Gesinnung.« »Wandelt im Licht.« »Wandelt so, wie Jesus wandelte.«⁶⁸ Wir sollten diese Ermahnungen nicht als Befehle verstehen, die wir befolgen sollen, als würde Gott unsere Fortschritte beim Laufenlernen überwachen. Welcher Vater tadelt seine Kinder, wenn sie beim Laufenlernen hinfallen? Wir sollten sie vielmehr als liebevolle Ermutigungen verstehen für unsere ersten Schritte in das neue Leben, das er uns gegeben hat. Gott ist für dich! Er und diese riesige Wolke von Zeugen feuern dich an!

Christsein ist Christus

Das neue Leben besteht natürlich aus noch viel mehr als nur aus »nicht sündigen«. Eine Ehe bedeutet ja auch mehr als nur »nicht mehr Single sein«. Wir werden nicht durch das definiert, *wer wir einst waren*, sondern durch das, *wer Jesus ist*. »Gleichwie er ist, so sind auch wir in dieser Welt« (1. Johannes 4,17 SLT). Bumm! So viel zum Thema, dass es verschiedene Ebenen des Christseins gibt und du dich auf dem Weg zur Jesusähnlichkeit hocharbeiten musst. Sein übernatürliches Leben ist nichts, was du erreichen müsstest; es ist etwas, das du empfängst.

Christsein ist Christus, nicht mehr und nicht weniger. Wir müssen das Leben durch die ungetrübten Linsen Jesu definieren.

Er ist nicht unser Vorbild; *er ist unser Leben.* Er ist in dir und er will sich durch dich zeigen. Er hat gute Karten auf der Hand und weißt du was? Er will sie durch dich spielen. Jesus sagte, jeder der an ihn glaubt, würde die Werke tun, die er tat, und noch größere (Johannes 14,12). Dieser Kommentar bewirkt normalerweise eine unglaubliche Reaktion. »Hast du gesehen, was Jesus alles getan hat? Und wir sollen das noch toppen? Das kann ich mir nicht vorstellen.« Entweder hat Jesus uns angeschwindelt oder wir glauben nicht, was er über uns sagt. Ich sage nicht, dass wir die Wahrheit bewusst ablehnen. Wir haben einfach nur nicht gelernt, darin zu leben. Also lern es. Bitte Gott, dir den Geist der Weisheit und Offenbarung zu geben, damit du ihn besser kennenlernst und anfängst, alles Gute zu verstehen, das durch Christus Jesus in dir ist.[69]

Wenn wir lernen, in der Neuheit des Lebens zu wandeln, kann das beängstigend sein, aber der Heilige Geist ist ein wunderbarer Lehrer. Er weiß genau, wie er uns anleiten muss, und er ist so sanft. Er schimpft nie mit uns, sondern ermutigt uns geduldig, die neuen Menschen zu sein, die wir bereits sind. Wenn wir lernen ihm zu vertrauen, entdecken wir, dass das Ausleben dieses neuen Daseins einfach das Spannendste ist, was es gibt.

Das Evangelium des neuen Lebens

Das Kreuz ist gut, aber die Auferstehung ist besser. Wir sind mit ihm gestorben, damit wir mit ihm leben können – nicht fünfzig Jahre später, nicht im Leben danach, sondern hier und jetzt. Ewiges Leben ist das reine Abenteuer, Gott täglich kennenzulernen und zu erleben. Es bedeutet, auf dem Grab unserer Selbstzentriertheit zu tanzen und das überfließende Leben des Geistes zu genießen. Es bedeutet, der Sünde Lebewohl und der Gerechtigkeit Hallo zu sagen. Es bedeutet, sein übernatürliches Leben vor den Menschen sichtbar werden zu lassen, mit denen wir zusammen leben, arbeiten und spielen.

Das Evangelium ist keine fade Hoffnung darauf, dein altes, kaputtes Leben auf ewig verlängern zu können. Das Evangelium ist die freudige Nachricht, dass in Christus das Alte vergangen und alles neu geworden ist.

10
KÖNIGLICH

*Ihr seid ein auserwähltes Volk.
Ihr seid eine königliche Priesterschaft,
Gottes heiliges Volk...*
(1. Petrus 2,9)

Ich saß einmal bis in die frühen Morgenstunden mit einem europäischen Prinzen in einer Kneipe. Es war einer dieser ganz großen Zufälle, die uns das Leben manchmal so serviert. Ein Freund sagte, er würde sich mit jemandem treffen und fragte mich, ob ich mitkommen wolle. Ich ging mit und erfuhr, dass der Mann, den wir treffen würden, in seinem Heimatland der zweite Anwärter auf den Thron war. Zuerst war ich völlig fasziniert, aber der junge Prinz entpuppte sich als ein ziemlich normaler Zeitgenosse. Wir haben stundenlang gequatscht.

Bei dieser Erfahrung stellte sich heraus, dass das Königtum auch nicht mehr das ist, was es einmal war. Ich sah nichts von dem ganzen adeligen Brimborium. Keine Kutsche, kein Zepter und auch keine Krone. Heute haben nur wenige europäische Monarchen noch echte Macht oder Autorität. Wenn du auf der Straße an ihnen vorbeigehen würdest, würdest du sie nicht als das erkennen, was sie wirklich sind. Dasselbe könnte man von den meisten Christen auch behaupten.

Petrus sagte, wir seien »ein auserwähltes Volk, eine königliche Priesterschaft, Gottes heiliges Volk« – aber was meinte er damit? Petrus' Worte kommen uns von den Lippen wie Zeilen, die wir in der Schule auswendig gelernt haben; aber verstehen wir überhaupt, was wir da sagen? Wir sollten es herausfinden.

Glaubst du, dass du auserwählt, heilig und königlich bist? Wenn du dieses Buch bis hierher geschafft hast, dann wirst du hoffentlich zumindest zwei dieser drei Adjektive bejahen. Aber für viele Menschen sind das einfach nur Worte. Sie sehen sich selbst nicht als bevorzugt an, denn genau das bedeutet auserwählt. Sie sehen sich auch nicht als besonders heilig an. Und königlich? Die wenigsten von uns würden sich selbst so beschreiben.

Aber königlich ist genau das, was du bist – so sagt es Petrus –, und nicht nur im entfernten Sinne von: »Ich bin mit dem Cousin dritten Grades der Schwester der Queen verheiratet«. Du bist mit dem König der Könige verheiratet. Du bist wahrhaft königlich.

... und uns zu Königen und Priestern gemacht hat für seinen Gott und Vater ... (Offenbarung 1,6 SLT)

Du warst ein Sklave, aber Jesus hat dich zu einem König und Priester gemacht. Das ist eine ziemliche Kehrtwende und ich kann verstehen, wenn dich dieser Gedanke ein wenig beunruhigt. Vielleicht fühlst du dich in deiner priesterlichen Rolle wohler als in deiner königlichen. Je nachdem, aus welcher Denomination du kommst, wirst du zumindest ein wenig offen sein für den Gedanken, dass jeder Christ ein Diener ist.[70] Aber ebenso verkündet die Bibel, dass jeder Christ auch ein König ist. Wir sind nicht nur ein Königreich voller Priester, wir sind Königspriester. Oder Priesterkönige (Die Reihenfolge kannst du dir aussuchen). Wir sind dazu berufen und fähig gemacht worden, zu dienen wie Priester und zu regieren wie Könige.

... und hast uns zu Königen und Priestern gemacht für unseren Gott, und wir werden herrschen auf Erden. (Offenbarung 5,10 SLT)

»Ja, Paul, das ist aber für später, nicht für jetzt. Wir sind Könige in Ausbildung. Wir werden erst dann regieren, wenn Jesus wiederkommt.« Aber nach dieser Logik bist du dann auch kein echter Priester, denn beides gehört zusammen. Er hat uns zu »Königen und Priestern« gemacht. Du bist nicht das eine oder das andere, sondern beides.

Blaues Blut

Der Himmel betrachtet uns als Könige, weil unser Vater königlich ist. Das Blut, das seit der Wiedergeburt durch deine Adern fließt, ist blau. Ja natürlich, Ausbildung gehört dazu; die Erfüllung unserer königlichen Rolle sehen wir erst dann in Vollendung, wenn Jesus wiederkommt. Aber für die Kinder eines Königs ist es nicht angemessen, sich wie gewöhnliche Untertanen oder Sklaven zu benehmen. Wir haben ein gottgegebenes Mandat, hier und jetzt zu herrschen und zu regieren. Das war Gottes Plan von Anfang an:

Und Gott sprach: Lasst uns Menschen machen nach unserem Bild, uns ähnlich; die sollen herrschen ... (1. Mose 1,26 SLT)

Du wurdest geboren, um zu herrschen. Du bist berufen, der Kopf zu sein und nicht der Schwanz. Das hebräische Wort für herrschen bedeutet niedertreten und unterwerfen.[71] Ein so starkes Wort sollte keinen Zweifel in uns übrig lassen, was Gottes Pläne anbelangt. Als er Adam sagte, er solle die Erde füllen und sie sich untertan machen, forderte er unseren Vorfahren nicht dazu auf, den Planeten zuzumüllen. Gott sagte: »Das ist euer Zuhause. Ihr seid dafür verantwortlich. Passt darauf auf« (s. 1. Mose 1,28).

Adam wurde die Autorität eines Königs gegeben, um über die Erde und die Tiere zu regieren, aber seine Herrschaft war von kurzer Dauer. Zwei Kapitel später trat er seine Autorität an einen Eindringling ab, der sich ihm in der Verkleidung eines genau jener Tiere näherte, über die er eigentlich herrschen sollte. Aber Gottes Plan hat sich nicht verändert. Genauso wie Adam im Namen Gottes herrschen sollte, sollen wir im Namen seines Sohnes herrschen. Jeder Christ hat eine königliche Berufung, Christus als König zu offenbaren – und die frohe Botschaft seines Königreiches bekanntzumachen.

Gott macht Könige

Gott sagte Abraham, er würde der »Vater vieler Nationen« sein und »Könige würden von ihm abstammen«.[72] Abrahams Same – die Kinder des Glaubens – sollen Könige sein.

Königtum geht mit Autorität und Macht einher. Adam wurde die Autorität über die Erde gegeben, aber er verlor sie an Satan. Wir wissen das, weil der Teufel Folgendes sagte, als er Jesus die Reiche dieser Welt zeigte: »All diese Macht und Herrlichkeit ist mir überlassen worden« (s. Lukas 4,6). Aber Jesus als der letzte Adam holte das zurück, was der Teufel gestohlen hatte, und bevor er in den Himmel auffuhr, offenbarte er seine königliche Herrlichkeit: »Mir ist alle Macht im Himmel und auf der Erde gegeben« (Matthäus 28,18).

Der Kampf wurde gekämpft und gewonnen und der Teufel ist besiegt, auch wenn viele seiner Werke noch präsent sind. Unsere Aufgabe als Gläubige ist es nun, den Sieger und seinen Sieg in den Gebieten zu vertreten, die unter dem Einfluss der Finsternis stehen. Wir sollen die Erde mit der Erkenntnis seiner Herrlichkeit füllen, indem wir regieren – über Krankheit, Dämonen und alle Werke des Feindes.[73]

Er hat uns mit Jesus Christus vom Tod auferweckt und zusammen mit ihm in die himmlische Herrschaft eingesetzt.
(Epheser 2,6 GNB)

Das führt zu ein paar ernüchternden Fragen: Warum passieren guten Menschen schlimme Dinge? Warum werden Menschen krank und sterben zu früh? Warum müssen Unschuldige leiden? Die Theologen geben der Sünde die Schuld, Anhänger Hiobs geben einem souveränen Gott die Schuld, aber was sagt die Bibel?

Der Himmel gehört dem Herrn, die Erde aber hat er den Menschen gegeben. (Psalm 115,16)

Wir haben Verantwortung für diesen Planeten. Er wurde uns gegeben und wir sollten ihn regieren. Warum geschehen schlimme Dinge? Weil wir – die Könige, die dazu berufen sind, in Gottes Namen zu herrschen – es zulassen. *Einer von uns* übergab den Planeten an Satan und Jesus holte ihn als *einer von uns* wieder zurück. Denk mal darüber nach. Die Menschheitsgeschichte trägt unsere Fingerabdrücke. Überall. Wir haben viel mehr zu sagen, als uns bewusst ist.

Unser Problem liegt nicht darin, dass wir genauso wenig echte Autorität hätten wie manch ein europäischer Prinz. Unser Problem ist, dass wir nicht in der Autorität leben, die Gott uns gegeben hat. Vielleicht denken wir, wir seien zu jung oder zu alt oder wir hätten zu wenig Ausbildung oder bräuchten mehr Salbung. Vielleicht sitzen wir nur untätig herum und warten auf Jesu Wiederkunft. Ganz gleich, welche Ausrede wir auch haben, am Ende läuft alles auf dasselbe hinaus. Wenn wir uns unserer königlichen Verantwortung entziehen, müssen Menschen leiden. Denk an Adam. Ein betrügerischer Feind schlängelte sich in seine Welt hinein, Adam tat nichts und die Menschheit landete in der Todeszelle. Schlimme Dinge geschehen deshalb, weil Könige nichts gegen sie unternehmen und sie nicht aufhalten.

Wenn Firmen kollabieren und Betriebe zusammenbrechen, ist es einfach, mit dem Finger auf abgehobene Bonzen und schlafende Aufsichtsbehörden zu zeigen. Aber korrupte Menschen und Faulenzer gab es schon immer und anderen die Schuld in die Schuhe zu schieben, bringt uns auch nicht weiter. Die bessere Frage ist doch die: Wo waren wir? Wo waren die Könige, die mit Weisheit und Gerechtigkeit regieren sollten? Unglaube gedeiht in einer Kultur der Opfermentalität, aber Glaube bringt den Sieg hervor, der die Welt überwindet (s. 1. Johannes 5,4). Passiver Unglaube bleibt im Hintergrund und rührt keinen Finger, doch der Glaube hebt seine Hand – er meldet sich freiwillig, er erhebt seine Stimme, er verteidigt und strebt danach, im Namen eines gerechten Königs Recht zu sprechen.

Das Herz des großen Königs

Echte Könige herrschen. Sie ziehen Linien in den Sand und sagen: »Bis hierher und nicht weiter.« Sie schützen und segnen ihre Umgebung und kümmern sich um die Probleme anderer Menschen, als wären es ihre eigenen. Jesus ist ein prima Beispiel. Er hätte die Behaglichkeit des Himmels nicht verlassen und für uns sterben müssen, aber er tat es. Das war eine edle und königliche Tat. Er sah unseren bedauernswerten Zustand und sagte: »Ich komme und zertrete ihr Problem, auch wenn es mich das Leben kostet.« Das Herz dieses großen Königs schlägt in deinem Herzen. Sein Geist ist eins mit deinem Geist. Jesus legte seine Krone nicht ab, nachdem er in den Himmel aufgefahren war. Er herrscht, bis alle seine Feinde besiegt worden sind. Durch deine Einheit mit Christus ist es deine Bestimmung zu herrschen.

Denn wenn infolge der Übertretung des Einen der Tod zur Herrschaft kam durch den Einen, wie viel mehr werden die, welche den Überfluss der Gnade und das Geschenk der Gerechtigkeit empfangen, im Leben herrschen durch den Einen, Jesus Christus! (Römer 5,17 SLT)

Adams klägliches Scheitern als König verdammte das menschliche Geschlecht. Seine Sünde öffnete Tod, Krankheit, Niederlage, Entmutigung und Enttäuschung Tür und Tor. Wir waren Opfer von Adams Ungehorsam, aber durch den Gehorsam Christi wurden wir siegreich.

Ein neuer König ist da und sein Name ist Gnade. Unter Adam regierte der Tod, aber unter der Gnade regieren *wir*. Doch nicht jeder Christ regiert tatsächlich. Viele lassen sich von Schuldgefühlen und Verdammnis plagen. Sie kämpfen mit der Sünde und leben in Angst. Sie werden von allen Seiten von Problemen attackiert und haben bei so vielem, was sie tun, keinen Erfolg. Obwohl Christus alles vorbereitet hat, was sie für ein königliches Leben in Fülle brauchen, genießen sie es nicht. Sie sind die Bettler im Palast.

Warum leben manche so? Die Antwort ist ganz einfach. Wenn die Gnade Gottes in deinem Leben nur wenig sichtbar ist, heißt das nicht, dass Gott knauserig wäre. Weit gefehlt. Es bedeutet, dass du die überfließende Versorgung, die aus seiner Gnade kommt, nicht empfangen hast. Die unermesslichen Reichtümer der Gnade wurden deinem Konto gutgeschrieben, aber bisher hast du noch nichts davon abgehoben. Ich sage das nicht, um deinen Glauben schlechtzumachen. Ich will damit sagen, dass die meisten von uns in einer Kultur des Unglaubens groß geworden sind.

Wir hören ständig, Gott hätte *nicht* alles bereitgestellt, damit wir herrschen und regieren können, und wir müssten noch so manches *selbst* tun, um das möglich zu machen. Diese glaubenslose Botschaft hört man am lautesten in den Gemeinden, die nicht in der Gnade leben. Ironischerweise ist das genau die Art von Gemeinde, in denen du oft zu hören bekommst, dass du im Glauben leben musst, mit Glauben beten musst und im Glauben wandeln musst – als hätte das ganze Gerede über Glauben die Macht, Dinge wie von Zauberhand geschehen zu lassen. Das Problem ist, dass überhaupt nichts geschieht, und genau dann sagt man dir, du hättest nicht genügend Glauben. »Du musst mehr glauben, und hier ist eine Liste, was du tun musst, um dahin zu kommen.«

Im Glauben leben bedeutet in Gnade zu leben. Es ist beides dasselbe. Wenn du im Glauben leben willst, dann lerne in seiner Gnade zu leben. Lerne das zu empfangen, was er bereits vorbereitet hat. Bettle ihn nicht länger an, etwas zu tun. Fang an, ihm für das zu danken, was er bereits getan hat.

Vorsicht, billige Gnade?

Nur wer Gottes überreiche Gnade empfängt, kann im Leben herrschen. Was kann uns vom Empfangen abhalten? Die Lüge, dass wir erst zeigen müssen, was in uns steckt, bevor Gott uns segnet; dass wir erst gewaschen, getrocknet und gebügelt werden müssen, bevor wir empfangen können. Diese Lehre ist dämonisch, ein Gnadenkiller. Es ist, als würde man kranken Menschen sagen, sie müssten erst gesund werden, bevor der Arzt zu ihnen kommen kann.

Jeder beliebige Segen, sei es Gesundheit, Befreiung, Versorgung oder Errettung, kommt durch Gnade zu uns und nur durch Gnade. Wenn wir denken, wir müssten für die Segnungen Gottes arbeiten, bedeutet das, dass wir versuchen etwas zu kaufen, was unverkäuflich ist.

Wer das nicht versteht, befürchtet, dass die, die es verstanden haben, billige Gnade predigen. Diese Leute ärgern sich darüber, dass wir die Schätze des Himmels einfach so weggeben – ohne zuerst von den Menschen zu verlangen, dass sie umkehren, sich taufen lassen, ihre Sünden bekennen und all die anderen Dinge tun, die angeblich zu den Kosten der Jüngerschaft gehören. Sie verstehen nicht, dass Gnade zuerst kommt, dass wir nur durch Gnade den Menschen vergeben können, die unverzeihliche Fehler gemacht haben, dass wir nur durch Gnade die Menschen lieben können, die nicht liebenswert sind und dass wir nur durch Gnade all die anderen Dinge tun können, die Nachfolger Christi tun.

Vorsicht, billige Gnade? So etwas gibt es nicht. Gnade ist kostenlos oder es ist keine Gnade. Es ist eher noch so: Gnade ist unbezahlbar und du kannst sie dir gar nicht leisten.

Es gibt einfach nichts, was du tun kannst, um die Annahme und Gunst des Herrn zu verdienen. Fragst du dich, warum Gott keinen Gefallen an deinen Opfern hat? Vielleicht liegt es daran, dass du keinen Gefallen an seinem Opfer hast.

Ich habe Hunderte von Menschen getroffen, die von der guten Nachricht der Gnade Gottes verwirrt waren. Wenn ich sie mit einfachen Worten erkläre, so wie jetzt gerade, kommen manche mit Bedingungen und Vorbehalten und einer langen Liste mit Gründen, warum ich falsch liege. Sie können auf fünfzig verschiedene Weisen reagieren, aber hinter alledem steckt nur eins: ein Herz voller Unglauben. »Es kann doch nicht so einfach sein. Gnade kann nicht kostenlos sein. Sie muss etwas kosten.« Hat sie auch. Jesus hat den Preis bezahlt.

Falls ich falsch liege, was Gnade anbelangt, dann werde ich mich eines Tages vor Gott dafür entschuldigen müssen, dass ich allen erzählt habe, er sei besser und gnädiger, als er wirklich ist. Aber wenn die Gnadenkiller falsch liegen, dann beginnt die Ewigkeit für sie mit einem äußerst unangenehmen Moment. »Ähm, es tut mir leid, Herr. Es tut mir leid, dass ich deine Liebe käuflich gemacht und von Menschen eine Bezahlung für das kostenlose Geschenk deiner Gnade verlangt habe.«

Sich zu den Trotteln gesellen

Jeder Christ denkt, er wüsste über Gnade Bescheid, auch wenn das gar nicht der Fall ist. Aber der letztendliche Beweis liegt darin, ob er die Gabe der Gerechtigkeit empfangen hat. Paulus sagte, wer Gnade und Gerechtigkeit empfängt, herrscht im Leben. Die königliche Prüfung – sozusagen dein Schwert im Stein[74] – ist, ob du seine Gerechtigkeit ergriffen hast. Wenn du die nicht ergreifst, wirst du nicht herrschen. Stattdessen wirst du dich abrackern wie Adam und das verfluchen, was Gott gesegnet hat. Auch wenn du in Christus frei bist, wirst du nicht frei leben. Du wirst das schwere Joch menschengemachter Religion tragen und leichte Beute für den Geist der Furcht werden. Du wirst unter die dämonische Kontrolle anderer kommen. So etwas ist im Leben von Petrus geschehen.

Petrus hatte wie Paulus eine Offenbarung darüber, dass Christus für alle Menschen starb und nicht nur für die Juden. Diese Offenbarung veränderte ihn. Weil Petrus zuließ, dass das Herz Christi sein ganzes Leben beeinflusste, begann er die Heiden soweit zu akzeptieren, dass er sogar mit ihnen zusammen aß.

Doch dann kamen die Leute von Jakobus nach Antiochia und aus Furcht vor ihnen zog Petrus sich von den Heiden zurück. Er isolierte sich von ihnen, weil er sich seiner Gerechtigkeit nicht sicher war. »Habe ich recht? Was, wenn nicht? Diese Judaisierer verstehen ihr Geschäft. Sie haben Titel und eine Theologie mit einer Liste von Bibelstellen, die belegen, warum ich falsch liege. Ich sollte besser auf sie hören.« Anstatt wie ein König für die Heiden aufzustehen, gesellte sich Petrus wie ein Trottel zu den Kritikern und Paulus wies ihn dafür zurecht (s. Galater 2,11-13).

Das Seltsame ist, dass Petrus es eigentlich hätte besser wissen müssen. Gott nimmt Menschen aus jeder Nation an und Petrus wusste das. Gott hatte ihm auf seinem Hausdach eine spektakuläre Vision mit Tieren und Tüchern gezeigt, die irgendwie alles klargemacht hatte (s. Apostelgeschichte 10,9-28). Aber als es hart auf hart kam, verzichtete Petrus auf seine königliche Rolle und verließ das Spielfeld. Er fürchtete die Leute aus der Gruppe der Beschneidung, weil sie sich ihrer Selbstgerechtigkeit gewisser waren als er sich seiner Gerechtigkeit in Christus Jesus.

Könige sind selbstsicher und diese Selbstsicherheit kommt aus dem Wissen, dass sie gerecht sind. Wenn du weißt, dass Gott für dich ist – dass er dich liebt, dich annimmt und Freude an dir hat –, verändert das alles. Du verdrückst dich nicht mehr an den Rand des Königreiches wie ein Betrüger und akzeptierst auch die gnadenmordenden Lügen der Religion nicht mehr. Du beginnst zu herrschen. Du beginnst, wie ein Kind des Höchsten zu leben und zu sprechen. Du beginnst, deine Bestimmung zu erfüllen. Du musst nicht erst die Königsschule besuchen, um König zu werden. Du musst dich nur so sehen, wie dein Vater dich sieht. Du musst in deinem Herzen das empfangen, was er gesagt hat, entsprechend handeln und das Ergebnis ihm überlassen.

Das Evangelium erklärt, dass du in ihm gerecht bist. Wenn du in dieser Offenbarung lebst, nimmt deine Selbstsicherheit zu und du beginnst, deinen königlichen Einfluss geltend zu machen. Du wirst weniger wie ein Bettler beten und mehr wie ein Befehlshaber. Wenn in deiner Familie jemand krank wird, steht in dir etwas auf und sagt: »Mit mir nicht!« Du wirst die Krankheit zurückweisen und durch Glauben die Heilung zur Verfügung stellen, für die Jesus bezahlt hat. Und wenn du gesehen hast, wie zwei oder drei geheilt wurden – wenn du deinen Löwen und deinen Bären getötet hast –, wirst du so selbstsicher sein, dass du beginnst die Riesen abzuschießen, die dein Land terrorisieren. Dann wirst du wirklich ein König sein.

Königliche Heldentaten

Könige sind Problemlöser. Sie sehen Riesen und Schlangen, Krankheit und Sünde und all die anderen Übel dieser Welt als Probleme an, auf die sie treten und die sie überwinden können.

Sie wissen, dass es für jedes irdische Problem eine himmlische Lösung gibt. Könige lassen sich von der Größe ihres Problems nicht einschüchtern, weil sie die Größe ihres Gottes gesehen haben. Könige behaupten nicht, selbst alle Antworten zu haben, aber sie wissen, wo sie sie finden können. Sie besitzen eine 24-Stunden-Zutrittsberechtigung zum Thron der Gnade, wo sie Hilfe finden in Zeiten der Not (s. Hebräer 4,16). Sie halten an ihrer Gabe der Gerechtigkeit fest und zögern nicht, mutig hereinzukommen und ihre Bitten vor Gott auszubreiten.

Das gewöhnliche Volk lebt in den Begrenzungen der natürlichen Welt, aber Könige handeln in einer übergeordneten Realität. Sie wissen sicher, dass unsere momentanen Nöte Gott keine schlaflosen Nächte bereiten.»Er versucht nicht herauszufinden, was er tun soll. Er weiß es schon.«

Probleme, die normale Menschen aus der Bahn werfen, bringen Könige zum Beten.»Herr, ich weiß nicht, welchen Weg ich gehen soll, aber du kennst ihn. Bitte zeig ihn mir.« Es ist für Könige eine Ehre, eine Sache zu erforschen, und sie tun das hauptsächlich, indem sie um Weisheit und Inspiration bitten. Wie König Joschafat reagieren sie auf den Nebel der Unsicherheit mit Gebet:»Wir wissen nicht, was wir tun sollen, aber unsere Augen sind ganz auf dich gerichtet« (2. Chronik 20,12).

Könige segnen die Menschen um sie herum, indem sie die Kräfte des Himmels freisetzen, um irdischen Nöten abzuhelfen. Einerseits treten sie den zerstörerischen Werken des Teufels entgegen, indem sie die Armen und Bedürftigen, die Kranken und Unterdrückten befreien. Andererseits machen sie auch ihren Einfluss geltend, indem sie die Menschen an Orte bringen, die noch kein anderer gesehen hat. Durch den kreativen Ausdruck in Kunst, Wissenschaft, Wirtschaft und Politik bringen Könige die Kultur des Himmels auf die Erde.

Könige haben keine Angst, Neues auszuprobieren, und erzielen in allem außergewöhnliche Resultate. Es ist kein Zufall, dass Israels größte Könige auch begabte Soldaten, Dichter, Musiker und Verwalter waren. Wer gewohnt ist, die mannigfaltige Weisheit des Herrn anzuzapfen, hat normalerweise auf vielen verschiedenen Gebieten Erfolg. Er ist nicht zufrieden damit, in eine bestimmte Schublade gesteckt zu werden. Er macht es sich zur Gewohnheit, neue Risiken einzugehen in dem Wissen, dass Gott verheißen hat, alle Werke seiner Hände zu segnen (5. Mose 28,12).

Das Volk, das seinen Gott kennt, wird stark sein und Heldentaten vollbringen. (Daniel 11,32, übertragen nach der KJV)

Könige erhalten ihren Kick, wenn sie die Kraft Gottes in Situationen freisetzen, die sich menschlicher Regie entziehen. Sie haben nichts gegen menschliche Möglichkeiten, es ist nur so, dass fleischliche Lösungen ihnen unterlegen und langsam erscheinen. »Wie lange plagst du dich schon mit diesem Problem herum? Gott kann es jetzt sofort lösen!« Könige finden natürliche Begrenzungen beengend und erdrückend. Sie arbeiten lieber mit dem Herrn zusammen und machen seinem Namen Ehre, indem sie das Unmögliche tun. Völlige Abhängigkeit vom Herrn ist die größte Stärke eines Königs und das Geheimnis seines Erfolgs.

Im Natürlichen scheinen die Könige seines Königreiches ganz normale Menschen zu sein. Sie sehen nicht besonders aus, aber sie leben das Leben eines Königs und vollbringen königliche Heldentaten. Üblicherweise ändern sie den Lauf der Geschichte für Einzelne und Familien, Firmen und Städte. Könige machen Nationen zu Jüngern.

Das Evangelium, das verkündet und demonstriert werden muss

Die Gnade Gottes ist besser, als wir denken. Sie macht nicht nur Sünder zu Heiligen und Tote lebendig, sie kann Beziehungen wiederherstellen, Gemeinschaften verwandeln und ganze Länder segnen. Ich bin überzeugt davon: Wenn mehr Menschen anfangen, auf den königlichen Wegen seiner Gnade zu gehen, dann werden wir entdecken, dass Gott wirklich über die Maßen mehr tun kann, als wir bitten oder uns vorstellen können. Wir warten vielleicht darauf, dass Gott handelt – aber eine arme und bedürftige Welt wartet darauf, dass wir als seine Könige und Priester die königlichen Schätze seines Königreiches freigeben.

Ganz gleich ob du Hausfrau oder Präsident bist, handelst du wie ein König, wenn du die gute Botschaft des Königreichs sichtbar machst. Damit meine ich nicht, dass du mit einer Drei-Punkte-Predigt auf die Kanzel steigen und hinterher Menschen zum Übergabegebet nach vorne rufen musst. (Wenn das allerdings dein Ding ist, dann tu es!) Jesus offenbarte die gute Nachricht vom Königreich, indem er er selbst war. In Synagogen, auf Hochzeiten und bei Picknicks am See – überall wo Jesus war, war auch Gottes Königreich. Freiheit, Heilung, Freude und Befreiung folgten ihm auf dem Fuße.

Die gute Nachricht vom Königreich sichtbar zu machen – es zu demonstrieren – erfordert von dir nichts anderes, als Jesus sichtbar zu machen. Der König und sein Königreich sind untrennbar. Bring den Herrn des Lebens und seinen Einfluss hinein in jedes Problem, das sich dir entgegenstellt und du wirst unweigerlich Gnade freisetzen: den übernatürlichen, den Lauf der Geschichte verändernden Einfluss des Heiligen Geistes.

Das Evangelium vom Königreich ist ein Evangelium, das verkündet und demonstriert werden muss. Jesus erzählte den Menschen Gutes über ihren Gott – und dann befreite er sie von ihren Problemen. Er trieb Dämonen aus und zwar mit einem einzigen Wort. Er heilte die Kranken und weckte die Toten auf. Er sprach zu Stürmen und widerlegte die sogenannte Weisheit all jener, die gegen ihn waren.

Seine Jünger taten dasselbe wie Jesus und du kannst dasselbe tun wie sie. Derselbe Geist, der ihnen half, hilft dir. Wie fangen wir also damit an?

Das Wort des Königs

Gnade kommt durch Glauben und dem Glauben müssen Taten folgen, damit er einen Nutzen hat. Der einfachste Weg, Glauben auszudrücken, ist, ihn auszusprechen. Worte haben Kraft. Worte können etwas aufbauen oder niederreißen, können leiten oder irreführen, klären oder durcheinanderbringen. Das rechte Wort zur rechten Zeit kann die Welt verändern.

Könige üben ihre Herrschaft überwiegend durch Worte aus. In Prediger 8,4 steht, dass das Wort des Königs Macht hat. Wenn Gottes Könige Gottes Worte sprechen, stellt sich Gott mit seiner Macht dahinter. Das geschieht nicht, um das im Glauben gesprochene Wort zu verherrlichen, sondern um die Aufmerksamkeit auf das lebendige Wort zu lenken, das in dir lebt. Wenn du Jesus sichtbar machst, werden deine Worte übernatürlich mit Kraft versehen und bringen den Verlorenen Rettung und den Gefangenen Befreiung. Du kannst Dämonen austreiben und die Kranken heilen, so wie er es tat. Jesus hat sogar verheißen, dass jeder, der an ihn glaubt, genau diese Dinge tun würde (Markus 16,17-18).

Vielleicht denkst du: »Aber so macht man das bei uns nicht. Ich habe noch nie das Übernatürliche erlebt.« Doch, hast du. Gott hat dich aus der Finsternis herausgerufen und du bist herausgekommen. Hast du dir schon einmal bewusst die Zeit genommen, um darüber nachzudenken? Als du auf das Evangelium reagiert hast, geschah ein Wunder. Ganz gleich, ob du diese Worte von einem Evangelisten oder von einem Freund gehört hast, es war der Heilige Geist, der in dein Herz gesprochen und dich herausgerufen hat – und du hast reagiert. Ist dir das bewusst? Du bist ein lebendiger Beweis dafür, dass das Wort eines Königs Macht hat. Das Evangelium hat Kraft – aber nur wenn es verkündet wird.

Doch wie können sie ihn anrufen, wenn sie nicht an ihn glauben? Und wie können sie an ihn glauben, wenn sie nie von ihm gehört haben? Und wie können sie von ihm hören, wenn niemand ihnen die Botschaft verkündet? (Römer 10,14)

Nicht jeder, dem ich das Evangelium verkünde, glaubt es auch; aber es glauben mehr Menschen und es werden mehr Menschen befreit, wenn ich rede, als wenn ich schweige. Wenn du glaubst, dass deine Freunde errettet und geheilt werden, aber dein Glaube dich nicht dazu bringt, zu reden oder zu handeln, dann ist er nutzlos. Ich sage dies nicht, um dich zu verdammen. Ich will dich inspirieren. Du bist ein König und deine Worte haben Macht; also sprich sie aus.

Als Könige können wir den Segen dorthin befehlen, wo der Fluch ist, Heilung, wo Krankheit ist und Leben, wo Tod ist. Wenn dem so ist, warum solltest du dann schweigen?

Weißt du, warum Adam im Garten seine Krone verlor? Er sprach nicht. Das Wort eines Königs hat Macht, aber König Adam war sprachlos. Er hörte zu, als er sprechen sollte. Das ist für einen König ein tödlicher Fehler. Gib dem Teufel nicht die Möglichkeit, seine Lügen über dein Leben auszukotzen. Jesus hat das auch nicht zugelassen. Als der Teufel ihn in der Wüste versuchte, konterte Jesus mit Worten. Ich bezweifle, dass der Teufel irgendjemand anderem die gleiche Aufmerksamkeit schenkte wie Jesus. Doch drei kurze Sätze des großen Königs reichten aus, um die alte Schlange zum Schweigen zu bringen.

David ist ein weiteres gutes Beispiel für einen König, der sprach. Zusammen mit den anderen Israeliten hörte er den einschüchternden Spott des Riesen. Aber während seine Landsleute vor Angst davonliefen, konterte David mit Worten. Im Namen des Herrn wies er den Riesen zurecht und prophezeite seinen Untergang. David war noch ein kleiner Junge, aber er hatte das Herz eines Königs. Er sprach von einer höheren Realität und wurde so zum Überwinder.

Du kannst dich ausklinken (aber warum solltest du?)

Das Warten auf eine zukünftige Krönung hindert viele Gläubige daran, jetzt zu herrschen und zu regieren. Sie denken: »Eines Tages werde ich gekrönt werden, aber noch nicht jetzt. Ich bin kein König. Ich bin nur ein geringer Diener in den Vorhöfen des Herrn.« Warum stehst du in den Vorhöfen rum, wenn du in seinem Thronsaal sitzen kannst? Diese Art von Bediensteten-Geschwätz schmeichelt zwar unserem religiösen Stolz, ist aber eine Ablehnung unserer wahren Berufung, ein Priesterkönig zu sein.

Du magst sagen: »Aber ich weiß nicht, wie ein Priesterkönig aussieht. Ich hab noch nie von einem gehört.« Klar hast du das. Wusstest du nicht, dass der erste Priester, der in der Bibel erwähnt wird, auch ein König war? Melchisedek »war König der Stadt Salem und ein Priester Gottes, des Höchsten« (Hebräer 7,1). Und was für ein König ist Jesus? Er ist ein Priesterkönig nach der Ordnung Melchisedeks (Hebräer 5,6). Mit anderen Worten: Jesus trägt zwei Hüte. Er ist ein Priester, der dient, und ein König, der regiert. Das Herz eines Dieners ist angemessen für einen Priester; aber ein Priester, der nicht auch König ist, wird keine Kraft haben, riesige Probleme zu lösen. Ein Priester ohne Krone stellt einen geschwächten Christus dar. Sein Evangelium ist schwach und sein Königreich leeres Gerede.

Jesus ist ein König mit dem Herz eines Dieners, der den Menschen diente, indem er den Feind bezwang. Seine Jünger taten dasselbe – und wenn wir ihm erlauben, sein königliches Leben durch uns auszudrücken, werden auch wir es tun.

Vielleicht hast du ein bisschen Respekt vor dem ganzen Gerede über die Riesen, die wir zu Fall bringen, und die Kranken, die wir heilen sollen. Vielleicht hast du Bedenken, dass du die Königsprüfung nicht bestehst und das Schwert im Stein stecken bleibt. Nur keine Panik. Wenn du davonläufst anstatt zu herrschen, wird Gott dich nicht ablehnen. Selbst David lief davon.

Es wird tatsächlich Zeiten geben, wo das Herrschen und Regieren eines der unsinnigsten Dinge überhaupt zu sein scheint. Es ist nicht gerade leicht, an Heilung zu glauben, wenn drei Ärzte und zwei Spezialisten eine negative Diagnose stellen. Und der Anblick von Rollstühlen beim Aufruf zum Heilungsgebet mag sogar erfahrende Diener in Versuchung führen, sich abzuwenden und nach leichteren Zielscheiben Ausschau zu halten.[75]

Wir feiern Davids Heldentaten, aber keiner von uns hätte es ihm übel genommen, wenn er vor dem Löwen, dem Bären und dem Riesen davongelaufen wäre. Eigentlich hätten wir ihm für sein kluges Handeln wahrscheinlich applaudiert. »Warum gegen einen Löwen kämpfen, nur um ein paar dumme Schafe zu retten? David, du hättest dabei ums Leben kommen können!«

Wenn du vor dem Löwen oder dem Bären davonläufst, denkt niemand gering von dir. Du erweckst den Eindruck eines sehr vernünftigen Menschen, der einen großen Bogen um Löwen macht, und Gott liebt dich immer noch. Aber das ist der Punkt. *Warum solltest du das wollen?* Wenn dein Kind krank ist oder dein Ehepartner unter Depressionen leidet, warum solltest du dann daneben stehen und nichts tun? Der Punkt ist nicht, dass du ein König sein *musst*, sondern dass du ein König sein *darfst*. Derselbe Geist, der David befähigte, Löwen und Riesen zu besiegen, befähigt auch dich zur Herrschaft. Du hast Möglichkeiten, die Ungläubige nicht haben. Du hast den Heiligen Geist. Warum solltest du dich angesichts dieses phänomenalen Vorteils dazu entscheiden, rein menschlich zu reagieren? Das ist genauso widersprüchlich, als würde Superman mit dem Bus fahren.

In der Bibel gibt es zwei Männer, deren Familien übel von Banditen angegriffen wurden. Einer dieser Männer zerriss seine Kleider, setzte sich in einen Aschenhaufen und versank in Selbstmitleid. Der andere Mann ermutigte sich selbst im Herrn und daraufhin jagte er seinen Feinden nach und unterwarf sie. Rate mal, welcher der beiden Männer Israels größter König wurde? Hiob war ein abergläubischer, opferbringender und selbstbezogener Mann, doch David war ein Priesterkönig und ein Mann nach dem Herzen Gottes.[76]

Die gute Nachricht ist, dass du in Christus genau dasselbe bist.

Das Evangelium vom Königreich

Manche Menschen meinen, Christsein sei wie Damespielen. Wenn du vorsichtig bist und unbehelligt auf die andere Seite gelangst, kannst du »Dame!« rufen. Aber in Wirklichkeit wurdest du schon zu Beginn des Spiels geadelt. In dem Augenblick, indem du in Christus aufgenommen wurdest, wurde aus dir ein königliches Wesen.

Wenn du von den überreichen Vorräten seiner Gnade empfangen hast, dann bist du dazu bestimmt, im Leben zu herrschen. Wenn du in deiner königlichen Identität lebst, werden deine Probleme feststellen, dass du ihnen mehr als gewachsen bist. Sie mögen groß sein, aber dein Gott ist immer noch größer, und wer ihn kennt, wird stark sein und Heldentaten vollbringen.

Das Evangelium vom Königreich ist die frohe Kunde, dass ein großer König auf dem Thron sitzt, dessen Wunsch es ist, dass Gottes Wille geschieht – auf der Erde wie im Himmel. Im Himmel gibt es keine Krankheit, kein Leid, keine Armut. Und was dort gilt, will Gott auch hier.

Das Evangelium besteht nicht in einer vagen Vorstellung davon, dass wir irgendwann nach dem Tod einmal herrschen und regieren werden. Es ist die herrliche Mitteilung, dass die Herrschaft des Königs schon hier ist, in Reichweite des Glaubens. Gottes Reich ist da.

EPILOG

DEIN EVANGELIUM AUF DEM PRÜFSTAND

Als ich Ende der 1980er-Jahre zum ersten Mal nach Hongkong reiste, sprach mich auf der Nathan Road ein geschäftstüchtiger Mann an. »Wollen Sie 'ne Rolex kaufen?« Ich wollte eigentlich keine Rolex kaufen, aber als der Uhrenverkäufer mir seinen Preis nannte, war ich fasziniert. Gerade aus dem Flugzeug gestiegen, stolperte ich schon über das Schnäppchen des Jahrhunderts! Natürlich waren das keine echten Rolex, die er da verkaufte – das war mir klar. Aber diese »Kopien« sahen so gut aus, dass man sie durchaus tragen konnte. Erst nach dem Bezahlen entdeckte ich allmählich, wie schlecht diese Fälschungen waren. »Schau mal, der Stundenzeiger geht rückwärts.«

Wie andere, die längere Zeit in Asien gelebt haben, bin ich inzwischen so was wie ein Experte auf dem Gebiet von gefälschter Ware – aus eigener Erfahrung. Denn selbst wenn die Fälschungen aussehen wie das Echte, sie funktionieren nur selten so, wie sie sollten: Die Raubkopie des Kinofilms ist unscharf, die gefälschte Handtasche löst sich im Regen auf; der angebliche Luxusfüller wartet geradezu auf die bevorstehende Tintenexplosion.

Dasselbe gilt auch für gefälschte Evangelien. Sie sehen aus wie das Echte, aber sie funktionieren nicht. Sie befreien nicht, sie bringen keinen dauerhaften Frieden – und jede Freude, die sie mit sich bringen, hält nicht lange an.

Wenn du ein gefälschtes Evangelium glaubst, wird es nicht lange dauern, bis du mit Zweifeln, Schuldgefühlen, Verpflichtungen und Depression beladen bist. Du wirst herausfinden, dass das, was du für eine gute Nachricht gehalten hast, eigentlich eine schlechte Nachricht mit einem gefälschten Etikett ist.

Woran erkennt man ein gefälschtes Evangelium? Es trägt ein Preisschild: Du sollst für etwas bezahlen, das Gott kostenlos gegeben hat. Ein gefälschtes Evangelium betrachtet Menschen als Gewinnmöglichkeiten und fordert die Armen dazu auf, den Reichen zu geben. Ein gefälschtes Evangelium ist das, bei dem der Brunnen vergiftet ist und die Liebe einen Haken hat.

Das gefälschte Evangelium

Der großen Mehrheit der Christen wurde ein gefälschtes Evangelium verkauft. Sie glauben einer Botschaft, die zwar wie die echte aussieht, nachweislich aber minderwertig ist.[77]

In den vergangen Jahren habe ich viele Christen getroffen, die versuchen, das zu verdienen, was Gott ihnen geschenkt hat. Wenn du diese Menschen über Gnade befragen würdest, würden sie sagen: »Ja, ich bin durch Gnade errettet. Ich danke Gott für seine Gnade.« Aber durch ihre Werke bezeugen sie, dass Gottes Gnade nicht ausreicht. Die Gnade hat ihnen vielleicht zum Neuanfang verholfen, aber jetzt müssen sie selbst sich darum kümmern, dass sie es auch zu Ende bringen. Was sie im Geist begonnen haben, versuchen sie jetzt durch menschliche Anstrengung zu vollenden (Galater 3,3). Anstatt zu entdecken, was es bedeutet, *gerettet zu sein*, arbeiten sie hart daran *gerettet zu bleiben*.

Du hast es dann mit einem gefälschten Evangelium zu tun, wenn dir jemand sagt, dass Gott dich erst annehmen oder segnen würde, wenn du etwas für ihn tust. Auf der Nathan Road menschengemachter Religion sagt man dir, du könntest zu einem günstigen Preis heilig, gerecht und vor Gott angenehm werden. »Bekenn einfach deine Sünden, dann wird dir vergeben. Wende dich von der Sünde ab, dann wirst du angenommen.«

In den Schaufenstern des fleischlichen Christseins findest du tote Werke, die sich als seriöse Markenprodukte wie Verantwortlichkeit, gute Werke, Mission, Selbstkontrolle, Saat und Investition verkleidet haben. Ich bin nicht gegen diese Dinge. Ich lehne mich nur gegen die Lüge auf, dass Gottes Gunst davon abhängt, ob du und ich das tun.

Lass dich nicht täuschen. Wenn du denkst, dass du irgendetwas tun kannst, um deine Stellung vor Gott zu verbessern, dann sagst du damit: »Christus ist vergeblich gestorben« (s.Galater 2,21). Damit nennst du Jesus einen Lügner (»Es ist *nicht* vollbracht«) und erhebst dich selbst zum Mit-Retter (»Jesus braucht meine Hilfe«).

Genauso wie die gefälschten Rolex-Uhren nur an Touristen verkauft werden und nicht an Einheimische, werden gefälschte Evangelien nur an Christen verkauft und nicht an Sünder. Sünder bekommen das Echte: frisch gezapfte reine Gnade. Aber Christen bekommen die verunreinigte Gnade, die die vergifteten Rohre einer auf Regeln beruhender Religion ausspucken. Sünder erhalten die bedingungslose Liebe Gottes gratis, aber Christen müssen dafür bezahlen.

Eine vierfache Mutter, die selbst als Pastorenkind aufgewachsen ist, las einen meiner Artikel über Gnade und schrieb mir danach Folgendes:

> *Ich bin in der Gemeinde großgeworden und hatte nie das Gefühl, dass die gute Nachricht der Gnade Gottes auch für mich gilt. Sie war immer nur für die schlimmsten Sünder gedacht – für die, die Gottes barmherzige Gnade brauchten – und nicht für diejenigen von uns, die im Glauben aufgewachsen waren. Von uns wurde nur erwartet, dass wir uns benehmen und diese »billige Gnade« nicht anrühren. Danke, dass du uns sagst, dass Gottes Gnade für alle da ist, mich eingeschlossen. Juhuu!*

Solche Nachrichten bekomme ich ständig. Sie kommen von Menschen, die schon lange Zeit Christen sind und jetzt überrascht erfahren, dass Gnade für alle da ist und nicht nur für die Sünder. Eigentlich sollte es ja klar sein, aber viele sehen es eben nicht. Ihr Denken ist von der Religion vernebelt. Sie sehen die Liebe Gottes nur durch die verfälschende Brille eines leistungsorientierten Christseins.

Der Kindertest

Ich hatte nie vor, ein so dickes Buch zu schreiben. Am Anfang wollte ich einfach das echte unverfälschte Evangelium darstellen, ohne all das Gepäck, das normalerweise mitgeliefert wird. Kurz und gut. Aber wie meistens, wenn ich anfange über Jesus zu reden, habe ich mich von der Begeisterung mitreißen lassen. Am Anfang eines jeden Kapitels war es, als würde man einen Raum voller Schätze betreten und gesagt bekommen, man könne so viel mitnehmen, wie man tragen kann. Es fiel mir ziemlich schwer zu entscheiden, was ich weglassen sollte.

Also wurde das Buch am Ende umfangreicher als geplant. Aber macht es dir wirklich etwas aus? Habe ich dir zu viele Schätze mitgegeben? Trotz der Länge des Buches würde ich sagen, dass das Evangelium so einfach ist, dass ein Kind es verstehen kann: Gott liebt dich. Punkt. Das ist es. Neigt eure Häupter. Ihr Musiker, kommt nach vorne, meine Predigt ist zu Ende. Es ist mir ernst – es ist wirklich so einfach. *Gott liebt dich.* Wir werden die ganze Ewigkeit damit verbringen, diese drei kleinen Wörter auszupacken und die unermesslichen Weiten seiner Liebe zu erforschen. Dafür wurden wir geboren.

Wahrlich, ich sage euch: Wer das Reich Gottes nicht annimmt wie ein Kind, wird nicht hineinkommen! (Markus 10,15 SLT)

Das Evangelium ist so einfach, dass man eine kindliche Auffassungsgabe braucht, um es zu verstehen. Es ist so unkompliziert, dass es die Weisen verwirrt.

Jedes Evangelium, das den Kindertest nicht besteht, ist kein Evangelium. Wenn du wissen willst, ob die Botschaft, die du glaubst, das echte Evangelium ist, dann erzähl sie einem Kind. Kinderaugen fangen dann an zu strahlen. Aber wenn du gerade kein Kind da hast, gibt es noch einen anderen einfachen Test, ob das Evangelium, das du hörst, dasselbe ist wie das, das Jesus sichtbar gemacht und das Paulus gepredigt hat. Stell dir einfach diese vier Fragen:

1. Bringt mich dieses Evangelium dazu, meine Augen ausschließlich auf Jesus zu richten?

Konzentriert sich die Botschaft, die ich höre, auf mich – oder bringt sie mich dazu, auf den Anfänger und Vollender meines Glaubens zu schauen? Betont sie das, was ich tue (oder nicht tue) – oder betont sie das, was Christus getan hat? Macht sie mich selbstbewusst und selbst-beobachtend – oder christus-bewusst und dankbar?

Ein gefälschtes Evangelium wird sich immer auf dich und deine Anstrengung konzentrieren. Es will, dass du denkst: »*Ich* muss beten, *ich* muss fasten, *ich* muss geben.« Das Problem dabei ist nicht, *was* du tust, sondern *warum* du es tust. Was ist dein Motiv? Ist es Angst vor Strafe? Musst du deine Schuldgefühle beschwichtigen? Strengst du dich an, um einen guten Eindruck zu machen oder dir einen Segen zu verdienen? Das Motiv ist entscheidend.

Manchmal ist Religion raffiniert. Sie sagt dir, was du zu tun hast, ohne dir deutlich zu erklären, warum du es tun sollst. Sie wird wie ein manipulierender Verkäufer versuchen, dir etwas anzudrehen, ohne dir das Preisschild zu zeigen. Erst später erfährst du dann, was es wirklich kostet.

Denk daran: An Gnade hängt kein Preisschild! Alles in Gottes Königreich kommt nur durch die Reichtümer seiner Gnade zu uns. Was du tust oder nicht tust, hat darauf überhaupt keinen Einfluss, außer dass es die Gnade Gottes behindern könnte, wenn du versuchst dafür zu bezahlen.

Ein echter Prediger des Evangeliums wird immer versuchen, mehr und mehr von Jesus zu offenbaren. Jesus ist die oberste Offenbarung des Charakters Gottes und seines Ziels. Er ist die Gnade in Person. Jede Botschaft, die nicht Jesus offenbart, ist wahrscheinlich ein kraftloser Ersatz, ein fleischlicher Trip und eine verschwendete Chance. Jesus ist einzigartig und keiner ist ihm gleich. Er ist unsere Weisheit von Gott und ich werde mich nur seiner rühmen (1. Korinther 1,30-31).

Hier ist der Test: Das wahre Evangelium wird dich dazu bringen, zu glauben, dass Jesus mehr als genug ist. Es wird dich inspirieren, an seinen Namen zu glauben – loszugehen, Risiken einzugehen und zu handeln. Im Gegensatz dazu fördert ein gefälschtes Evangelium das Handeln in deinem eigenen Namen, was eine Form von Unglauben ist. Das wahre Evangelium wird dich mehr und mehr abhängig machen von der Liebe Christi, doch ein gefälschtes Evangelium verherrlicht das Fleisch – deine Willenskraft, deine eigenen Ressourcen und deinen Intellekt. Das wahre Evangelium wird dich immer zu Christus ziehen, aber das gefälschte wird dich ablenken. Die Fälschung wird dazu führen, dass Menschen verherrlicht werden, aber das Echte wird dich immer dazu bringen, wie Maria den Herrn zu erheben und dich über Gott deinen Retter zu freuen (Lukas 1,47).

2. Befähigt dieses Evangelium mich dazu, Sünde zu überwinden?

Macht mir die Botschaft, die ich höre, Sünde und Verdammnis oder das Kreuz und Schuldlosigkeit bewusst? Bringt sie mich dazu, die Sünde in meiner eigenen Kraft überwinden zu wollen – oder führt sie mich zur Gnade, die mich lehrt, zur Gottlosigkeit »Nein« zu sagen?

Sünde ist für viele ein großes Problem. Ich höre regelmäßig von Menschen, die sich wegen der Sünden, die sie in ihrem Leben begangen haben, wie Verdammte vorkommen. Sie wollen sich unbedingt ändern, fühlen sich aber zu schwach dazu.

Ich habe gelernt, dass es in der Gemeinde zwei Möglichkeiten gibt, wie man mit Sünde umgeht: (1) das Gesetz predigen oder (2) Gnade offenbaren. Eine Botschaft, die auf dem Gesetz beruht, will das Fleisch dazu bringen, Verhalten durch menschliche Kraft zu ändern. Dieser Ansatz ist in sich falsch, weil der Zweck des Gesetzes ist, die Sünde zu entfachen und nicht sie auszulöschen (Römer 7,5). Das Gesetz bringt Verdammnis (was manch einer mit Überführung verwechselt) und ist ein Dienst des Todes. Das ist sein Sinn und Zweck (2. Korinther 3,7-9).

Im Gegensatz dazu wird das Evangelium der Gnade dich zum Kreuz weisen, wo deine Sünden ein für alle Mal aus der Welt geschafft wurden. Und es wird dich befähigen, Sünde zu überwinden, indem es dir deine neue Identität in Christus aufzeigt.

Du bist kein Gefangener der Sünde; du bist eine neue Schöpfung, die laufen lernt. Deine alte Sünden-Software wurde ans Kreuz genagelt. Jetzt hast du dieselben Begierden und Wünsche wie Jesus. Wir schaffen alte Gewohnheiten nicht damit aus der Welt, dass wir uns ans Gesetz halten, sondern dass wir uns selbst als durch Christus Lebende ansehen. Wieder liegt das Augenmerk auf Jesus und nicht auf dir. Jesus wurde in jeglicher Hinsicht versucht, blieb aber ohne Sünde. Wenn du lernst, sicher in ihm zu ruhen – ohne dich von alttestamentlichen Unruhestiftern aus der Ruhe bringen zu lassen – wirst du die Gnade finden, die dich befähigt, zur Gottlosigkeit »Nein« zu sagen.

Hier ist der Test: Ein gefälschtes Evangelium wird eine große Show daraus machen, dass es gegen Sünde ist, wird die Sünde aber nur in heimliche Ecken drängen. Im Gegensatz dazu wird das wahre Evangelium Gottes größere Gnade betonen, die die Sünde in die Vernichtung treibt. Ein gefälschtes Evangelium wird dich für die Vergebung arbeiten lassen und dir trotzdem noch Schuldgefühle einreden. Aber das wahre Evangelium offenbart eine Vergebung, die so göttlich ist, dass sie sich nicht mehr an deine Sünde erinnert. Ein gefälschtes Evangelium fördert Heuchelei und füllt die Gemeinden mit Fälschungen. Aber das wahre Evangelium fördert Echtheit und Transparenz und füllt die Gemeinden mit Zeugnissen von radikalen Veränderungen.

3. Bringt dieses Evangelium Frieden und Freude mit sich?

Macht mich die Botschaft, die ich höre, ängstlich und unsicher – oder erfüllt sie mich mit übernatürlichem Frieden und Freude? Betont sie meine Verantwortung, etwas *für* Christus zu leisten – oder lässt sie mich aus der Freude *an* Christus heraus reagieren?

Nicht jeder Christ hat mit Sünde zu kämpfen. Manche kämpfen einfach nur so vor sich hin. Sie versuchen, das Richtige zu tun, Gott zu gefallen, gute Christen zu sein – aber das ist mühsam und sie sind völlig am Ende. Sie scheinen die Säulen ihrer Gemeinden zu sein, aber sie machen Verrenkungen, um alles am Laufen zu halten. Es ist nur eine Frage der Zeit, bis sie unter der unheiligen Last der Erwartungen, die an sie gestellt werden, zusammenbrechen.

Mein Herz schlägt für solche Leute. Sie wollen wirklich dem Herrn dienen und sie sind davon überzeugt, dass es normal ist, wenn Christen wie emsige kleine Bienen herumschwirren. Aber das ist nicht wahr. Wir sind keine Insekten. Hebräer 4,10 sagt: »Denn wer an Gottes Ruhe Anteil bekommt, darf von all seiner Arbeit ausruhen, genauso wie Gott ruhte, als er alles erschaffen hatte.« Doch diese Leute haben keine Zeit zum Ausruhen. Es gibt noch so viel zu tun. Da sind Veranstaltungen, die besucht werden wollen, Programme, die ausgeführt werden müssen, Orte, an die man noch gehen sollte und Menschen, die man noch besuchen müsste. Sie denken, dass sie sich ausruhen können, wenn sie mal im Himmel sind – aber bei ihrem Tempo wird das eher früher als später der Fall sein.

Das Reich Gottes ist Gerechtigkeit, Friede und Freude im Heiligen Geist (Römer 14,17). Wenn die Botschaft, die du hörst, nicht Jesus und die Gabe seiner Gerechtigkeit offenbart, dann wirst du nie den Frieden und die Freude erleben, die damit einhergehen.

In diesem Test geht es eigentlich um Gerechtigkeit: Ruhst du dich in seiner Gerechtigkeit aus oder versuchst du, mit deiner eigenen zu punkten? Ein falsches Evangelium wird dich dazu bringen wollen, Gerechtigkeit durch gute Werke und richtiges Leben zu erzeugen, was dich aber genauso stressen wird wie es Marta gestresst hat. Du wirst dich fragen: *Was ist mit meiner Freude passiert? Warum ist mir in meiner Ehe mit Christus das Lachen vergangen?*[78]

Hier ist der Test: Wenn du aufhören würdest, das zu tun, was du für Jesus tust, würdest du dich dann schuldig fühlen? Was wäre, wenn du sündigen würdest, aufhören würdest zu geben oder in die Gemeinde zu gehen? Hättest du dann Verdammnisgefühle? Ich sage jetzt nicht, dass du das alles tun solltest; aber wenn einer weiß, dass er gerecht gemacht wurde, wird er nie mit Schuldgefühlen und Verdammnisängsten zu kämpfen haben. Und umgekehrt wird jemand, der ein falsches Evangelium glaubt, nie anhaltenden Frieden erleben. Selbst wenn er mehr getan hat, als er musste, wird er immer noch von einer unangenehmen Ruhelosigkeit umgetrieben sein. *Reicht es wirklich? Gefällt es dem Herrn? Sollte ich noch mehr tun?*

Paulus begann jeden seiner Briefe mit den Worten: »Gnade und Friede sei mit euch von Gott, dem Vater.« Die Gnade Gottes ist in Frieden eingewickelt. Wenn du Gnade empfängst, dann empfängst du automatisch Frieden und deine Seele kommt zur Ruhe. Woher weißt du, ob du seiner Liebe und Gnade vertraust? Du hast den Frieden Gottes, der dein Herz bewahrt. Und wenn du verstehst, dass der, der von keiner Sünde wusste, für uns zur Sünde wurde, damit wir durch ihn zur Gerechtigkeit Gottes werden – dann wirst du auch Freude haben.

Der Engel hatte Recht – das Evangelium bringt all denjenigen große Freude, die es annehmen. Es bringt den Gefangenen Freiheit, den Kranken Gesundheit und den Toten neues Leben. Das Evangelium ist und war schon immer die Kraft Gottes für deine Rettung.

Genauso wie ich von Menschen höre, die mit Sünde kämpfen, höre ich auch von anderen, die dieses Evangelium der Gnade verstanden haben. Diese Leute haben alle ihre einzigartige Geschichte, aber sie haben eines gemeinsam: Sie sind voller Freude. Aus ihrem Herzen quillt Lachen hervor und sie können nicht anders, als ihren Gott mit Liedern zu preisen. Sie sind ein lebendiger Beweis für die Worte Jesajas:

Dann wirst du sagen: »... Siehe, Gott ist meine Rettung. Ich vertraue ihm und habe keine Angst. Gott, der Herr, ist meine Stärke und ich lobe ihn; er wurde mein Retter.« Ihr werdet mit Freuden aus den Quellen seines Heils Wasser schöpfen!
(Jesaja 12,1-3)

Ein gefälschtes Evangelium macht dich zu einem rastlosen Wanderer, der sich ständig fragt: »Habe ich genug getan?« Aber das Evangelium der Gnade bringt dich zur Ruhe in seiner Gerechtigkeit, es schenkt dir Sicherheit in seiner Liebe und überfließenden Frieden und Freude.

4. Macht mich dieses Evangelium frei?

Legt mir das Evangelium, das ich höre, schwere Lasten auf – oder gibt es mir ein Joch, das sanft und leicht ist? Zwingt es mich, die Gebote zu halten – oder dem zu vertrauen, der sie für mich erfüllt hat? Fesselt es mich mit Stricken der Verpflichtung – oder befreit es mich dazu, unter dem weiten Himmel der Liebe und Gnade meines Vaters tanzen zu können?

Jedes Evangelium verspricht Freiheit, aber Fälschungen machen nie frei. Wer die giftige Mischung von Gnade-plus-Werke schluckt, kommt erneut unter ein Joch der Sklaverei:

> Bevor ihr Gott kanntet, habt ihr sogenannten Göttern gedient, die in Wirklichkeit überhaupt nicht existieren. Jetzt habt ihr Gott gefunden – vielleicht sollte ich eher sagen: Jetzt hat Gott euch gefunden. Wieso nur wollt ihr nun wieder ohnmächtigen und armseligen Elementen dieser Welt dienen? (Galater 4,8-9)

Viele Christen sind wie die Galater von einem »anderen Evangelium« in die Sklaverei verkauft worden (Galater 1,6). Sie wurden von einem fesselnden Gesetz gefangen genommen und man hat ihnen gesagt, das Geschenk der Freiheit Christi gälte für später, nicht für jetzt; seine Rettung sei für morgen, nicht für heute. Unterm Strich sagt die Botschaft, die sie gehört haben: »Wenn du dich zusammenreißt und keinen Ärger machst, dann wirst du vielleicht eines Tages dafür belohnt werden.« Aber wenn die Segnungen des Evangeliums in eine ferne Zukunft verschoben werden, bleiben für die Gegenwart nur die versklavenden Fesseln von Regeln und

Tradition. Wenn das verheißene Land nur eine Verheißung bleibt, bleiben die Sklaven in Ägypten stecken.

Das wahre Evangelium verkündet, dass dort, wo der Geist des Herrn ist, Freiheit ist – nicht erst wenn du stirbst, nicht morgen, sondern heute. Gott will, dass du hier und jetzt die himmlische Freiheit erfährst.

Ein echter Gnadenprediger wird entschlossen für deine Freiheit einstehen. Er wird jede Lehre niederschlagen, die versucht, dir das Leben und die Freiheit, die dir in Christus gehören, vorzuenthalten – und er wird Linien in den Sand ziehen, damit du Gnade und Ungnade klar unterscheiden kannst. Kurz gesagt, er hört sich wie Paulus an:

So hat uns Christus also wirklich befreit. Sorgt nun dafür, dass ihr frei bleibt, und lasst euch nicht wieder unter das Gesetz versklaven. (Galater 5,1)

Hier ist der Test: Ein gefälschtes Evangelium wird dir eine wahrgenommene Schuld vor Christus ins Bewusstsein bringen, um dich ein Leben lang in besitzloser Knechtschaft zu halten. Doch das wahre Evangelium reißt diese Ketten von dir ab und offenbart eine Gnade, die keine Schuld zulässt, und einen Retter, der die schwere Last an deiner Stelle schultert. Ein gefälschtes Evangelium wird dich lehren, Autorität zu fürchten, und dich zu einer Zielscheibe für Tyrannen und Manipulierer machen. Aber das wahre Evangelium verkündet: »Gott hat einen hohen Preis für euch bezahlt, deshalb werdet nicht Sklaven von Menschen« (1. Korinther 7,23). Ein gefälschtes Evangelium wird dich in die begrenzenden Mauern von Regeln und Vorschriften einsperren, aber das wahre Evangelium ruft aus: »Wenn der Sohn euch frei macht, seid ihr wirklich frei« (Johannes 8,36).

Bewerte dein Evangelium

Nun, wie hat dein Evangelium abgeschnitten? Wenn du auch nur eine der vier Fragen ehrlich mit »Nein« beantwortet hast, dann hat man dir ein giftiges Evangelium verkauft. Wirf es weg, bevor es dich umbringt! Aber erschieß nicht die Boten. Ich habe früher selbst ein gefälschtes Evangelium gepredigt. Deshalb bin ich für die, die das noch immer tun, voller Gnade. Die meisten von ihnen lieben den Herrn genauso sehr wie du und ich. Also liebe sie, aber hör nicht auf sie – jedenfalls dann nicht, wenn sie dich von der Gnade wegführen.

Wenn du alle vier Fragen mit »Ja« beantwortet hast, dann freu dich, denn du lebst von reiner, unverfälschter Gnade. Du hast das echte Evangelium verstanden und du wirst es noch weit bringen.

Die beste Nachricht, die du je gehört hast

Gnade und Ungnade passen nicht zusammen. Wie erkennst du das echte Evangelium? Es besteht zu 100 Prozent aus guter Nachricht. Keine schlechte Nachricht hat sich eingeschlichen. Das Geschenk trägt kein Preisschild, Gottes Liebe hat keine Haken und das Licht keine Schatten. Das Evangelium verkündet, dass du in Christus geliebt, vereint, versöhnt, gerettet, angenommen, heilig, gerecht, der Sünde gestorben, neu und königlich bist. Das Evangelium ist von A bis Z eine gute Nachricht.

In diesem Buch haben wir zehn Facetten des Evangeliums der Gnade angeschaut. Hier sind sie noch einmal in einer Zusammenfassung:

1. Das Evangelium ist keine Aufforderung, Gott mit deiner Liebe zu beeindrucken; es ist die leidenschaftliche Erklärung der unsterblichen Liebe deines Vaters für dich.
2. Das Evangelium ist kein Aufruf, deine Seele kritisch zu durchleuchten; es ist die nachdrückliche Erklärung, dass du durch das Blut des Lammes vollständige und ewige Vergebung erhalten hast.
3. Das Evangelium ist nicht nur ein Versprechen für einen Fahrschein in den Himmel; es ist die Kraft Gottes, die dich hier und jetzt mit seinem rettenden und überfließenden Leben segnet.
4. Das Evangelium ist keine Werbung für die Schätze des Königreichs; es ist die spannende Offenbarung, dass der Liebhaber deiner Seele sein Leben wie in einer Ehebeziehung für immer mit dir teilen will.
5. Das Evangelium ist keine Einladung, Jesus anzunehmen; es ist die überwältigende Botschaft, dass er dich annimmt.
6. Das Evangelium ist kein Anmeldeformular für ein Heiligungsseminar; es ist die ultimative Botschaft, dass du in Christus tatsächlich heilig bist.
7. Das Evangelium ist keine Liste von Dingen, die du tun musst, um ewiges Leben zu erben; es ist die wunderbare Botschaft, dass uns die Gerechtigkeit, die du für den Eintritt ins himmlische Königreich brauchst, durch Glauben geschenkt wurde.
8. Das Evangelium ist kein Reformprogramm für schlechte Menschen; es ist die befreiende Erklärung, dass Menschen, die tot sind, neues Leben haben können.
9. Das Evangelium ist keine halbgare Hoffnung, dass du dein altes, kaputtes Leben auf unbestimmte Zeit verlängern

kannst; es ist die frohe Botschaft, dass in Christus das Alte vorbei und Neues geworden ist.

10. Das Evangelium ist keine verschwommene Vorstellung davon, dass du nach deinem Tod herrschen und regieren wirst; es ist die königliche Botschaft, dass die Herrschaft des Königs durch unseren Glauben greifbar ist. Das Königreich Gottes ist nahe.

Vor zweitausend Jahren verkündete die Gnade in Person einigen Menschen in Nazareth das Evangelium. Stellen wir uns am Schluss dieses Buches vor, wir selbst würden dort in der Synagoge sitzen und zuhören, wie Jesus diese Worte sagt:

Der Geist des Herrn ruht auf mir, denn er hat mich gesalbt, um den Armen die gute Botschaft zu verkünden. Er hat mich gesandt, Gefangenen zu verkünden, dass sie freigelassen werden, Blinden, dass sie sehend werden, Unterdrückten, dass sie befreit werden, und dass die Zeit der Gnade des Herrn gekommen ist ... Und er sagte: Heute ist dieses Wort vor euren Augen und Ohren Wirklichkeit geworden! (Lukas 4,18-19.21)

Die gute Nachricht ist die beste, die du je gehört hast. Ganz gleich, wer du bist oder wo du herkommst – die gute Nachricht lautet, dass heute der Tag deiner Rettung ist und dieses Jahr das angenehme Jahr des Herrn.

Das Abenteuer, als ein von Gott geliebter Mensch zu leben, hat gerade erst begonnen!

ANMERKUNGEN

1. Hiroo Onoda, *No Surrender: My Thirty-Year War*, Kodansha, 1974.
2. Römer 8,31-32 und Jesaja 54,8-10 sowie 1. Timotheus 1,11 in *Rotherham's Emphasized Bible*, die von der »frohen Botschaft der Herrlichkeit des fröhlichen (gut gelaunten) Gottes« spricht.
3. Whac-A-Mole ist ein Spielzeug bzw. Computerspiel, bei dem Maulwürfe, die aus Löchern hervorkommen, mittels eines Hammers oder Tasten zurück in die Löcher geschlagen werden müssen.
4. »Sermon No. 2207«, The Spurgeon Archive, www.spurgeon.org/sermons/2207.htm
5. Die Quellenangaben für diese Evangelien sind: Paulus (1. Korinther 2,2), Petrus (Apostelgeschichte 2,36), Johannes (Johannes 1,17) und Jesus (Johannes 14,6).
6. »Jesus Loves Me«, Wikipedia, en.wikipedia.org/wiki/Jesus_Loves_Me. Als ich nach einer offiziellen Quelle für dieses beliebte Kinderlied suchte, entdeckte ich die »Senioren-Fassung« aus der Feder eines anonymen Autors. Wahrscheinlich hatte ihn Jesaja 46,4 inspiriert – das Evangelium für Senioren. Der erste Vers lautet: »Jesus loves me, this I know (Jesus liebt mich ganz gewiss) / Though my hair is white as snow (wenn mein Haar auch schneeweiß ist) / Though my sight is growing dim (und mein Auge schwächer wird) / Still he bids me trust in him (trotzdem soll ich ihm vertraun).«
7. http://kellion.wordpress.com/2011/12/06/hark-the-herald-angels-sing-deutsche-ubersetzung/
8. »Flucht in die Realität«
9. »The gospel in one word, two words ...« www.EscapeToReality.org, 22. März 2011, wp.me/pNzdT-JS
10. »Former WWII soldier visits Philippine hideout«, CNN.com, 26. Mai 1996, www.edition.cnn.com/WORLD/9605/26/philippines.straggler/
11. Jesaja 54,8 und Psalm 30,6.
12. Hier ein Tipp für Prediger: Man sagt, dass Menschen die Wahrheit mehrmals hören müssen, bevor sie sie schließlich verstehen. Wenn es um die Liebe Gottes geht, dann übertreibe es ruhig. Folge dem Beispiel des Schreibers von Psalm 136, der ganze 26 Mal erklärt, dass die Güte (*chesed*) des Herrn kein Ende hat. Die Liebe Gottes ist wie eine Trommel, die man nicht oft und

laut genug schlagen kann. Da seine endlose Liebe unser Verstehen übersteigt (Epheser 3,19), besteht keine Übertreibungsgefahr.
13. C. S. Lewis, *Der silberne Sessel*, Moers: Brendow, 2005, S. 154.
14. Jeremia 31,3; Römer 8,38-39; 1. Korinther 13,7-8.
15. Römer 5,5; 15,30; Kolosser 1,8; 2. Timotheus 1,7.
16. In Lukas 24,47 beschreibt Jesus Vergebung als ein Substantiv (gr. *aphesis*) und beginnt damit ein Muster, das von den Schreibern der neutestamentlichen Briefe übernommen wurde. Vor dem Kreuz wird Gottes Vergebung meist als Verb beschrieben (*aphiemi*). Nach dem Kreuz ist sie fast immer ein Substantiv.
Im Mehrheitstext stehe »Buße *und* Vergebung«. ELB, LUT und NLB folgen früheren Handschriften und übersetzen darum »Buße *zur* Vergebung«.
17. Lange vor Jesu Geburt erwarteten die zwei großen Propheten Jesaja und Jeremia eine Zeit, in der Gott unsere Übertretungen auslöschen und unserer Sünden nicht mehr gedenken würde (s. Jesaja 43,25; 44,22 und Jeremia 31,33-34). In Hebräer Kapitel 8-10 (besonders 8,10-12 und 10,16-17) erfahren wir, dass diese Prophetien am Kreuz erfüllt wurden. Beispiele für radikal auf Gnade beruhende Psalmen: Psalm 23, 26, 85, 103, 117, 121 und 145.
18. Für das religiöse Denken klingt Gnade wie Gotteslästerung. Wie ironisch. Gibt es doch nichts Gotteslästerlicheres oder Beleidigenderes, als wenn man sich selbstgerecht weigert, das Zeugnis des Heiligen Geistes über die Gnade Gottes zu glauben, die durch Jesus Christus offenbart wird (Markus 3,29).
19. G3670 *homologeo*, Thayer's Greek Lexikon, www.concordances.org/greek/3670.htm
20. Jesus sagte, viele würden versuchen, durch die enge Pforte der Errettung hineinzugehen, aber würden es nicht schaffen (Lukas 13,23-24). Das liegt nicht daran, dass Gott so wählerisch wäre in Bezug auf uns, sondern wir sind es in Bezug auf ihn. Gnade ist für jeden da, aber nicht jeder ist für Gnade.
21. Paulus bezeichnete das Gesetz als »Dienst des Todes« (2. Korinther 3,7). Aber es ist nicht das Gesetz, das die Menschen tötet, sondern die Sünde. »Ich aber lebte, als ich noch ohne Gesetz war; als aber das Gebot kam, lebte die Sünde auf, und ich starb« (Römer 7,9 SLT). Das Gesetz aktiviert die Sünde, die schon die ganze Zeit da war.
22. Im ersten Kapitel seines Briefes sagt Johannes oft »wir« – *wir* müssen von der Sünde gereinigt werden, *wir* müssen unsere Sünden bekennen usw. –, was einige dazu veranlasst zu glauben, dass er hier von »uns Christen« spricht. Sollte das der Fall sein, dann geht die Theologie von Johannes nicht mit der der anderen Briefeschreiber konform. Wer bereits Gemeinschaft mit Christus und seinem Leib hat (1. Korinther 1,9), muss nicht mehr zu dieser Gemeinschaft eingeladen werden (1. Johannes 1,3). Und wer die Botschaft bereits gehört und geglaubt hat (Römer 10,17), muss auch nicht mehr die Botschaft hören, die Johannes gehört hat (1. Johannes 1,5). Christen haben

die Wahrheit gehört und wandeln im Licht (Johannes 8,12; 2. Johannes 1,4), aber die, die Johannes hier anspricht, leben nicht in der Wahrheit und wandeln in der Finsternis (1. Johannes 1,6). Da an der Theologie des Johannes nichts falsch ist, können wir nur davon ausgehen, dass er in Kapitel 1 keine Christen anspricht. Denn: Christen sind von aller Sünde gereinigt (Hebräer 10,1-14); aber die, die Johannes anspricht, müssen noch von aller Sünde gereinigt werden (1. Johannes 1,9). Christen stimmen mit Gott überein (Römer 10,9-13); aber die, die Johannes hier anspricht, nennen Gott einen Lügner (1. Johannes 1,10). Gottes Wort lebt in den Christen (1. Thessalonicher 2,13); in jenen aber nicht (1. Johannes 1,10). Baue nicht auf einen einzigen kurzen Bibelvers eine ganze Sündenbekenntnis-Theologie auf. Johannes verwendet das Wort »wir« in einem pastoralen Sinne, er identifiziert sich mit seinen nicht erretteten Zuhörern. Wir alle haben gesündigt und versagen und *wir* alle müssen zu Jesus kommen, aber einige von uns haben das bereits getan. Johannes schreibt für die ganze Welt. Kapitel 1 richtet sich hauptsächlich an diejenigen, die Jesus nicht kennen (»Ihr müsst Gemeinschaft mit ihm haben«), während sich Kapitel 2 an die richtet, die ihn bereits kennen (»Meine geliebten Kinder ...«). Manchmal ist eine Kapitel-Einteilung durchaus sinnvoll.

23. Brennan Manning, *Größer als dein Herz*, Wuppertal: R. Brockhaus, 1999[2], S. 105-111. Das ist nur eine von vielen guten Geschichten in Mannings Buch.
24. Du meinst, das ist zu heftig? Selbst Jesus findet für die heuchlerischen Mäxe aus Laodizea ähnliche Worte (Offenbarung 3,16).
25. Römer 4,8 und 2. Korinther 5,18-19.
26. Dieses klassische Lied für Jugendgruppen beruht auf Epheser 1,7. Englischer Text: *I have been redeemed by the blood of the Lamb. I have been saved from sin and I know I am. All my sins are taken away. Praise the Lord!*
27. Römer 3,23; 6,23.
28. Ein Freund fragte mich, wie Errettung kostenlos sein kann angesichts der hohen Kosten der Jüngerschaft. Jesus sagte:»Genauso kann auch niemand mein Jünger sein, ohne alles für mich aufzugeben« (Lukas 14,33). Er sagte auch:»Teilt eure Gaben genauso großzügig aus, wie ihr sie geschenkt bekommen habt!« (Matthäus 10,8) Was stimmt denn nun? Ist Errettung kostenlos oder kostet sie uns alles? Beides ist richtig. Das Geschenk ist kostenlos, aber du kannst es nur mit leeren Händen empfangen. Die Kosten sind, dass du dein altes Leben aufgibst, um sein neues Leben zu empfangen. Das ist keine Each-Way Wette, bei der du dir alle Optionen offenhalten kannst. Wenn du dem Retter nachfolgst, musst du alle anderen Retter aufgeben – dich selbst eingeschlossen.
29. Paulus' Warnung vor anderen Evangelien und denen, die sie predigen, steht in Galater 1,6-9. »Verflucht sei jeder Mensch – und das gilt auch für mich –, der eine andere Botschaft verkündet als die, die wir euch gepredigt haben.«

Weitere Warnungen wurden von Jesus ausgesprochen (Matthäus 7,15-23), von Petrus (2. Petrus 2,1-3), Johannes (1. Johannes 4,1-3) und Judas (Judas 1,4).

30. Apostelgeschichte 2,21; 4,12; 17,30; 1. Timotheus 2,4 und 1. Johannes 3,23. Jesus predigte eine konsequente Botschaft der Errettung durch Glauben, und zwar sowohl vor dem Kreuz als auch danach. Vor dem Kreuz lautete sie: »Jeder, der an ihn glaubt, hat ewiges Leben« (Johannes 3,15), nach dem Kreuz lautete sie: »Wer glaubt, wird gerettet werden« (s. Markus 16,16).

31. Die wunderbar bestätigende »wer den Namen des Herrn anruft« - Botschaft, wurde von Petrus (Apostelgeschichte 2,21), Paulus (Römer 10,13) und zweifellos auch von anderen Aposteln gepredigt. Sie wollten, dass die Gläubigen Heilsgewissheit haben. Übrigens, falls du dich fragst, warum in einem Buch über das Evangelium das Kapitel »Gerettet« erst an dritter und nicht an erster Stelle kommt - die Antwort hat etwas mit dem Vater von Johannes dem Täufer zu tun. Als Zacharias wieder sprechen konnte, weissagte er, dass sein Sohn »seinem Volk verkünden [wird], wie es Rettung finden kann *durch die Vergebung seiner Sünden*« (Lukas 1,77). Rettung kommt durch Vergebung. Wenn dir vergeben ist, kannst du gerettet werden. Wenn deine Sünden ausgelöscht sind, kannst du die Gabe seiner Gerechtigkeit empfangen.

32. Einer meiner Freunde sagt Neubekehrten gerne: »Wenn du im Reich Gottes hinfällst, dann fällst du *ins* Reich Gottes.«

33. Der Erfolg des Rettungsboots-Evangeliums könnte auch eine Erklärung dafür sein, warum die Gemeinden voll sind mit Frauen und Kindern.

34. G4982 (*sozo*), Strong's Exhaustive Concordance, www.concordances.org/greek/4982.htm

35. Nicht jeder, für den ich gebetet habe, wurde auch geheilt. Da Heilung ein Teil des Rettungspakets ist, sind wir vielleicht versucht zu denken: »Wenn Gott diese Person nicht heilen konnte, dann kann er mich vielleicht auch nicht retten.« Das ist eine Lüge aus der untersten Hölle, die dich mit Zweifeln füllt und dich durch deinen Unglauben apathisch macht. Jede Heilung sollte als Wunder gefeiert werden. Es ist sicher, dass Gott heilen will, dass er tatsächlich heilt und zwar durch uns. »Aber was ist mit denen, die nicht geheilt werden? Was zeigt uns das?« Es sagt mir, dass wir immer noch am Lernen sind. Warum sollte Paulus die Philipper ermahnen, »noch viel mehr in seiner Abwesenheit« loszulegen, wenn sie immer nur Erfolg gehabt hätten? Sie brauchten Ermutigung, wie wir auch. »Macht weiter. Gebt nicht auf, nur weil ihr ein paar Mal auf die Nase gefallen seid. Eine kranke und sterbende Welt wartet darauf, dass die erfahrenen und reifen Söhne Gottes offenbart werden.« Paulus sagte auch, dass Gott »durch die mächtige Kraft, die in uns wirkt, unendlich viel mehr tun kann, als wir je bitten oder auch nur hoffen würden« (Epheser 3,20). Gottes Kraft wirkt *in uns*. Etwas an *uns* bringt die Kraft Gottes zum Wirken oder zum Erliegen. Wir sind noch am Lernen,

aber Jesus nicht. Jede einzelne Person, die zu ihm kam und Heilung haben wollte, wurde geheilt. Genauso wird jede einzelne Person, die zu ihm kommt und gerettet werden will, gerettet (s. Hebräer 7,24-25). Ausnahmslos.

36. Matthäus 9,22 und Markus 5,34.
37. Viele Christen befürchten, wegen ihrer Sünde, Bitterkeit oder Unfruchtbarkeit abgeschnitten zu werden. Angesichts des angeborenen Wesens unserer Einheit mit Christus wäre das nur dann der Fall, wenn Jesus sich entschließen würde, sich selbst untreu zu werden. Kurzum – es wird nie geschehen. »Wenn wir untreu sind, bleibt er treu, denn er kann sich selbst nicht verleugnen« (2. Timotheus 2,13). Was geschieht mit Reben, die keine Frucht bringen? Jesus sagte, dass er diese Reben »hochhebt« (s. Johannes 15,2 ELB Fußnote). Sie werden nicht abgeschnitten. Das ist eine schlechte Übersetzung, die nicht in den Zusammenhang passt. Jesus verwendete das griechische Wort *airo*, das »wegnehmen« oder »hochheben« bedeuten kann (s. Matthäus 16,24). Unfruchtbare Reben werden aus dem Schmutz hochgehoben und wieder in Ordnung gebracht, damit die Sonne sie nähren kann. Wenn wir bei dieser Metapher bleiben, ist der Grund für die Unfruchtbarkeit mancher Christen der, dass sie mit ihrem Gesicht im Schmutz liegen und sich nicht im Licht und der Liebe des Sohnes sonnen. Fruchtbarkeit ist eine Folge von Intimität.
38. Römer 8,9; Kolosser 2,9 und Johannes 14,20.
39. Diese Texte der Sehnsucht stammen aus dem Hohelied 3,1-2; 5,6 und Psalm 42,2.
40. Genauso, wie Isaak in der Kraft des Geistes geboren wurde (Galater 4,29), wurdest du vom Heiligen Geist in dein neues Leben hineingeboren. »Es ist der Geist, der lebendig macht« (Johannes 6,63). Der Heilige Geist ist sowohl das Mittel, durch das du erstmals in die Einheit mit Christus kamst, als auch das Zeichen, dass du jetzt in dieser Einheit bist. »Wir erkennen, dass wir in ihm leben und er in uns, weil er uns seinen Geist gegeben hat« (1. Johannes 4,13).
41. G4854 (*symphytos*); Thayer's and Smiths Bible Dictionary, www.biblestudytools.com/lexicons/greek/kjv/sumphutos.html. Wie Dr. Strong deuten auch diese Lexikografen das Wort als angeboren, verwachsen.
42. Paulus nannte die Christen in Philippi »Heilige in Christus Jesus« (Philipper 1,1) und ermahnte diese Heiligen daraufhin, all die anderen »Heiligen in Christus Jesus« zu grüßen (Philipper 4,21). Genauso wie es außerhalb von Christus Jesus keine Heiligen gibt, gibt es in Christus Jesus keine Sünder. Wenn du in ihm bist, bist du ein Heiliger.
43. Jesaja 24,16; Jeremia 23,5; 33,15.
44. In der Bibel wird der Wunsch nach Einheit oft als eine Berufung zur Gemeinschaft oder *koinonia* ausgedrückt (s. z. B. 1. Korinther 1,9 und 1. Johannes 1,2-3). *Koinonia* bedeutet wörtlich übersetzt, Anteil zu haben am Leben

Gottes, das in Christus Jesus ist. Es ist ein anderes Wort für die geistliche Einheit aller Gläubigen mit Christus.

45. In Lukas 22,31-34 wird davon berichtet, wie Jesus den schwachen Petrus annimmt. In Matthäus 26,50 wird berichtet, wie Jesus Judas als »Freund« annimmt.
46. »You'll be on your way up! You'll be seeing great sights! You'll join the high fliers who soar to high heights.« Dr. Seuss, *Oh, the Places You'll Go!*, Harper-Collins, 1975/1990.
47. Quelle unbekannt. Soweit ich weiß, hörte man so ähnliche Ankündigungen erstmals in den ersten Jahren des 21. Jahrhunderts in katholischen und evangelischen Gemeinden des Mittleren Westens.
48. Jesaja und Johannes hatten Visionen des Himmels. Jesaja hörte, wie sechsflügelige Seraphim »Heilig, heilig, heilig ist der Herr, der Allmächtige! Die Erde ist von seiner Herrlichkeit erfüllt!« (Jesaja 6,3) sangen. Johannes sah vier lebendige Wesen, die ohne Aufhören riefen, »Heilig, heilig, heilig ist der Herr, Gott, der Allmächtige, der immer war, der ist und der noch kommen wird« (Offenbarung 4,8).
49. Vorschriften über das Rasieren von Bärten stehen in 3. Mose 19,27, Vorschriften über Tätowierungen in 3. Mose 19,28. Aussätzige, die heilig sein wollten, hatten es besonders schwer, denn sie galten als unberührbar; sie mussten in Trauerkleidung herumlaufen und »Unrein! Unrein!« rufen (3. Mose 13,45).
50. G5046 (*teleios*), Strong's Exhaustive Concordance, www.concordances.org/greek/5046.htm
51. Diese Stelle bezieht sich auf Jesu Dienst als unser Hoherpriester. »Obwohl Jesus der Sohn Gottes war, lernte er doch durch sein Leiden, gehorsam zu sein. Auf diese Weise machte Gott ihn vollkommen, und er wurde der Retter für alle, die ihm gehorchen. Und Gott ernannte ihn zum Hohenpriester nach der Ordnung Melchisedeks« (Hebräer 5,8-10). Als Sohn Gottes war Jesus ohne Sünde und vollkommen. Aber er konnte uns erst vertreten und von der Gefangenschaft befreien, als er sich mit unserem Tod identifizierte. »Da Gottes Kinder Menschen aus Fleisch und Blut sind, wurde auch Jesus als Mensch geboren. Denn nur so konnte er durch seinen Tod die Macht des Teufels brechen, der Macht über den Tod hatte. Nur so konnte er die befreien, die ihr Leben lang Sklaven ihrer Angst vor dem Tod waren« (Hebräer 2,14-15). Gott fordert ewige Vollkommenheit. Du musst entweder selbst vollkommen sein oder von jemandem vertreten werden, der vollkommen ist. Ein Hoherpriester wie Jesus stillt unsere Bedürfnisse – jemand, der heilig und schuldlos ist und den höchsten Platz im Himmel hat (Hebräer 7,26).
52. Die meisten Fitnesstrainer werden dir sagen, dass deine Heiligung ein Willensakt ist, kombiniert mit dem täglichen Opfer deines Körpers. Aber in Hebräer 10,10 steht, »Gott will, dass wir durch das Opfer des Leibes

von Jesus Christus ein für alle Mal geheiligt werden.« Es ist eine einfache Gleichung: Sein Wille plus sein Opfer gleich unsere Heiligkeit, und zwar ein für alle Mal.

53. Psalm 34,11 in eigenen Worten: »Die jungen (unreifen) Löwen werden schwach und hungrig (werden bedürftig), aber denen, die dem Herrn vertrauen, wird es nicht an Gutem fehlen (sie sind vollständig, ihre Bedürfnisse sind vollständig gestillt).« Anders ausgedrückt, wer auf das Fleisch (eigene Anstrengung) schaut, um seine Bedürfnisse zu befriedigen, wird unvollständig bleiben, aber in ihm bist du vollständig und ganz und hast keinen Mangel.

54. Offenbarung 3,1-6. Wie beschmutzen wir unsere Kleider? Indem wir versuchen, selbst gerecht zu sein. »Alle unsere Gerechtigkeit [ist] wie ein beflecktes Kleid« (Jesaja 64,5 SLT). Wie sind wir in Gottes Augen richtig angezogen? Wenn wir Christus und den Mantel seiner Gerechtigkeit angezogen haben (Jesaja 61,10). Diese beiden Arten von Gerechtigkeit – unsere und seine – schließen sich gegenseitig aus. Aber mach nicht den gleichen Fehler wie Luther und denk, Christen wären »schneebedeckter Mist«. Du bist nicht außen gerecht und innen verdorben. In der Einheit mit dem Herrn bist du genauso gerecht wie er (s. 2. Korinther 5,21).

55. G5526 (*chortazó*), Strong's Exhaustive Concordance, www.concordances.org/greek/5526.htm

56. Du brauchst sicher keine Bibelstelle als Beleg, aber falls doch, hier sind vierzehn Bibelstellen: Apostelgeschichte 13,39; Römer 1,17; 3,22.28; 4,5; 4,24; 5,1; 9,30; 10,6; Galater 2,16; 3,8; 3,24; Philipper 3,9; Hebräer 11,7.

57. In der Bibel werden mindestens zwei Ankläger genannt. Einer ist das Gesetz bzw. Mose (Johannes 5,45), der andere ist der Teufel (Offenbarung 12,10). Der Heilige Geist klagt keinen wegen seiner Sünde an, nicht einmal die Sünder. Jesus sagte, der Heilige Geist würde die Welt überführen »von Sünde, *weil sie nicht an mich glauben*« (Johannes 16,9 SLT). Das Problem ist nicht unser Fehlverhalten, sondern unser Unglaube (Fehlverhalten ist die Folge von falschem Glauben). Der Heilige Geist überführt uns davon, dass Jesus die einmalige und endgültige Lösung für die Sünde ist. Wenn wir das aber nicht zulassen, lästern wir damit den Heiligen Geist – das heißt, wir sagen Schlechtes und Falsches über ihn.

58. Hesekiel 3,20; 18,24-26; 33,13. Im Alten Testament war selbst deine beste Gerechtigkeit nicht gut genug. Elihu fragte Hiob, ob er ernsthaft dachte, dass seine Gerechtigkeit besser sei als Gottes Gerechtigkeit (s. Hiob 35,2). Für den Fall, dass Hiob Zweifel hatte, betonte Elihu, dass Gott genauso unbeeindruckt ist von unserer Gerechtigkeit wie von unserer Bosheit (Hiob 35,8). Das war eine Lektion, mit der Israel nichts anfangen konnte. Gott sagte ihnen geradeheraus: »Ich werde selbst verraten, was es mit deiner Gerechtigkeit und deinem Tun auf sich hat, sodass sie dir nichts nützen werden«

(Jesaja 57,12). Jesus sagte etwas Ähnliches: »Nur wenn ihr Gott gehorsamer seid, als es die Schriftgelehrten und Pharisäer sind, dürft ihr ins Himmelreich hinein« (Matthäus 5,20). Was ist der Punkt? Unsere Gerechtigkeit genügt den Anforderungen nicht. Wir brauchen die Gerechtigkeit, die Jesus uns großzügigerweise anbietet.

59. Kolosser 2,20; Römer 6,8; 2. Korinther 5,14.
60. Sagte Paulus nicht, er würde täglich sterben? Ja, das stimmt (s. 1. Korinther 15,31-32), aber er meinte damit die Gefahren und schwierigen Umstände, in die er geriet, weil er das Evangelium predigte. »Ich kämpfte in Ephesus gegen wilde Tiere!« Er predigte keine Theologie des Sich-selbst-Sterbens, die auf Werken beruhte. Paulus verstand, dass man den neuen Menschen nicht kreuzigt. Wir sterben nicht uns selbst, wir sind dem Gesetz gestorben (Römer 7,4; Galater 2,19). Also auch dem Gesetz, das besagt, dass wir uns selbst sterben müssen.
61. Watchman Nee, *Das normale Christenleben*, Der Strom, 1995, S. 45. Nee stellt die Frage: »Müssen wir Gott erst bitten, uns zu kreuzigen? Niemals! Als Christus gekreuzigt wurde, wurden wir mit ihm gekreuzigt. Da seine Kreuzigung der Vergangenheit angehört, kann unsere Kreuzigung nicht in der Zukunft liegen.« (S. 38).
62. Das griechische Wort für sündigen ist *harmartano* (Strong's Nummer G264). Doch in Römer 5,12; 6,12; 6,14; 6,17; 6,20 und 7,11; 7,14; 7,20 und an vierzig anderen Stellen im Römerbrief verwendet Paulus das Substantiv *hamartia* (G266).
63. Wenn dir das nicht klar ist, lies Galater 2,16-21 in der »Neues Leben Bibel«, dann sollte dir ein Licht aufgehen.
64. G2537 (*kainos*), Thayers Greek Lexicon, www.concordances.org/greek/2537.htm
65. Quellennachweis für das Gedicht »Wer bin ich?«: Ich bin heilig (Epheser 1,1; Philipper 1,1; Judas 1,3), der Siegespreis Christi (2. Korinther 2,14 AMP); geboren aus unvergänglichem Samen (1. Petrus 1,23 SLT); eine neue Schöpfung (2. Korinther 5,17); zur Fülle gebracht in ihm (Kolosser 2,10); und für immer vollendet (Hebräer 10,14); ein Kind Gottes (1. Johannes 3,1); der Augapfel meines Vaters (Psalm 17,8); ein Geist mit dem Herrn (1. Korinther 6,17) und der Tempel des Heiligen Geistes (1. Korinther 6,19); ich habe ewige Erlösung (Hebräer 7,25; 9,12) und vollständige Vergebung (Kolosser 2,13); ich bin mit Christus versetzt an himmlische Orte (Epheser 2,6); gerecht (2. Korinther 5,21), heilig und tadellos (Epheser 1,4); verborgen in Christus (Kolosser 3,3); ewig sicher (Hebräer 6,19); ich gehöre meinem Geliebten und er gehört mir (Hohelied 6,3); ich bin der Kopf und nicht der Schwanz (5. Mose 28,13); gesegnet mit jeder geistlichen Segnung (Epheser 1,3); Miterbe mit Christus (Römer 8,17); fähiger Diener des neuen Bundes (2. Korinther 3,6); tauglich (Kolosser 1,12 SLT); auserwählt (Johannes 15,19; Kolosser 3,12; 1. Petrus 2,9)

und gesalbt (1. Johannes 2,27); Botschafter für Christus (2. Korinther 5,20), ausgesandt in diese Welt (Matthäus 28,19); furchtlos wie ein Löwe (Sprüche 28,1); mehr als ein Überwinder (Römer 8,37); das Salz der Erde (Matthäus 5,13) und das Licht der Welt (Matthäus 5,14); der Wohlgeruch des Christus für alle, die verloren gehen (2. Korinther 2,15); ein Baum, gepflanzt an Wasserbächen (Psalm 1,3; Jeremia 17,8); eine Rebe, die viel Frucht bringt (Johannes 15,8); ein König (Offenbarung 1,6); sein Sieg ist mein (1. Korinther 15,57; 1. Johannes 5,4); ich bin der Jünger, den Jesus liebt (Römer 5,5; Epheser 1,6); durch Gottes Gnade bin ich, was ich bin (1. Korinther 15,10).

66. Jesus wählte sogar einen Dieb dazu aus, sein Jünger zu sein (s. Johannes 12,4-6).

67. 1. Johannes 1,21 und Hebräer 5,2.

68. 1. Petrus 1,13 und 1. Johannes 1,7; 2,6.

69. Epheser 1,15-23; Philemon 1,6.

70. Zur Zeit Jesu gab es ein zweistufiges Priestersystem; das A-Team bestand aus den Pharisäern und Schriftgelehrten und das B-Team aus den normalen Leviten. Dieses zweistufige System besteht auch heute noch in dem Unterschied zwischen Klerus und Laien in einigen Amtskirchen. In der neutestamentlichen Gemeinde gab es aber wohl keine solche Unterscheidung. Jeder Christ ist per Definition ein königlicher Priester, der unter Jesus als dem Hohenpriester dient (s. 1. Petrus 2,9; 2. Korinther 3,6).

71. H7287 (*radah*), Strong's Exhaustive Concordance, www.concordances.org/hebrew/7287.htm

72. Das erste Mal erwähnt Gott das Wort »König« in seiner Verheißung an Abraham (s. 1. Mose 17,6). Diese Verheißung wiederholt er gegenüber Sarah (1. Mose 17,16) und Jakob (1. Mose 35,11).

73. Matthäus 10,1.8; 12,28; Markus 16,17-20, Lukas 10,19 und Johannes 14,12.

74. Von dem mythischen Zauberer Merlin war das Schwert Caliburn durch einen Stein bzw. Amboss getrieben worden. Von ihm hieß es, nur der wahre künftige Herrscher könne es dort wieder herausziehen.

75. Eine negative Diagnose oder der Anblick einer Verkrüppelung kann natürlichen Unglauben bewirken. In solchen Fällen müssen wir »uns bemühen, in diese Ruhe hineinzukommen« (Hebräer 4,11).

76. Die Geschichte von Hiob steht in Hiob 1,13-15.20 und 2,8. Die Geschichte von David steht in 1. Samuel 30,1-19.

77. Ich habe mal einen sehr bekannten Prediger sagen hören, 80 bis 90 Prozent der Christen würden das Evangelium der Gnade nicht kennen. Ein anderer namhafter Prediger sprach sogar von 95 Prozent. Das sind überraschende Zahlen, aber ich denke, dass sie leider stimmen.

78. Galater 4,15; Hiob 8,21 und Psalm 126,2.

BIBELSTELLEN

1. Mose 1,26	197	Psalm 85	234
1. Mose 1,28	198	Psalm 103	234
1. Mose 17,6	240	Psalm 115,16	199
1. Mose 17,16	240	Psalm 117	234
1. Mose 35,11	240	Psalm 121	234
3. Mose 4-6	57	Psalm 126,2	240
3. Mose 13,45	237	Psalm 136	233
3. Mose 19,20-22	57	Psalm 145	234
3. Mose 19,27	237	Sprüche 4,18	160
3. Mose 19,28	237	Sprüche 12,5	157
4. Mose 15,22-28	57	Sprüche 28,1	240
5. Mose 28,12	208	Sprüche 31	124
5. Mose 28,13	239	Prediger 8,4	210
5. Mose 29,19-20	57	Hohelied 3,1-2	237
1. Samuel 30,1-19	240	Hohelied 5,6	237
2. Chronik 7,14	57	Hohelied 6,3	239
2. Chronik 20,12	207	Jesaja 6,3	237
Hiob 1,13-15.20	240	Jesaja 12,1-3	227
Hiob 2,8	240	Jesaja 24,16	237
Hiob 8,21	240	Jesaja 40,31	127
Hiob 35,2	239	Jesaja 43,2	128
Hiob 35,8	239	Jesaja 43,25	234
Hiob 36,16	39	Jesaja 44,22	234
Hiob 37,14	39	Jesaja 46,4	233
Psalm 1,3	240	Jesaja 49,15	52
Psalm 17,8	239	Jesaja 54,5	111
Psalm 23	234	Jesaja 54,8	233
Psalm 26	234	Jesaja 54,8-10	233
Psalm 27,4a	103	Jesaja 54,10	36
Psalm 30,5	233	Jesaja 57,12	239
Psalm 32	65	Jesaja 61,10	238
Psalm 32,5b	64	Jesaja 64,5	238
Psalm 34,11	238	Jeremia 17,8	240
Psalm 42,2	237	Jeremia 23,5	237

Jeremia 31,3b	38
Jeremia 31,33-34	234
Jeremia 33,15	237
Hesekiel 3,20	239
Hesekiel 18,24-26	239
Hesekiel 33,13	239
Hesekiel 36,26a	183
Daniel 11,32	208
Matthäus 3,17	118
Matthäus 5,6	150
Matthäus 5,13	240
Matthäus 5,14	240
Matthäus 5,20	239
Matthäus 5,23	59
Matthäus 5,29-30	101
Matthäus 6,14-15	57
Matthäus 6,15	56
Matthäus 6,33	155
Matthäus 7,15-23	235
Matthäus 9,22	236
Matthäus 10,1	240
Matthäus 10,8	235, 240
Matthäus 10,35-36	80
Matthäus 11,28	119
Matthäus 12,28	240
Matthäus 16,24	164, 236
Matthäus 17,5	119
Matthäus 18,35	57
Matthäus 20,28	150
Matthäus 26,28	59
Matthäus 26,50	237
Matthäus 28,18	199
Matthäus 28,19	240
Markus 3,29	234
Markus 4,26-28	107
Markus 5,34	236
Markus 10,15	221
Markus 11,25-26	57
Markus 16,16	235
Markus 16,17-18	210
Markus 16,17-20	240
Lukas 1,47	223
Lukas 1,77	236
Lukas 2,10	15
Lukas 4,6	198
Lukas 4,18-19.21	232
Lukas 10	45
Lukas 10,19	240
Lukas 10,40	147
Lukas 13,23-24	234
Lukas 14,33	235
Lukas 17,4	60
Lukas 22,31-34	237
Lukas 24,44-45	61
Lukas 24,46-47	57, 58
Lukas 24,47	59, 234
Johannes 1,17	233
Johannes 3,15	235
Johannes 3,16	35
Johannes 5,42	43
Johannes 5,45	238
Johannes 6,35	150
Johannes 6,47	80
Johannes 6,63	237
Johannes 8,12	234
Johannes 8,36	229
Johannes 10,9	82
Johannes 10,10	94
Johannes 12,4-6	240
Johannes 14,6	233
Johannes 14,12	192, 240
Johannes 14,16-17	100
Johannes 14,20	99, 237
Johannes 14,23	100
Johannes 15,2	236
Johannes 15,5	98
Johannes 15,8	240
Johannes 15,19	240
Johannes 16,7	99
Johannes 16,8-10	154
Johannes 16,9	238
Johannes 17,19	139
Johannes 19,28+30	138
Johannes 20,23	68
Apostelgeschichte 2,21	235

Apostelgeschichte 2,36	233	Römer 7,20	239
Apostelgeschichte 4,12	235	Römer 8,1	108
Apostelgeschichte 5,31	57, 61	Römer 8,3	36
Apostelgeschichte 10,9-28	205	Römer 8,9	237
Apostelgeschichte 13,38	57, 62	Römer 8,15-16	182
Apostelgeschichte 13,39	238	Römer 8,17	239
Apostelgeschichte 16,31	82	Römer 8,31-32	233
Apostelgeschichte 17,30	235	Römer 8,31b	127
Apostelgeschichte 19,11-12	93	Römer 8,37	240
Apostelgeschichte 26,18	57	Römer 9,30	238
Römer 1,16	79	Römer 10,1-3	148
Römer 1,17	238	Römer 10,4	56
Römer 1,17a	147	Römer 10,6	238
Römer 3,22.28	238	Römer 10,9-13	234
Römer 3,23	235	Römer 10,13	235
Römer 4,5	238	Römer 10,14	211
Römer 4,7	57	Römer 10,17	81, 234
Römer 4,7-8	65, 74	Römer 14,17	226
Römer 4,8	235	Römer 14,23	170
Römer 4,24	238	Römer 15,7	113, 129
Römer 5,1	238	Römer 15,30	234
Römer 5,5	182, 234, 240	Römer 16,20	110
Römer 5,8	37	1. Korinther 1,2	108, 142
Römer 5,12	239	1. Korinther 1,5	110
Römer 5,17	201	1. Korinther 1,9	234, 237
Römer 6,3	104	1. Korinther 1,30	97
Römer 6,4	190	1. Korinther 1,30-31	223
Römer 6,5	105	1. Korinther 2,1-5	92
Römer 6,6	165	1. Korinther 2,2	233
Römer 6,6-7	167	1. Korinther 2,3	92
Römer 6,8	239	1. Korinther 3,4	44
Römer 6,10-11	171	1. Korinther 6,9-10	188
Römer 6,12	239	1. Korinther 6,9-11	153
Römer 6,14	19, 239	1. Korinther 6,11	145
Römer 6,17	239	1. Korinther 6,15b	101
Römer 6,20	239	1. Korinther 6,17	239
Römer 6,23	235	1. Korinther 6,19	239
Römer 7,4	239	1. Korinther 7,23	229
Römer 7,5	224	1. Korinther 13,2	45
Römer 7,9	169, 234	1. Korinther 13,7	38
Römer 7,11	239	1. Korinther 15,1-2	80
Römer 7,14	239	1. Korinther 15,10	240
Römer 7,17	168	1. Korinther 15,25	110

1. Korinther 15,31-32	239	Epheser 3,20	236
1. Korinther 15,57	240	Epheser 4,24	156
2. Korinther 2,14	239	Epheser 5,1	45
2. Korinther 2,15	240	Epheser 5,10	119
2. Korinther 3,6	239, 240	Epheser 13,14-19	43
2. Korinther 3,7	234	Philipper 1,1	237, 239
2. Korinther 3,7-9	224	Philipper 2,10	93
2. Korinther 4,5	165	Philipper 2,12-13	91
2. Korinther 5,14	239	Philipper 2,15	128
2. Korinther 5,17	177, 239	Philipper 3,9	238
2. Korinther 5,18-19	57, 235	Philipper 3,13	163
2. Korinther 5,20	240	Philipper 4,6	174
2. Korinther 5,21	108, 153, 238, 239	Philipper 4,19	111
2. Korinther 8,9	23	Philipper 4,21	237
Galater 1,6	228	Kolosser 1,8	234
Galater 1,6-9	235	Kolosser 1,12	240
Galater 2,11-13	205	Kolosser 1,22-23a	87
Galater 2,16	238	Kolosser 2,6	106
Galater 2,16-21	239	Kolosser 2,6-7	87
Galater 2,19	239	Kolosser 2,8	87
Galater 2,19-20	112	Kolosser 2,9	237
Galater 2,20	52	Kolosser 2,10	88, 139, 239
Galater 2,20a	162	Kolosser 2,11	171
Galater 2,21	219	Kolosser 2,13	57, 88, 239
Galater 3,3	218	Kolosser 2,14	88
Galater 3,8	238	Kolosser 2,20	239
Galater 3,24	238	Kolosser 3,3	239
Galater 3,28	80	Kolosser 3,12	240
Galater 4,8-9	228	Kolosser 3,13	57
Galater 4,15	240	1. Thessalonicher 2,13	234
Galater 4,29	237	1. Thessalonicher 4,3	141
Galater 5,1	170, 229	1. Thessalonicher 5,5-6	142
Galater 6,14	167	1. Timotheus 1,11	233
Epheser 1,1	239	1. Timotheus 2,4	235
Epheser 1,3	107, 239	2. Timotheus 1,7	234
Epheser 1,4	239	2. Timotheus 1,8-9	79
Epheser 1,6	117, 240	2. Timotheus 2,10	107
Epheser 1,7	67, 74	2. Timotheus 2,11	164
Epheser 1,13	108	2. Timotheus 2,13	87, 236
Epheser 1,15-23	240	Titus 2,11	82
Epheser 2,6	110, 199, 239	Titus 2,12	160
Epheser 2,8	81	Titus 3,5a	86
Epheser 3,19	233	Philemon 1,6	109, 240

1. Petrus 1,13	240	Hebräer 4,10	225
1. Petrus 1,15	142	Hebräer 4,11	240
1. Petrus 1,23	179, 239	Hebräer 4,16	207
1. Petrus 2,9	142, 240	Hebräer 5,2	240
1. Petrus 2,24	173	Hebräer 5,6	213
2. Petrus 2,1-3	235	Hebräer 5,8-10	238
1. Johannes 1,2-3	237	Hebräer 6,19	239
1. Johannes 1,3	234	Hebräer 7,1	212
1. Johannes 1,5	234	Hebräer 7,19	140
1. Johannes 1,6	234	Hebräer 7,24-25	236
1. Johannes 1,6+8	72	Hebräer 7,25	89, 239
1. Johannes 1,7	240	Hebräer 7,26	135, 238
1. Johannes 1,9	62, 64, 69, 234	Hebräer 8-10	234
1. Johannes 1,10	234	Hebräer 8,10-12	234
1. Johannes 1,21	240	Hebräer 8,12	57
1. Johannes 2,2	57, 73	Hebräer 9,12	239
1. Johannes 2,6	240	Hebräer 9,26	57
1. Johannes 2,12	55, 64	Hebräer 9,26b	60
1. Johannes 2,27	240	Hebräer 10,1-14	234
1. Johannes 2,28-29	157	Hebräer 10,10	133, 238
1. Johannes 3,1	239	Hebräer 10,14	138, 239
1. Johannes 3,6	183	Hebräer 10,16-17	234
1. Johannes 3,9	186, 187	Hebräer 11	188
1. Johannes 3,10	187	Hebräer 11,7	238
1. Johannes 3,23	235	Hebräer 12,14	137
1. Johannes 4,1-3	235	Hebräer 13,5b	185
1. Johannes 4,13	237	Judas 1,3	239
1. Johannes 4,15	185	Judas 1,4	235
1. Johannes 4,17	191	Offenbarung 1,6	196, 240
1. Johannes 5,4	200, 240	Offenbarung 2,1-7	44
1. Johannes 5,11b-12	178	Offenbarung 3,1-6	238
1. Johannes 5,19	94	Offenbarung 3,16	235
2. Johannes 1,4	234	Offenbarung 4,8	237
3. Johannes 1,2	95	Offenbarung 5,10	197
Hebräer 2,14-15	238	Offenbarung 12,10	238
Hebräer 4,3	81	Offenbarung 21,8	188

HÄUFIG GESTELLTE FRAGEN

Der Sinn des Lebens

Worum geht es eigentlich?	20, 38, 112, 160, 221
Wie sieht ein Leben als Christ aus?	191
Warum passieren guten Menschen schlechte Dinge?	199

Das Evangelium

Was ist das Evangelium?   21, 40, 69, 78, 90, 117, 126, 151, 166, 206, 210, 221, 230

Was war Spurgeons Nagel?	24
Woran erkenne ich ein gefälschtes Evangelium?	74, 217
Was ist das Rettungsboot-Evangelium?	89, 95, 108

Welche Bedeutung hat das Kreuz?   26, 36, 39, 52, 56, 73, 87, 95, 126, 138, 161, 185, 223

Welche Bedeutung hat die Auferstehung?   50, 81, 105, 192

Das Wesen Gottes

Wie sehr liebt Gott mich?	50, 102, 125, 136
Ist Gott böse auf mich?	20
Was gefällt dem Herrn?	119
Wo ist Gott? Ist Gott mal da und mal nicht?	100, 103
Was macht der Heilige Geist?	100, 104, 108, 153, 175, 182, 214

Gottes Gnade versus menschengemachte Religion

Was ist Gnade?	25, 37, 40, 55, 61, 66, 86, 87, 119, 123, 135, 203, 220
Wofür ist Gnade gut?	40, 121, 203
Was ist billige Gnade?	203
Was macht Gottes Gnade wertlos?	25, 66, 81, 220

Was sind die Zeichen von toter Religion?   15, 31, 43, 53, 68, 88, 116, 121, 148, 164, 176, 179, 203

Wie machen wir aus Gnade etwas Zweitrangiges?	84, 109, 124
Ist Gnade ein Freibrief zum Sündigen?	72

Gottes Gesetz

Welchen Zweck hat das Gesetz?	19, 42, 120, 122, 131, 140, 147, 169, 224
Warum hat Jesus das Gesetz gepredigt?	56
Warum hat Jesus Selbstverstümmelung gepredigt?	101
Liebt Gott mich mehr, wenn ich das Gesetz halte?	39
Warum wollen manche lieber Regeln haben als eine Beziehung?	42
Bin ich unter dem Gesetz?	88, 109, 120
Wie missbrauchen wir das Gesetz?	134, 140, 171

Sünde und Vergebung

Warum sündige ich manchmal?	56, 169, 184
Habe ich ein sündiges Wesen?	171, 186
Was ist, wenn ich einen Fehltritt begehe?	160, 175
Wie reagiert Gott, wenn ich sündige?	75, 101, 125
Überführt mich der Heilige Geist von Sünde?	153
Wie kommt es, dass ich mich nicht frei fühle?	116, 166, 205, 228
Wie kann ich mit Schuldgefühlen und Scham umgehen?	68, 73
Wie überwinde ich Sünde und Versuchung?	168, 184, 223
Wann wurden meine Sünden vergeben?	59
Wird mir nur vergeben, wenn ich meine Sünden bekenne?	62
Ist Vergebung ein Geschenk?	59, 110
Wie sieht biblisches Sündenbekennen aus?	65, 73
Was hält mich vom Sündigen ab?	101
Was wäre, wenn Gott meine Geheimnisse wüsste?	123
Was ist, wenn ich Gott enttäusche?	123
Was bedeutet es, aus der Gnade zu fallen?	83

Rettung

Bin ich gerettet?	79
Ist jeder gerettet?	67
Wie bekomme ich Heilsgewissheit?	83
Was ist, wenn ich nicht genug Glauben habe?	81, 93, 202

Ist es Gottes Wille für mich, dass ich krank und arm bin?	94, 214
Schneidet Gott mich ab, wenn ich keine Frucht bringe?	98, 184

Wer bin ich?

Was denkt Gott über mich?	124, 126, 141, 180, 206
Was ist meine zentrale Lebenswahrheit?	48
Bin ich heilig?	108, 139
Bin ich gerecht?	108, 149, 157, 187, 206
Bin ich selbstgerecht?	149, 205
Habe ich mich der Gerechtigkeit Gottes ausgeliefert?	151, 226, 227
Nimmt Gott mich an? Hat er Gefallen an mir?	117
Wie sieht Gottes Annahme aus?	126
Warum habe ich keinen Frieden und keine Freude?	146, 155, 225

Das Leben leben

Was ist Gottes Wille für mein Leben?	46, 156
Was sollte ich »für« Jesus tun?	83, 124, 151, 226
Lässt sich das alte Leben mit dem neuen vergleichen?	105, 111, 163, 177, 190
Welche Art von Beziehung habe ich zum Herrn?	105
Wie bringe ich seine Frucht?	106, 127
Was heißt das, »heilig sein«?	142
Warum ist das Christsein für viele ein Kampf?	16, 73, 106, 143, 151, 161, 190, 225
Wie wandeln wir nach dem Fleisch?	168, 175
Wie wandle ich im Geist?	91, 189
Wie wandle ich im Glauben?	81, 206, 210
Wie kann ich das Evangelium offenbaren?	90, 192, 209
Wie soll ich beten (z. B. für Heilung)?	92, 98, 109, 206, 211
Wie sterbe ich mir selbst?	164
Was ist das Mittel gegen schizophrenes Christsein?	163
Was ist das Geheimnis für ein gutes Leben?	26, 43, 107, 121, 128, 155, 201, 215

Bibelrätsel und Sonstiges

Wie kann ich die Bibel lesen, ohne dass es mich verwirrt?	57
Unser Heil mit Furcht und Zittern bewirken, was bedeutet das?	91
Wie »bleiben« wir »im Glauben«?	86, 121
Was ist mit Hiob?	39, 52, 214
Was ist Heiligkeit?	134
Wie wurde Jesus »vollkommen gemacht«?	137
Was war Paulus' kurzes Zeugnis	163
Inwiefern ist Selbstverleugnung das Gleiche wie Nachgiebigkeit gegen sich selbst?	164
Warum kommen Lügner nicht in den Himmel?	187
Warum hast du dieses Buch geschrieben?	14
Was bedeutet »zehn Wörter«?	32
Was zeichnet den Moorwackler aus?	49

DANK

Schon mein ganzes Leben lang profitiere ich von der Gnade Gottes. Durch meine Familie, durch Freunde und manchmal auch durch völlig fremde Menschen habe ich die unverdiente Gunst meines Vaters im Himmel erlebt. Aber wenn ich sagen müsste, wann ich zum ersten Mal so richtig das Evangelium der Gnade gehört habe, dann war es wohl 1996 in einer VHS-Video-Predigt. Der Prediger, ein feuriger Südafrikaner, konnte so gut mit Worten umgehen – er hätte ein Dichter sein können. Wenig später traf ich Rob Rufus persönlich und seitdem sind wir Freunde. Danke Rob, dass du in deiner Predigt des Evangeliums der Gnade so leidenschaftlich und hartnäckig warst wie der Apostel Paulus.

Jedes Kapitel dieses Buches wurde von mindestens drei anderen Personen gelesen, bevor ich es veröffentlicht habe. Zu dieser multinationalen Gruppe von Rezensenten gehören: Steve Barker, Michael Beil, Chris Blackeby, Steve Hackman, Tammy Hackman, Febe Kuey, Cornel Marais, Andre van der Merwe, Brandon Petrowski, Ryan Rhoades, Ryan Rufus, Gaye Stradwick, Peter Wilson und Gerry Zitzmann. Ich schätze das Feedback und die Ermutigung meiner Geschwister in der Gnade sehr. Wenn im Buch noch irgendwelche Fehler sind, ist das meine Schuld und nicht ihre. Mein Dank geht an Adrienne Morris, die das ganze Manuskript Korrektur gelesen hat.

Ich möchte den vielen hundert Menschen danken, die mir privat und über meinen Blog geschrieben und mich ermutigt, kritisiert, mit mir diskutiert und mich auch anderweitig zu einem tieferen Verständnis der Gnade und Liebe Gottes bewegt haben. Ich möchte auch all denen von euch danken, die zwar nichts weiter kommentiert, aber mich dennoch ermutigt haben, indem sie den »Teilen«-Button unter meinen Posts angeklickt haben. Es erstaunt mich immer wieder, dass man ein ermutigendes Wort der Gnade mit einem einzigen Klick um die ganze Welt schicken kann.

Mein größter Dank gilt meiner Frau Camilla, die dafür gesorgt hat, dass ich in einem ruhigen Umfeld schreiben konnte. Sie war auch die erste, die jedes geschriebene Wort gelesen und mit peinlicher Genauigkeit alle 454 Bibelstellen in diesem Buch überprüft hat. Jeder, der durch meine Texte gesegnet wurde, schuldet Camilla Dank, denn sie ist mein Resonanzkörper. Sie ist die erste, die jede meiner neusten Offenbarungen zu hören bekommt. Camilla erinnert mich täglich an die Gnade Gottes und ist ein hell strahlendes Licht für alle, die sie kennen.

Rob Rufus

Ergreife das Unerreichbare

Sei bereit, deine Zeit ist gekommen

208 Seiten, Taschenbuch
ISBN: 978-3-943597-30-1
Bestellnummer: 371730

Geht nicht, gibt's nicht: Dieser flapsige Spruch bekommt für Christen eine neue Dimension. Rob Rufus schreibt davon, wie jene Kraft Gottes, die Jesus vom Tod erweckt hat, auch heute noch wirkt. Sein Buch ist ein mitreißender Appell an alle, die ihr Vertrauen auf Gott setzen, sich nach dem Unerreichbaren auszustrecken. Die Gemeinde Jesu ist aufgerufen, schon jetzt ihr rechtmäßiges Erbe anzutreten, Zeichen und Wunder zu wirken und Unmögliches zu vollbringen. So stellt sie sich in aller Autorität dem Unheil und Bösen in der Welt entgegen und verwandelt die Kultur, welche sie umgibt.

»Dieses Buch wird deinem Glauben neues Feuer bringen.«

Wayne Duncan – Pastor und Autor von *A Matter of Life and Death*

Ryan Rufus

Extra reine Gnade

Ölbaum versus Feigenbaum

224 Seiten, gebunden
ISBN: 978-3-943597-10-3
Bestellnummer: 371710

Gesetzlichkeit, Leistungsdenken und Selbstgerechtigkeit überwuchern leicht das lebendige Vertrauen auf die Güte und Barmherzigkeit Gottes – und lassen es mehr und mehr absterben. Ryan Rufus zeigt, wie hässlich und zerstörerisch dieser Vorgang ist. Dem stellt er sinnbildlich den heilsamen Ölbaum gegenüber: Glauben, der auf der unverfälschten, der extra reinen Gnade Gottes beruht.

Rufus erklärt, was es bedeutet, sein Denken zu erneuern, wie es im Römerbrief heißt, und wie der neue Weg des Geistes aussieht – im Gegensatz zum alten Weg des Gesetzes. Auch zahlreiche andere Aussagen der Bibel deutet er unter dem Blickwinkel der Gnade und träufelt damit gleichsam heilsames Öl auf wunde Christenseelen.

»Erfrischend, es ist so erfrischend, ein Buch zu lesen, das so voll von der Gnade und Güte Gottes ist.«
Will Graham, Geschäftsführer von Andrew Wommack Ministries, Europa

Judah Smith

Jesus ist

Das Menschsein neu entdecken

256 Seiten, Taschenbuch
ISBN: 978-3-943597-50-9
Bestellnummer: 371750

JESUS IST _____.
WIE WÜRDEST DU DIESEN SATZ ZU ENDE BRINGEN?

Deine Antwort könnte Aufschluss darüber geben, wie du zu dem wirst, wozu du geschaffen wurdest.

In diesem Buch füllt Judah Smith die Satzlücke mit immer neuen Eigenschaften Jesu und offenbart dadurch sein Wesen.

Smith schreibt als dein Freund und will so dem modernen Menschen die Bedeutung der Botschaft Christi erläutern. Dieses Buch richtet sich an Menschen, die ihren Weg als Christ gerade erst begonnen haben oder schon ein Leben lang dabei sind. Und es ist auch für all die geschrieben, die einfach nur neugierig sind.

Judah Smith zeigt uns, dass Jesus anders ist, als er in vielen düsteren Gemälden und Liedern dargestellt wird. Mit Leidenschaft, Humor und Überzeugung zeigt er uns, dass Jesus das Leben ist. Jesus ist Gnade. Jesus ist dein Freund.

Jesus ist: das Menschsein neu entdecken.

Ich hoffe, *Das Evangelium in zehn Wörtern*
hat dir gefallen. Die neusten Veröffentlichungen
von Paul Ellis findest du auf
www.EscapeToReality.org

Mehr über das kurze herrliche Evangelium
findest du auf www.TenWordGospel.com

Mit den Twitter Hashtags
#TenWordgospel
#10WorteEvangelium
kannst du andere auf dieses Buch
aufmerksam machen.

Weitere Bücher über die Botschaft der Gnade
findest du unter: www.gracetoday.de